Uwe Janatzek

Pseudowissenschaft Terlusollogie®

Ein Beitrag zum Demarkationsproblem für Studierende der Sozialen Arbeit

Diplomica Verlag GmbH

Janatzek, Uwe: Pseudowissenschaft Terlusollogie®. Ein Beitrag zum Demarkationsproblem für Studierende der Sozialen Arbeit, Hamburg, Diplomica Verlag GmbH 2017

Buch-ISBN: 978-3-96146-516-3
PDF-eBook-ISBN: 978-3-96146-016-8
Druck/Herstellung: Diplomica® Verlag GmbH, Hamburg, 2017
Covermotiv: © pixabay.de

Bibliografische Information der Deutschen Nationalbibliothek:
Die Deutsche Nationalbibliothek verzeichnet diese Publikation in der Deutschen Nationalbibliografie; detaillierte bibliografische Daten sind im Internet über http://dnb.d-nb.de abrufbar.

© Diplomica Verlag GmbH
Hermannstal 119k, 22119 Hamburg
http://www.diplomica-verlag.de, Hamburg 2017
Printed in Germany

Inhaltsverzeichnis:

Abbildungsverzeichnis:

Tabellenverzeichnis:

1. – Einleitung:

Der vorliegende Text stellt einen Beitrag zum sog. 'Demarkationsproblem' dar. Er richtet sich vor allem (aber nicht nur) an Studierende der Sozialen Arbeit, und zwar aus mehreren Gründen.

Erstens weist gerade dieses Fach sehr viele Überschneidungen mit anderen Wissenschaften auf, so der Psychologie, Soziologie, Erziehungswissenschaft, den Rechtswissenschaften, den Gesundheitswissenschaften, der Philosophie und speziell der Ethik, durch neuere Entwicklungen auch der Betriebswirtschaftslehre und über z.B. die Sozialinformatik auch der Informatik. Für all diese Bereiche lassen sich auch außerwissenschaftliche 'Alternativen' finden, von der Parapsychologie bis hin zur Paramedizin, vom Einsatz informatischer Mittel für 'Berechnungen' in der Astrologie bis hin zu recht eigenwilligen rechtlichen Interpretationen von Gesetzen z.B. im Rahmen der sog. 'Reichsbürgerbewegung'. Durch die Vielzahl dieser Wissenschaftsbezüge und durch die (glücklicherweise) grundgesetzlich garantierte Freiheit der Lehre besteht nun sehr viel mehr als in anderen Disziplinen wie z.b. der Physik, der Geologie, aber auch der Psychologie usw. die Möglichkeit, daß auch unwissenschaftliche bis esoterische Inhalte durch vereinzelte Akteure in die Lehre einsickern. Hier muß den Studierenden mehr an die Hand gegeben werden als nur eine kurze Fibel zur wissenschaftlichen Zitationsweise etc., damit sie selbst in die Lage versetzt werden, auch Lehrinhalte kritisch hinterfragen zu können.

Zweitens kann sowohl das schulische wie auch das hochschulische Ausbildungssystem selbst zur Verwässerung wissenschaftlicher Lehre, vor allem aber auch der Praxis Sozialer Arbeit beitragen. Die Verkürzung des Studiums der Sozialen Arbeit auf lediglich sechs Semester durch die sog. Bologna-Reform, häufig entweder unter Beibehaltung sämtlicher Lehrinhalte, die dann in kürzerer Zeit vermittelt werden müssen ohne ausreichende Gelegenheit der Vertiefung oder andererseits die Streichung von Lehrinhalten bei gleichzeitiger Reduktion der Prüfungsleistungen auf einfache Multiple-Choice-Abfragen oder eine Mischung aus beidem, kann durchaus dazu beitragen, das für ein Studium notwendige kritische Hinterfragen gar nicht mehr zuzulassen. Hinzu tritt, wie eine aktuelle Studie[1] im Auftrag der Konrad-Adenauer-Stiftung zeigt, daß ein nicht unerheblicher Anteil der heutigen Studierenden – trotz Abiturs – im eigentlichen Sinne nicht studierfähig ist, da wesentliche Wissensinhalte

---

[1] Vgl. Henry-Hutmacher & Hoffmann (Hrsg.) 2016.

fehlen. Dies ist nicht den Studierenden anzulasten. Allerdings – auch wenn dazu keine aktuellen Zahlen gefunden werden konnten – ist es auch nicht ungewöhnlich, daß Studierende z.B. Globuli konsumieren, nicht etwa, um gezielt den Placebo-Effekt zu nutzen, sondern weil sie von einer realen Wirksamkeit überzeugt sind, daß sie in ihrer Freizeit schamanistischen Praktiken nachgehen, Mehrfachimpfungen in der Annahme, diese könnten Autismus hervorrufen, ablehnend gegenüberstehen, Parapsychologie für die Meta-Theorie der Psychologie halten usw. Zwar wurden im Rahmen der Akkreditierung der BA-Studiengänge nach der Bologna-Reform verstärkt verpflichtende Propädeutik-Seminare eingeführt, jedoch werden in diesen häufig das Demarkationsproblem oder überhaupt wissenschafts- und erkenntnistheoretische Problematiken kaum oder gar nicht angeschnitten, gleichwohl die Propädeutik ja eine Einführung in die oder eine Wissenschaft sein soll, genau genommen also über die einfache Vermittlung von Zitiersystemen etc. hinausgeht. Treffen nun esoterischen oder pseudowissenschaftlichen Themen zugeneigte Studierende entweder auf ebensolche Lehrende (gleichwohl dies nur selten der Fall sein dürfte) oder zumindest auf Propädeutik-Inhalte, die ihnen keine Werkzeuge zum kritischen Hinterfragen an die Hand geben, oder auf Lehrende, die um des lieben Friedens willen auch die seltsamsten Äußerungen unkommentiert lassen, so muß nicht verwundern, daß derlei Ideen auch während eines *wissenschaftlichen* Studiums aufrecht erhalten werden und später in die Praxis Sozialer Arbeit einfließen.

Die Soziale Arbeit als Handlungswissenschaft weist drittens zudem einen sehr hohen Praxisbezug auf. Hier haben es Sozialarbeitende sehr häufig mit prekären Lebenslagen und komplexen Lebenswelten zu tun. Im Rahmen ihres Auftrages und ihres eigenen Bedürfnisses, zu helfen, stoßen Praktiker immer wieder an ihre Grenzen, was häufig als Ohnmachtsgefühl erlebt wird. In solchen Situationen preisen sich verschiedenste Methoden als hilfreich an, das Problem 'in den Griff' zu bekommen, sei es das sog. 'Neurolinguistische Programmieren' (NLP), die Familienaufstellung nach Hellinger, Schamanismus oder auch die weiter unten behandelte Terlusollogie. Hier mag es so manchem Praktiker schwerfallen, Esoterik, Pseudowissenschaft oder einfach nur fragwürdige, bisweilen aber auch gefährliche Methoden von tatsächlichen professionellen, der Problemlage und der Sozialen Arbeit angemessenen, theoretisch untermauerten Methoden zu unterscheiden, da ihnen hierzu häufig die notwendigen Differenzierungsmittel fehlen. So kann es passieren, daß auch gut ausgebildete und erfahrene, engagierte und durchaus auch mit einer gesunden Skepsis versehene Sozialarbeitende auf derlei Methoden zurückgreifen.

Beim hier behandelten Thema, dem Demarkationsproblem einerseits und der Terlusollogie andererseits, geht es im Prinzip um die Problematik, Wissenschaft von Nicht-Wissenschaft zu unterscheiden. In vielen Fällen ist dies recht einfach, in anderen Fällen äußerst schwierig. Insbesondere auch deshalb, weil in wissenschaftstheoretischer Hinsicht lange Zeit ein gewisser Relativismus hinsichtlich der Unterscheidung von Wissenschaft und Nicht-Wissenschaft herrschte, der erst in letzter Zeit durch neuere Publikationen zumindest ein wenig aufgebrochen wurde.

So wird bisweilen die Ansicht vertreten, daß es praktisch nicht möglich sei, Wissenschaft von anderen Erkenntnismethoden ohne weiteres zu trennen und zu unterscheiden, daß Wissenschaft fraglos einem historischen Wandel unterworfen ist und deshalb sowieso stetigen Veränderungen unterliegt, daß es keine eindeutigen Merkmale zur Feststellung von Wissenschaft gäbe (was sicherlich richtig ist, wenn nur auf *ein* quasi 'zeitloses' Merkmal abgestellt wird), daß Wissenschaft ein rein soziales Konstrukt wäre und es deshalb an objektiven Kriterien fehle, und daß Begriffe wie Pseudowissenschaft lediglich 'Kampfbegriffe' wären, die zur Abgrenzung und zur 'Pfründesicherung' dienten.

Obgleich viele dieser Einwände ihre Berechtigung haben, vertritt der Autor des vorliegenden Textes diesbezüglich doch eine andere Ansicht. Nachfolgend kann gezeigt werden, daß es sehr wohl Möglichkeiten gibt, Pseudowissenschaft von tatsächlicher Wissenschaft zu unterscheiden.

Dazu scheint es zunächst sinnvoll zu sein, zu definieren, um was es sich bei Pseudowissenschaft eigentlich handelt. Danach wird erörtert, warum die Terlusollogie überhaut als 'Erkenntnisobjekt' ausgewählt wurde und was diese Lehre umfaßt. In einem weiteren Schritt werden die Grundlagen der Terlusollogie kritisch beleuchtet, mit gesichertem Wissen konfrontiert und ihre wissenschaftshistorischen Hintergründe aufgedeckt. Danach folgt ein Versuch, die Terlusollogie auf hermeneutischer Basis zu erfassen. Anschließend wird die Frage verfolgt, inwiefern es sich bei der Terlusollogie um eine Hypothese oder eine Theorie handelt. Darauf folgend werden weitere fragwürdige Aspekte der Terlusollogie erörtert, ihre Erkenntnisbasis hinterfragt und entsprechende Merkmale, die die Terlusollogie als Pseudowissenschaft ausweisen, dargelegt.

2. – Zum Begriff der Pseudowissenschaft:

Wie bereits erwähnt, wird der Begriff der Pseudowissenschaft häufig als eine Art der Herabsetzung begriffen, was auf historische Entwicklungen zurückgeführt werden kann. Darüber hinaus 'konkurriert' die Pseudowissenschaft mit anderen, ähnlichen Feldern, die unter 'P-Wissenschaften' zusammengefaßt werden könnten, und worunter sich neben der Pseudowissenschaft die Phantastische Wissenschaft[2], die Parawissenschaften, die Pathologische Wissenschaft[3] und (zumindest teilweise) die Protowissenschaft[4] fassen läßt. Insbesondere der historische Aspekt sowie das Verhältnis von Pseudo- und Parawissenschaft werden zum besseren Verständnis nachfolgend kurz besprochen.

2.1 – Kurzer historischer Abriß zum Begriff der Pseudowissenschaft als 'Kampfbegriff':

Häufig wird der Vorwurf erhoben, der Terminus 'Pseudowissenschaft' werde als 'Kampfbegriff' oder als "abwertend"[5] verwendet, als ein Begriff, der sowohl Exklusion, aber auch Inklusion von Erkenntnisfeldern und Erkenntnisweisen nach sich ziehen kann und auch soll (woran auch Alternativbegriffe wie "esoterische Wissenschaftskonzeption" z.B. bezüglich der Anthroposophie[6] letztendlich nichts ändern, da durch die Bezeichnung "esoterisch" eben deutlich wird, daß es sich *nicht* um anerkannte Wissenschaft handelt). Gleichwohl ist dies, wie Frietsch[7] darlegt, keineswegs eine Erscheinung der *new science*[8] (also der modernen Wissenschaftskonzeption, die sich im 19. Jahrhundert auszubilden begann), sondern bereits ein im Mittelalter zu beobachtender Prozeß der Abgrenzung, der zuerst allerdings im theologischen Bereich Fuß faßte. Die Verwendung des Präfixes 'Pseudo', das sich im 16. Jahrhundert zu einem regelrechten 'Modeschlagwort' zu entwickeln begann, läßt sich dabei auf

---

[2] Vgl. dazu Pössel 2000, der die Ansichten verschiedener Autoren der Phantastischen Wissenschaft kritisch hinterfragt.
[3] Eingeführt wurde dieser Begriff 1953 von *Irving Langmuir* im Rahmen einer Rede anläßlich eines Kolloquiums am *Knolls Research Laboratory* am 18.12.1953; seine Rede ist lediglich erhalten geblieben durch eine 1954 von ihm vorgenommene Tonbandaufnahme bzw. durch eine Kopie derselben, die später bei seinen Papieren gefunden und dann 1968 von *R. N. Hall* transkribiert und als *General Electric Laboratories Report No. 68-C-035* herausgegeben wurde (vgl. Pavlidis & Steiglitz 2002).
[4] Der Begriff 'Protowissenschaft' bezeichnet nach Hagner (in: Rupnow et al. [Hrsg.] 2006: 32) "eine neue, im Entstehen begriffene Wissenschaft".
[5] Vgl. Eberlein in: Ders. (Hrsg.) 1991: 110.
[6] Vgl. Zander in: Rupnow et al. (Hrsg.) 2008: 87.
[7] In: Rupnow et al. (Hrsg.) 2008: 51 ff.
[8] Vgl. zur Unterscheidung von *new science und old science* sowie der "Bruchlinie" der *scientific revolution* Zander in: Rupnow et al. (Hrsg.) 2008: 85 ff.

"[...] die apokalyptische Rede von falschen Propheten (*pseudoprophetae*) im Neuen Testament (Matth. 24,11; Apk. 16,13; 19,20; 20,10 und passim)"[9] zurückführen. In den begriffsgeschichtlichen Ursprüngen von "Pseudo" ging es bei seinem Gebrauch durch Kirchenkritiker im 13. und 14. Jahrhundert demnach weniger um wissenschaftstheoretische Abgrenzungen, als vielmehr um den Nachweis der eigenen "Rechtgläubigkeit", indem andere (z.B. von *John Wyclif*) als *pseudochristi, pseudocardinales* oder (von *Arnaldus von Villanova*) "*pseudo religiosi et doctores*" diffamiert wurden[10]. Auch war bei Wyclif die Rede vom *pseudopapa*, dem Pseudopapst im Sinne des Antichristen[11]. Später hat auch *Martin Luther* es sich nicht nehmen lassen, seine Gegner als "pseudo" zu disqualifizieren, was schließlich dazu führte, daß das Präfix auch über den klerikalen Bereich hinaus Verwendung fand[12].

Vor diesem historischen Hintergrund wird verständlich, daß der Begriff 'Pseudowissenschaft' (auch) als 'Kampfbegriff' erscheint. Dennoch erscheint es nicht sinnvoll zu sein, den Begriff allein deshalb fallenzulassen und nicht mehr zu verwenden, da es Disziplinen oder besser Erkenntnis- und Tätigkeitsbereiche gibt, die der Definition von Pseudowissenschaft durchaus gerecht werden. Entsprechend scheint es sinnvoll zu sein, den Begriff der Pseudowissenschaft bzw. den der Parawissenschaft, der eng damit zusammenhängt und häufig sogar als Synonym verwendet wird[13], näher zu betrachten.

2.2 – Pseudowissenschaft und Parawissenschaft – Definition und Abgrenzung:

Das Präfix "Pseudo" (gr. *pseúdein* = belügen, täuschen) besitzt nach Duden[14] die Bedeutung von "nicht echt, nur nachgemacht, nachgeahmt", und wird fachsprachlich in Bildungen mit Substantiven oder Adjektiven als "falsch, schein-" verstanden, häufig auch abwertend verwendet, wobei damit ausgedrückt werden soll, "dass eine Person oder Sache nur dem Anschein nach jemand oder etwas ist bzw. sich den Anschein gibt, jemand oder etwas zu sein, es in Wirklichkeit jedoch nicht ist". Nach Frietsch[15] wurde der Begriff "Pseudo" im Laufe der Wissenschaftsgeschichte jedoch auch recht

---

[9] Frietsch in: Rupnow et al. (Hrsg.) 2008: 55.
[10] Ebd.: 55 f.
[11] Ebd.: 56.
[12] Ebd.
[13] So z.B. auch bei Oepen et al. (Hrsg.) 1999: 228 f s.v. *Parawissenschaft / Pseudowissenschaft / Pseudotechnologie.*
[14] Bibliographisches Institut GmbH / Dudenverlag (o. J.): *pseudo-, Pseudo-, vor Vokalen* [Lemma]. Unter: http://www.duden.de/rechtschreibung/pseudo_, 05.04.2014.
[15] In: Rupnow et al. (Hrsg.) 2008: 55.

deutlich im Sinne von "Betrug" gebraucht (wofür *falsum* nicht geeignet war, da diesem die entsprechende Konnotation fehlte), anscheinend allerdings weniger in einem (modernen) strafrechtlichen Sinne, sondern vielmehr auch hier wieder als 'Vortäuschung' o.ä. Insofern kann der sehr allgemeinen Definition von Vollmer (1993: 13) zugestimmt werden:

"Pseudowissenschaften sind Disziplinen, die mit dem Anspruch auf Wissenschaftlichkeit auftreten, diesen Anspruch aber nicht einlösen, also den Standards der Wissenschaftlichkeit nicht genügen."

Der Begriff der Parawissenschaft, der häufig synonym zu dem der Pseudowissenschaft verwendet wird[16], meint hingegen nicht, daß eine Parawissenschaft eine Wissenschaft im tatsächlichen Sinne sei, sondern ein Erkenntnisgebiet, das (wie der Begriff selbst bereits andeutet) neben, entlang, vorbei, darüber hinaus gehend oder (ent)gegen (von griech. *pará*) einer anerkannten Wissenschaft existiert[17].

Bekannte (dem Namen nach) Parawissenschaften sind die Parapsychologie, die Paraphysik sowie die Paramedizin[18] (neben weniger bekannten wie z.B. der Parabiologie[19], Parachemie bzw. Parapsychochemie[20] oder die Parasoziologie[21]).

Lambeck (2003: 34) versteht dabei unter einer Parawissenschaft "[...] die Lehre von Phänomenen, die die heutige Physik nicht kennt" und betrachtet die Physik erst dann als unvollständig, wenn die Existenz eines Paraphänomens nachgewiesen wird. Obgleich Lambeck hier von Parawissenschaften schreibt, wird doch deutlich, daß eigentlich die Paraphysik gemeint ist. Dies wäre weitgehend deckungsgleich mit der zweiten Definition der Paraphysik bei Bonin[22], wobei die von ihm gemeinte Paraphy-

---

[16] Vgl. bspw. auch Vollmer 2013: 77 ff.

[17] Vgl. Bibliographisches Institut GmbH / Dudenverlag (o. J.): *para-, Para-* [Lemma]. Unter: http://www.duden.de/rechtschreibung/para_, 05.04.2014.

[18] Vollmer (2013: 79) führt zu allen drei genannten Begriffen diverse Unterkategorien auf, so zur Parapsychologie Hellsehen, Telepathie oder Präkognition, zur Paramedizin die anthroposophische Medizin, Irisdiagnostik, Pyramidenheilung oder Reiki und zur Paraphysik u.a. Deutsche Physik nach Stark, Kirlian-Fotografie, New-Age-Physik nach Capra oder Pyramidenenergie.

[19] Vgl. dazu Bonin (Hrsg.) 1984: 379 s.v. *Parabiologie*, Sp. 2.

[20] Vgl. ebd.: 379 f s.v. *Parachemie*, Sp. 2.

[21] Hierzu muß angemerkt werden, daß der Begriff der Parasoziologie sich nicht auf parapsychologische Inhalte bezieht oder irgend etwas mit 'PSI' o.ä. zu tun hat. Tatsächlich gemeint sind damit weltanschauliche oder ideologische Soziologien, also Theoriemodelle wie der Wissenschaftliche Sozialismus, aber auch faschistische "Arier-Soziologien"; vgl. Eberlein in: Ders. (Hrsg.) 1995: 133 ff s.v. *Parasoziologie*.

[22] In: Ders. (Hrsg.) 1984: 382 s.v. *Paraphysik*, Sp. 2; in der ersten Definition bezeichnet Bonin (ebd.) die Paraphysik als Teilgebiet der Parapsychologie, das paranormale Effekte untersuche, die als mate-

sik als Grenzwissenschaft angeblich vorhandene Kräfte und Phänomene untersuche, die physikalischer Natur sein sollen, jedoch von der Physik als solche nicht anerkannt werden (Aura, Od, Vril, diverse 'Strahlen' und 'Wellen', die allesamt nicht meßbar sind)[23].

Der Begriff Parapsychologie wiederum beschreibt eine "Disziplin, die sich mit dem Existenznachweis, der Beschreibung und Erklärung von vermuteten oder behaupteten paranormalen Phänomenen befaßt"[24]. Zugleich aber wird die Parapsychologie auch als Sozialwissenschaft beschrieben, die sich als Teilgebiet der Psychologie verstehe[25]. Insofern würde sie durchaus den Anspruch erheben, eine Wissenschaft, genauer, eine Realwissenschaft im herkömmlichen Sinne zu sein.

Für die Bezeichnung 'Paramedizin' können ebenfalls zwei verschiedene Definitionen angeführt werden. Zum einen bezeichnet Paramedizin die Beschäftigung mit "parapsychologischen Phänomenen" auf medizinischem Gebiet[26], zum anderen dient der Begriff als "[...] Sammelbegriff für die von der Schulmedizin abweichende, nichtorthodoxe Erfahrungsmedizin, also angewandte P[aramedizin]"[27].

Innerhalb dieses Bereiches gilt es jedoch weitere (sowohl begriffliche wie sachliche) Abgrenzungen zu beachten, so z.B. jene zwischen Paramedizin und anerkannten Naturheilverfahren (da sich paramedizinische Bereiche bisweilen unbegründet als solche bezeichnen und dann als Pseudo-Naturheilverfahren klassifiziert werden können), zwischen Paramedizin und "unkonventioneller Medizin", die sowohl den Forschungsbereich hinsichtlich neuer Vorstellungen und Methoden umfaßt ("Neuland-Verfahren", bei denen zu therapeutischen Zwecken Neuland betreten werden muß und wozu auch Methoden zählen, die aufgrund zu kleiner Fallzahlen noch nicht abschließend bewertet werden können, wobei allerdings wissenschaftliche und medizinisch anerkannte Maßstäbe eingehalten werden) als auch die Außenseitermedizin, die sich durch ein ungünstiges Nutzen-/Risikoverhältnis oder unsinnige Konzepte auszeichnet und oft Methoden umfaßt, die sich bereits als nicht bewährt herausgestellt haben; weiterhin die Abgrenzung zwischen den bereits genannten Begriffen

---

rielle Veränderung beobachtbar sein sollen. Daneben existiert noch der Begriff der Parapsychophysik – dieser umfaßt nicht nur angebliche paraphysikalische, sondern auch parachemische "Phänomene" (vgl. ebd.: 385 s. v. *Parapsychophysik*, Sp. 1).
[23] Vgl. auch Eberlein (1995: 117 ff s.v. *Paraphysik*), der die Paraphysik ebenfalls als Teilbereich der Parapsychologie einordnet.
[24] Oepen et al. (Hrsg.) 1999: 221 s.v. *Parapsychologie*.
[25] Bonin (Hrsg.) 1984: 382 s.v. *Parapsychologie*, Sp. 2.
[26] Vgl. ebd.: 381 s.v. *Paramedizin*, Sp. 1.
[27] Ebd.

und den der ganzheitlichen Medizin, der sich vor allem aus dem damit explizit ein-
hergehenden Vorwurf speist, daß "konventionelle Medizin" eben jene Ganzheitlich-
keit nicht beachten würde und die Abgrenzung zum Begriff der Erfahrungsmedizin,
der unter Auslassung der Tatsache, daß auch konventionelle Medizin auf Erfahrung
basiert, hier eine besondere Qualität diesbezüglich für sich in Anspruch nimmt (obgleich, wie noch zu sehen sein wird, hier auch im Einzelfall ein anderes Verständnis
von Erfahrung vorliegen kann).[28]

Ein weiterer Unterschied zwischen dem Begriff der Pseudowissenschaft und dem der
Parawissenschaft läßt sich anhand zumindest einiger Parawissenschaften ableiten.
Denn die Vertreter jener Bereiche bzw. die an diesen Bereichen Interessierten (was
auch kritische Haltungen einschließt) haben selbst das Präfix 'Para' vorangestellt
(wohingegen nicht feststellbar ist, daß sich im Unterschied dazu Pseudowissenschaftler selbst als solche bezeichnen würden). Dies gilt für die Parapsychologie,
deren Bezeichnung 1889 von *Max Dessoir* vorgeschlagen wurde und sich gegen andere, alternative Begriffe wie "Grenzwissenschaft", "Metapsychik" oder "Psychische
Forschung" im Laufe der Zeit durchgesetzt hat[29]. Ebenfalls stellt der Begriff der Paraphysik keine Fremdzuschreibung dar (worauf bereits schon das weiter oben verwendete Zitat von Bonin verweist), sondern wurde von den Vertretern der Parapsychologie selbst bereits früh verwendet, so z.B. von *Albert von Schrenck-Notzing*[30]
und *Charles Richet*[31] und ist immer noch in diesem Bereich in Gebrauch.

Auch die Vertreter der Parapädagogik haben diesen Begriff selbst gewählt (die wenig
und anscheinend nur im deutschsprachigen Raum bekannte Parapädagogik verfolgt
dabei das Ziel "[...], Methoden und Erkenntnisse der P[arapsychologie] für den
pädagogischen Bereich nutzbar zu machen. Der Verband für P[arapädagogik][32], der

---

[28] Vgl. Oepen et al. (Hrsg.) 1999: 34 s.v. *Außenseitermedizin*; ebd.: 183 s.v. *Medizin, unkonventionel-
le*; ebd.: 195 s.v. *Naturheilverfahren*; ebd.: 196 s.v. *Neulandverfahren*.
[29] Bonin (Hrsg.) 1984: 382 f s.v. *Parapsychologie*, Sp. 2; vgl. auch Bauer in: Eberlein (Hrsg.) 1995:
123 ff s.v. *Parapsychologie*.
[30] Vgl. Schrenck-Notzing 2013 (1929).
[31] Vgl. Richet 2011 (1923). Wobei angemerkt werden muß, daß Richet ursprünglich von
"métapsychique" (*Traité de Métapsychique*, Paris 1922) schrieb und dies in der deutschen Überset-
zung als *Parapsychophysik* bezeichnet wird.
[32] Dabei dürfte es sich um die mittlerweile nicht mehr existente, von *Reinhard Layritz* gegründete *Union für Parapädagogik* mit Sitz in Pfaffenhofen handeln. Layritz war auch Gründer eines Verlags für
Parapädagogik und Inhaber der (inzwischen gelöschten) Wort-/Bildmarke "Parapädagogik = allmäh-
lich zum Bessern führen" (DPMA-RN: 1018205). In besagtem Verlag erschienen nach DNB-Angaben
insgesamt zwei Werke, nämlich zum einen ein Titel von *Pavlita, Robert*: *60 Versuche zum Pavlita-
Phänomen* (1977; DNB-verschlagwortet mit Biomagnetismus, Psychokinese) und zum anderen von
Oberth, Hermann Julius: *Wählerfibel für ein Weltparlament. In Briefen für die Mitglieder der Union für
Parapädagogik und ihrer kooperativen Verbände* (1981, DNB-verschlagwortet mit Parapsychologie,

sich 1960 in München konstituierte, widmet sich der Sammlung und Auswertung entsprechender Daten"[33]. Zumindest bei diesen Parawissenschaften handelt es sich also – anders als bei der Paramedizin - um eine Selbst- und nicht etwa um eine 'abwertende' Fremdattribuierung, was auch für Parabiologie und Parachemie zu gelten scheint (und woraus der Schluß gezogen werden kann, daß solche Selbstbezeichnungen zum einen darauf hindeuten könnten, daß Vertretern solcher Bereiche durchaus bewußt ist, daß ihr jeweiliges Gebiet anders zu beurteilen ist als eine Normalwissenschaft und zum anderen, daß dies sowohl Folge wie auch konstitutives Mittel einer bestimmten Gemeinschaft sein könnte und was wiederum einen Unterschied zumindest zu einem Teil jener Autoren zu konstituieren scheint, die eine 'Grenzwertigkeit' ihrer Thesen erst gar nicht in Betracht ziehen, sondern teilweise recht aggressiv und wenig selbstkritisch den Standpunkt vertreten, wissenschaftlich voll anerkannt werden zu müssen und bei ausbleibender Anerkennung häufig zu verschwörungstheoretischen Erklärungen neigen). Selbiges gilt aber auch für jene Verfahren, deren Vertreter selbst ihre Methode als alternativ- oder komplementärmedizinisch bezeichnen. Denn dies bedeutet ja sinngemäß nichts anderes als Paramedizin. Entsprechend kann dies auch auf andere, alternative Physik-Begriffe übertragen

---

Weltbild). Das erstgenannte Werk bezieht sich inhaltlich auf die von Robert Pavlita, einem tschechischen Design-Direktor einer Textilfabrik, entwickelten "Psychotrone Generatoren", die angeblich "bioplasmatische" bzw. "psychotrone Energie" akkumuliert, gespeichert und wieder abgegeben haben sollen (vgl. Bonin [Hrsg.] 1984: 416 s.v. *Psychotroner Generator*, Sp. 2). Diese angeblich vom "menschlichen Geist" beherrschbare Energie soll angeblich jedwedes Material durchdrungen haben und wird auch zur "Erklärung" paranormaler Phänomene herangezogen (vgl. ebd. s.v. *Psychotrone Energie*). Es scheint sich also um eine technische Form des Vitalismus zu handeln, weshalb die DNB-Verschlagwortung mit "Biomagnetismus" durchaus treffend erscheint, wobei Magnetismus in seinen verschiedenen, auch esoterischen Formen weiter unten noch näher besprochen werden wird; auch kann nicht verwundern, daß ein Buch solchen Inhalts in diesem Verlag erschien, scheint Layritz doch selbst Anhänger der von *Karl von Reichenbach* erfundenen Od-Energie (ebenfalls eine Form des "magnetischen Vitalismus") zu sein (vgl. zu Reichenbachs Od Erdbeer in: Rupnow et al. [Hrsg.] 2008: 127 ff), tritt er doch in den 1970er Jahren als Autor mehrerer Artikel über "Od-Physik" in der Zeitschrift *esotera* auf. Zugleich wird Layritz aber auch als Co-Autor von *Erna Roth-Oberth* (einer Tochter von *Hermann Oberth*) bei Moulin ([Hrsg.] 2004: 316) genannt (Roth-Oberth, E. & Layritz, R. (1994): *The Personality of the Rocket Pioneer Professor Hermann Oberth*). Oberth wiederum zählt zu den bedeutendsten "Raketen-Pionieren", leistete – neben seiner Lehrtätigkeit als Gymnasialprofessor - wichtige Beiträge zu den technischen Grundlagen des Raketenantriebs und arbeitete mit *Wernher von Braun* (damals noch Student) sowie *Rudolf Nebel* (u.a. Begründer des ersten Raketenflugplatzes) (vgl. Ingenhaag in: Historische Kommission bei der Bayerischen Akademie der Wissenschaften [Hrsg.] 1999: 400 ff s.v. Oberth, Sp. 2). Daneben war Oberth auch an anderen, darunter auch religiösen und esoterischen Themen interessiert – so findet sich in seiner Veröffentlichungsliste auch ein (nur 41 Seiten umfassendes) Buch zum Thema Parapsychologie (*Parapsychologie - Schlüssel zur Welt von Morgen. Vortrag anläßlich der Gründung der Deutschen Gesellschaft für Parapsychologie Hamburg*, 1976). Es mag deshalb nicht allzusehr verwundern, daß der an Parapsychologie interessierte ehemalige Gymnasiallehrer Oberth auch im Verlag für Parapädagogik von Layritz veröffentlichte, gleichwohl die sonstige Beziehung zwischen Oberth und Layritz unklar bleibt – ein in wissenschaftshistorischer Hinsicht bedauerliches Manko.
[33] Bonin (Hrsg.) 1984: 382 s.v. *Parapädagogik*, Sp. 1.

15

werden, wie z.B. auf die "nonkonventionelle Physik", ein Begriff, der häufig von dem verschwörungstheoretisch orientierten Autor *Axel Stoll* in Wort und Schrift verwendet wurde[34].

Ein davon abweichender Begriff der Parawissenschaft wird zudem noch von Eberlein vertreten. Dieser bezieht sich dabei auf eine soziologische Differenzierung[35]. Diese mache "[...] neben den Schulwissenschaften strukturell und prozessual ähnliche Bereiche aus, die ebenfalls Wissenschaftsanspruch anmelden, mit zum Teil konkurrierenden, nach ihrem Wert unentschiedenen bzw. bisher unentscheidbaren Forschungsprogrammen. [...] Der Begriff Pseudowissenschaft hingegen beinhaltet die wissenschaftstheoretische Sicht. Von dieser her handelt es sich um nicht (mehr) anerkannte Aussagen, Theorien, Methoden und Forschungsprogramme"[36].

Diese Unterscheidung von Para- und Pseudowissenschaft läßt sich durchaus vertreten, insbesondere, da sie auch eine wissenschaftshistorische Dimension enthält, nämlich den Hinweis auf nicht mehr anerkannte Aussagen usw., mittels derer sich auch aktuelle Tätigkeitsbereiche oder Erkenntnisgebiete als pseudowissenschaftlich identifizieren lassen. Dabei allerdings ist Hagner[37] durchaus darin zuzustimmen, daß es wenig Nutzen hat, Tätigkeitsfelder der Vergangenheit wie z.B. Mesmerismus oder Phrenologie aus heutiger Sicht als Pseudowissenschaften zu bezeichnen, da dies eben ein Herausreißen aus dem historischen Kontext bedeutet. Dennoch können diese Felder als Beispiel dafür dienen, was *heute* als pseudowissenschaftlich anzusehen wäre, nämlich u.a. das Vertreten bereits längst widerlegter Theorien (wie z.B. der Hohlwelt-Theorie, der Welteis-Lehre, der Junge-Erde-Theorie, der Expansionstheorie der Erde[38], physikalische Äther-Theorien usw.). Para- und Pseudowissenschaften zeichnen sich also nicht *per se* dadurch aus, daß sie theorielos wären, gleichwohl über das Ausmaß der Theoriearbeit sicherlich keine allgemeingültige Aussage gemacht werden kann. Zugleich verweist dies aber auch darauf, daß ein Wissenschaftsanspruch, soll das Kriterium der Theoriearbeit als Merkmal von Wis-

---

[34] Vgl. Klein in: Bartoschek et al. 2014[5]: 7.
[35] Vgl. Eberlein in: Ders. (Hrsg.) 1991: 7.
[36] Ebd.: 7 f.
[37] In: Rupnow et al. (Hrsg.) 2008: 22.
[38] Gleichwohl diese Theorie nicht mehr ernsthaft in Erwägung gezogen wird, gibt es doch Versuche, sie mit erweiterten, wenn auch fragwürdigen Aspekten wiederzubeleben, so z.B. durch *Konstantin Meyl*, der ein Erdwachstum durch Neutrinostrahlung behauptet und damit zumindest anfangs auch Beachtung fand, so z.B. an der TU Berlin durch Karl-Heinz Jacob vom *Institut für Angewandte Geowissenschaften I* und im Rahmen einer von Jacob geleiteten Tagung (24.05.2003 - 25.05.2003 im Bergbau- und Industriemuseum Ostbayern Schloß Theuern, veranstaltet vom *Verein der Freunde und Förderer des Bergbau- und Industriemuseums Ostbayern* sowie der Technischen Universität Berlin).

senschaft gelten (wovon später noch zu sprechen sein wird), geprüft werden muß - was möglich wäre über die Analyse bestehender Theorien dahingehend, ob diese als wissenschaftliche Theorien (inklusive ihrer Begründungen und ihres Entstehungszusammenhangs) gelten können (hier wird also explizit *nicht* der Anspruch vertreten, durch die Festlegung lediglich *eines* quasi zeitlosen Merkmals oder *nur* aufgrund eines Merkmalkatalogs Wissenschaft von anderen Feldern unterscheiden zu können).

Zusammengefaßt erweisen sich Parawissenschaften also als Erkenntnisversuchsgebiete, die neben den anerkannten Wissenschaften zu verorten sind, wobei als besonderes (wenngleich nicht immer vorhandenes) Erkennungsmerkmal die Selbstzuschreibung mittels des Präfixes 'Para' durch die Akteure dieses Gebietes gelten kann, wohingegen Pseudowissenschaften als Tätigkeitsgebiete gelten können, die (ebenfalls mittels Selbstattribuierung als 'wissenschaftlich') explizit den Anspruch vertreten, eine echte, den anerkannten Wissenschaften *gleichzustellende Wissenschaft* zu sein, ohne diesen Anspruch jedoch an wissenschaftlichen Kriterien messen zu lassen bzw. messen zu wollen, so daß eine einfache undifferenzierte Gleichsetzung von Para- und Pseudowissenschaften unangemessen zu sein scheint. Bei beiden Formen geht es allerdings hinsichtlich ihrer Bezeichnung um die Frage des wissenschaftlichen Status bzw. des Status *als* Wissenschaft, was sie mit dem Begriff der Protowissenschaft, aber auch der Phantastischen Wissenschaft und Teilen der Pathologischen Wissenschaft verbindet. Zugleich unterscheiden sich Para- und Pseudowissenschaften, die Pathologische und die Phantastische Wissenschaft von Protowissenschaften allerdings nicht unerheblich, was hier jedoch nicht weiter behandelt werden muß.

Auf den Punkt gebracht wird Pseudowissenschaft im vorliegenden Text also wie folgt verstanden:

Pseudowissenschaft bezeichnet Tätigkeitsfelder, deren Akteure tatsächliche Wissenschaft nur simulieren, also keine gegenwärtig anerkannte wissenschaftliche Methodik zum Erkenntnisgewinn verwenden, also keine oder nur unzulängliche oder unwissenschaftliche Forschung betrieben wird, die dennoch aber häufig von tatsächlichen Wissenschaften als gleichwertig anerkannt werden möchten, gleichwohl ihre Gegenstandsbereiche bzw. Aspekte derselben oftmals metaphysische oder esoterische Aspekte umfassen und / oder gesichertem Wissen widersprechen.

Nachfolgend wird nun die sog. 'Terlusollogie' besprochen werden, die nach ernsthafter Prüfung nach Ansicht des Autors aus guten Gründen als ein Paradebeispiel für Pseudowissenschaft gelten kann und die deutlich werden läßt, wodurch sich Pseudowissenschaft von echter Wissenschaft unterscheidet. Zugleich kann an ihr aber auch demonstriert werden, warum sich aus wissenschaftstheoretischer Sicht überhaupt mit derlei Dingen auseinandergesetzt werden muß und welche Problematiken dabei hervortreten können.

3. – Begründung zur Auswahl der Terlusollogie:

Terlusollogie ist eine Lehre, die seit längerem existiert, jedoch erst seit einigen Jahren insbesondere im gesangs- und musikpädagogischen Bereich (vor allem dem hochschulischen) zu einem Problem zu werden scheint. Nun könnte die Terlusollogie dennoch entweder für eine Randerscheinung oder für ein wissenschaftstheoretisches Problem aus dem Bereich Gesangspädagogik etc. gehalten werden. Doch die sich als 'holistisch' verstehende Terlusollogie weist durchaus auch Bezüge zur Sozialen Arbeit auf, da auch vielfältige Aspekte der Lebensführung, von der Schlafposition über die Ernährung bis hin zur Partnerwahl und sogar der Zeugung von Kindern berührt werden und sich Anwender der Terlusollogie den entsprechenden Regeln unterwerfen sollen (auch z.B. hinsichtlich pädagogischer Aspekte oder zur Vermeidung von Partnerschaftsproblemen), zudem sich auch der Hauptautor und Hauptvermarkter der Terlusollogie, der Mediziner *Christian Hagena*, mit seinen Buchveröffentlichungen, Webseiten und Ausbildungskursen zum 'Terlusollogen' auch insbesondere an Pädagogen und Therapeuten richtet, womit offensichtlich nicht nur Stimm- und Gesangspädagogen und –therapeuten oder Logopäden gemeint sind[39]. Hinzu tritt ein Argument, das Charpak & Broch (2005: 216) hinsichtlich Pädagogen (gemeint sind eigentlich Lehrer, jedoch läßt sich dies im weiteren Sinne auch auf Sozialarbeitende übertragen, die ebenfalls häufig in pädagogischen Arbeitsfeldern tätig sind) anführen:

"Anders als man *a priori* erwarten sollte [...] sind auch die Pädagogen nicht gegen den Aberglauben gefeit, ja sie sind manchmal sogar diejenigen, die überhaupt erst das Interesse ihrer Schützlinge an Pseudowissenschaft und anderem Hokuspokus wecken."

---

[39] Vgl. Hagena 2005[2]: 2.

Wie bereits der Psycho-Boom[40] im Nachgang zur Methodenkritik in den 1970er Jahren und das Eindringen von NLP, Schamanismus und weitere derartige Ansätze in die Soziale Arbeit (wenn auch vorrangig in die Praxis und meist bei freiberuflich Tätigen) gezeigt hat, könnte durchaus die Gefahr bestehen, daß es in naher Zukunft nicht nur eine anthroposophische Pädagogik und Sozialarbeit, sondern auch eine 'terlusollogische Sozialarbeit' oder eine entsprechende Pädagogik geben könnte, was wohl weder aus Sicht der Sozialarbeitswissenschaft, noch aus der des Klientenwohls wünschenswert sein kann, wobei sich zumindest schon die Universität Münster 2005 diesbezüglich hervorgetan hat - dort wurde ab 13.04.2005 eine Veranstaltung mit dem Titel *Körper – Atem – Stimme – Kommunikation* angeboten[41], in dessen Beschreibung es u.a. heißt:

"Auch von den Atemtypen nach Hagena wird die Rede sein, da diese Altbekanntes in neuem Licht erscheinen lassen und den Teilnehmern helfen können, ihre persönlichen Stärken zu entwickeln."[42]

In der zur Veranstaltung gehörenden Literaturliste wird zudem explizit Hagenas Buch *Grundlagen der Terlusollogie. Praktische Anwendung eines bipolaren Konstitutionsmodells* aufgeführt[43]. Und auch an der Hochschule Hannover offerierte die *Fakultät V – Diakonie, Gesundheit und Soziales* ein terlusollogisches Angebot im Wintersemester 2013/14[44]. Einige weitere Verbindungen finden sich vor allem zu Hochschulen aus dem Bereich Kunst / Musik.

Auch auf diese Weise kann die Terlusollogie in Teilbereiche der Sozialen Arbeit eindringen, nämlich durch Multiplikatoren – so vertritt z.B. eine Professorin (zugleich

---

[40] Vgl. dazu auch Bach & Molter (1979), die bereits früh eine kritische Übersicht zu den damals aufkommenden bzw. sich in größerem Umfang dann auch in die Soziale Arbeit integrierenden Therapieformen wie Sexualtherapie, Gestalttherapie, Körpertherapien, Feeling-Therapie, Healing usw. vorlegten; vgl. auch Müller 1988: 175 ff.

[41] Vgl. Wilhelms-Universität Münster (Hrsg.) (2005): *Zertifikat Mündlichkeit – Veranstaltungen im Sommersemester 2005.* Unter: https://www.uni-muenster.de/ZertifikatSuM/veranstaltungen/2005ss_muendlichkeit.html, 07.08.2014.

[42] Ebd.

[43] Vgl. ebd.

[44] Dort bot ein Referent im Rahmen einer Projekt- und Exkursionswoche (18. - 22.11.2013) am 19.11.2013 (am gleichen Tag fand auch ein Feldenkrais-Angebot statt) eine Veranstaltung mit dem Titel "Atmen und Stimme - Öffne den Spiegel der Seele" an, in deren Beschreibung es u.a. heißt: "Terlusollogie heißt das magische Wort, das in dem Kurs entzaubert und für jedermann einfach anwendbar wird." (Hochschule Hannover, Fakultät V – Diakonie, Gesundheit und Soziales 2013: 10 [Angebot *Atem und Stimme - Öffne den Spiegel der Seele*]).

Leiterin des Studienganges Elementare Musikpädagogik) an der Hochschule für Musik Würzburg, die auch nach eigenen Angaben in der Lehrer- und Erzieherweiterbildung tätig ist, ganz offen die Terlusollogie[45].

Zwar mag die Gefahr diesbezüglich (zumindest momentan) weniger aus dem hochschulischen Bereich kommen, doch gilt dies, wie bereits angedeutet, nicht unbedingt für die Praxis. Zunehmender, ökonomisch begründeter Druck könnte leicht dazu führen, daß Praktiker durch den Erfolgszwang achselzuckend, wie Müller (1998: 27) es ausdrückt, auf Angebote esoterischer Geruchstherapeuten oder Fußreflexzonen-Bearbeiter zurückgreifen[46] – und wenn auf diese, warum nicht auch auf die Terlusollogie?

Zumindest im Bereich der pädagogischen Ratgeber hat die Terlusollogie zudem bereits Einzug gehalten – so wird diese z.B. in dem Buch von Anne Becker mit dem Titel *Schreiben und Lesen lernen kann jedes Kind – wenn man seinen Lerntyp berücksichtigt* (2010) vehement empfohlen[47].

Auch gibt es mittlerweile einige akademische Abschlußarbeiten, die sich mit dem Thema Terlusollogie befassen (Buhrow, M.: *Atemstütze – ein Begriff, zwei Wege zur Atemtypenlehre im Instrumentalunterricht am Beispiel der Oboe*, Diplomarbeit an der Staatlichen Hochschule für Musik Freiburg i. B., 1997[48]; Baulmann, Anna Katharina: *Lunare und solare Einflüsse auf Persönlichkeitsdimensionen. Überprüfung ausgewählter Thesen der Terlusollogie*, Diplomarbeit an der Universität Hamburg, 2005[49]; Dude, Heidemarie: *Atem, Komponist und Komposition aus Sicht der Terlusollogie®*,

---

[45] Vgl. Hochschule für Musik Würzburg (Hrsg.) (o. J.): *Prof. Barbara Metzger*. Unter: http://www.hfm-wuerzburg.de/hfm_person/metzger-barbara, 08.09.2016.

[46] Vgl. Galuske 2008[7]: 22.

[47] Mehr oder minder erstaunlich ist auch hier wieder, wie mit zweierlei Maß gemessen oder die eigene Position offensichtlich unreflektiert dargestellt wird. So schreibt Becker (2010: 8), daß Intelligenz nicht meßbar sei und (nicht ganz zu Unrecht) Intelligenztests unangenehme Festschreibungen begünstigen können, propagiert aber gleich auf derselben Seite die Terlusollogie, welche die gesamte Menschheit in lediglich zwei Menschentypen aufteilt und damit eine weit größere "Festschreibung" vornimmt, als mit einem Intelligenztest jemals erreicht werden könnte; zudem enthält das Buch ebenfalls weitreichende, aber einfache Erklärungen für komplexe Problematiken - so wird das "[...] mangelnde Lesevermögen oder die Leseunlust vieler Schülerinnen und Schüler" (ebd.: 9) dadurch erklärt, daß ca. die Hälfte "[...] der Menschen in unseren Breiten [...]" eine "individuelle physiologische Augenrichtung" entgegengesetzt der Leserichtung nicht berücksichtigen würden, wobei auch hier die Terlusollogie hilfreich sei, die jeweilige "typenrichtige Augenrichtung" zu bestimmen.

[48] Vgl. Sedláčková 2012: 7 (Folie 1).

[49] Vgl. Google.de (o. J.): *Lunare und solare Einflüsse auf Persönlichkeitsdimensionen: Überprüfung ausgewählter Thesen der Terlusollogie*. Unter: http://books.google.de/books/about/Lunare_und_solare_Einfl%C3%BCsse_auf_Pers%C3%B6n.html?id=hWnaPgAACAAJ, 02.08.2014. (Anmerkung: Eine abschließende Überprüfung der verwendeten Internetquellen ergab, daß die genannte Arbeit nunmehr nur noch mit ihrem Titel ohne weitere Angaben angezeigt wird.)

Diplomarbeit an der philologisch-kulturwissenschaftlichen Fakultät der Universität Wien, 2009[50]; Wieder, Ester: *Terlusollogischer Musikunterricht. Ergebnisse einer versuchsweisen Anwendung der Terlusollogie im Rahmen des Musikunterrichts der 5./6. Schulstufe*, Bachelor-Thesis [Lehramt Hauptschule] an der Pädagogischen Hochschule Niederösterreich, 2009[51]; Schwaiger, Alexandra: *Terlusollogie – eine Erfahrungswissenschaft über die gegensätzlichen, polaren Einflüsse von Sonne und Mond auf die Stimmentfaltung und das Instrumentalspiel*, Abschlußarbeit an der Universität für Musik und darstellende Kunst Graz, 2011[52]; Jarzina, Johanna: *Möglichkeiten und Auswirkungen der Einbeziehung von terlusollogischen Aspekten in der chorischen Stimmbildung*, Abschlußarbeit an der Hochschule für Musik Nürnberg, 2012[53]; auch eine Dissertation soll mittlerweile dazu erschienen sein), wobei es durchaus als erschreckend bezeichnet werden darf, daß all diese Arbeiten recht eindeutig die Terlusollogie eher als brauchbar und insgesamt positiv darstellen. Selbstverständlich ist es völlig legitim, in einer akademischen Abschlußarbeit auch eine Lehre wie die Terlusollogie zu untersuchen; ebenfalls richtig ist, das zunächst derjenige, der eine solche Arbeit erstellt, verantwortlich für ihren Inhalt ist. Dennoch darf nicht vergessen werden, daß es sich hier um Abschlußarbeiten handelt und die Betreuer dieser Arbeiten den Betreuten (und auch der Öffentlichkeit, die den Betreuer finanziert) eine gewisse Sorgfaltspflicht schulden, die auch darin besteht, diese auf die wissenschaftliche Fragwürdigkeit nicht nur des behandelten Gegenstands, sondern auch der Ergebnisse hinzuweisen. Ob dies geschehen ist oder nicht, entzieht sich der Kenntnis des Autors. Allerdings scheinen alle genannten Arbeiten durchaus zu einem erfolgreichen Abschluß geführt zu haben (was insofern problematisch ist, als daß dadurch nach außen der Eindruck entsteht, als handele es sich bei der Terlusollogie tatsächlich um eine wissenschaftlich anerkannte Lehre). Dem gegenüber steht lediglich *eine* die Terlusollogie kritisch behandelnde Abschlußarbeit (Beyer 2011).

---

[50] Vgl. Universität Wien, Universitätsbibliothek (o. J.): *„Atem, Komponist und Komposition aus Sicht der Terlusollogie®"*. Unter: http://othes.univie.ac.at/6484, 02.08.2014.

[51] Vgl. Österreichischer Bibliotheksverbund (OBVSG) (o. J.): *Terusollogischer Musikunterricht : Ergebnisse einer versuchsweisen Anwendung der Methodik der Terusollogie im Rahmen des Musikunterrichts der 5./6. Schulstufe - Gesamtverbund.* Unter: http://permalink.obvsg.at/AC08029538, 02.08.2014.

[52] Vgl. Kunstuniversität Graz (o. J.): *Aktuelle Diplom-/ Magister-/ und Masterarbeiten.* Unter: http://www.kug.ac.at/nc/kunst-wissenschaft/publikationen/abschlussarbeiten/aktuelle-diplom-magister-und-masterarbeiten.html?tx_kugpublications_pi1[werknummer]=15311, 02.08.2014.

[53] Vgl. Hochschule für Musik Nürnberg (o. J.): 23.

Die Hauptvertreter der Terlusollogie gehen durchaus expansiv vor, und die Tatsache, daß diese Lehre bereits an Hochschulen vermittelt wird und entsprechende Abschlußarbeiten angefertigt werden, kann durchaus als Beleg dafür gelten. Der expansive Charakter der Terlusollogie ergibt sich jedoch nicht von selbst, sondern wird selbstverständlich von den terlusollogisch orientierten Autoren forciert. So schreibt Hagena (2005[2]: 2):

"Ist erst das Interesse für die Terlusollogie geweckt, ist es wichtig, sich ihr weiter zu öffnen und zu ihrer Entwicklung beizutragen. Dies ist eine der Zielrichtungen des Buches.

Vor allem Therapeuten und Pädagogen zählen zu unseren Zielgruppen. Sie sind es, die auf vielfältige Art in unser Leben eingreifen und segensreich tätig sind, die jedoch durch die Unkenntnis terlusollogischen Wissens auch Irrtümern unterliegen. Unter Einbeziehung der Terlusollogie werden die bereits bestehenden Methoden in der Therapie und Pädagogik noch erfolgreicher sein. Hier leistet die Terlusollogie Großartiges. Viele Atemtherapeuten wunderten sich z.B. in ihrer täglichen Arbeit, dass sie vielen ihrer Patienten rasch und schnell helfen konnten, bei anderen aber erfolglos blieben. Hier bietet die Terlusollogie Antworten. Eine Neuordnung bestehender Methoden einschließlich der Schulmedizin lässt die eigene Arbeit erfolgreicher werden.

[...]

Gelingt es, mit diesem Buch letzten Endes möglichst viele Menschen für die Terlusollogie zu gewinnen, so kann sie sich rasch segensreich im Alltagsleben auswirken und viel Leid verhindern oder lindern helfen."

Offenbar hat die propagandistische Strategie der Vermarktung der Terlusollogie Erfolg, zumindest verweist Hagena (2005[2]: 1) auf ebensolchen:

"In den vergangenen Jahren hat sich die Terlusollogie weiter entwickelt. Fast 100 Terlusollogen wurden ausgebildet, die das Wissen weitergeben können. Neue terlusollogische Bücher sind im Entstehen. So ist eines über den Gesang ('Im Atemholen sind zweierlei Gnaden') von Brigitta Seidler-Winkler erschienen, ein weiteres Buch über typenrichtiges Telefontraining wird im Sommer 2005 erscheinen und das Interesse in neuen Berufsgruppen wecken. Wir selber haben das Manuskript 'Normale Entwicklung und ADS-Syndrom (Aufmerksamkeitsdefizitsyndrom) aus Sicht der Terlusollogie – Hyperaktivität und Legasthenie heilbar' fertig geschrieben und jetzt arbeiten wir an einem Ernährungsbuch.

Das Interesse bei Musikern wächst ständig, und ich höre zunehmend davon, dass sich Musikhochschulen mehr und mehr für die Terlusollogie interessieren. Die erste Doktorarbeit ('Wir atmen nicht gleich') ist von Frau Magda Nador an der Franz Liszt Akademie der Universität Budapest gerade erfolgreich beendet worden. Seminare und Vorträge werden zahlreicher, so dass Aktivitäten auf immer mehr Gebieten entstehen, zum Beispiel im Flötenbau unter Mitarbeit von Frau Brunhilde Holderbach. Hier wird der Versuch unternommen, die atemtypgerechte Flöte zu entwickeln und zu bauen."

Auch wenn die "Weiterentwicklung der Terlusollogie" hier durchaus euphemistisch dargestellt wird (trotz der a.a.O. auch zu findenden Hinweise auf Bemühungen, die Berechnung des "Fragezeichentyps" zu verbessern), da eine Ausweitung der Einsatzfelder keineswegs eine Weiterentwicklung der Terlusollogie selbst bedeutet (sie bleibt statisch wie zuvor), so ist doch erstaunlich, wie schnell diese dichotomische Lehre Aufnahme in andere Tätigkeitsbereiche findet – so ist das von Hagena angekündigte Buch über typenrichtiges Telefonieren mittlerweile in der dritten Auflage erhältlich[54], weiterhin ein Übungsmethodikbuch für Bläser[55] sowie einige Bücher, die Terlusollogie in Zusammenhang setzen mit Yoga[56], Qigong[57] und Taiji[58] sowie im Rahmen einer völlig evidenzlosen, selbstentwickelten "Sehtherapie" von Büchler (vgl. Büchler & Becker 2011) mit der als zumindest potentiell gefährlich und fragwürdig einzustufenden Familienaufstellung nach Bert Hellinger[59], außerdem von Clausen (2006) mit einer ebenfalls (auf subjektiven Eindrücken beruhende) selbst erfundenen Methode namens GetAlive, die wiederum auf dem ebenfalls umstrittenen Rebirthing basiert[60], weiterhin – wie bereits erwähnt – mit schulischen Lernproblemen, aber auch Feng Shui, hinzu kommt eine kaum zu übersehende Menge an Seminarangeboten, in denen die Terlusollogie mit anderen Lehren oder Konstrukten wie z.B. mit

[54] Fischer, Claudia: *Maximale Kundennähe am Telefon. So nutzen Sie Ihr intuitives Potenzial im Business*, Springer Gabler; Auflage: 3., erw. u. überarb. Aufl. 2014
[55] o.A.: *Übemethodik für Bläser*, 2011.
[56] Trökes, Anna & Seyd, Margarete: *Yoga und Atemtypen. Fachbuch für eine individuelle Yogapraxis für Lehrende und Lernende*, Kamphausen, 2. Auflage 2013; Sonnenschmidt, Rosina: *Sonnen-, Mond- und Erdatem. gesund atmen, gesund essen, gesund bewegen*, CreateSpace Independent Publishing Platform, o. O. 2014.
[57] Anders, Frieder & Hechler, Judith: *Innere Kraft durch Atemtyp Qigong. Gesund durch richtiges Atmen*, Theseus, 1. Aufl. 2009.
[58] Anders, Frieder / Brauner, Volker E. / Zock, Alexander: *Taiji, Atemenergetik und Biomechanik. Der Weg zur Inneren und Äußeren Technik*, Huber, 1. Aufl. 2009.
[59] Vgl. zur Kritik an Hellinger und seiner Methode die Beiträge bei Goldner (Hrsg.) 2003 sowie Haas 2009[2] und Dierbach 2009.
[60] Vgl. Clausen 2006: 65 ff.

Ayurveda und Arbeitsplatzergonomie[61], Kinesiologie[62], Feldenkrais-Methodik (verschiedene Anbieter) oder Anthroposophie direkt oder indirekt in Verbindung gebracht wird, ja von manchen Akteuren sogar eigene Ansätze wie die "Energetische Terlusollogie" entwickelt werden[63]; interessant dabei ist festzustellen, daß die Terlusollogie also auch in andere, wissenschaftlich eher fragwürdige Bereiche übernommen zu werden scheint[64] – so knüpft der sowohl in Esoteriker- wie auch in Skeptiker-Kreisen gleichermaßen als Impfgegner, AIDS- und damit Viren-Leugner sowie Pharma-Verschwörungstheoretiker bekannte *Stefan Lanka* auch eine Verbindung zwischen Terlusollogie und der *Germanischen Neuen Medizin* von *Ryke Geerd Hamer* (der "solare Typ" sei dabei männlich, der "lunare Typ" weiblich, beide stellen jeweils unterschiedliche "Ernährungstypen" dar[65]), und auch die Anthroposophen haben die Terlusollogie für sich entdeckt (was wegen des Mondbezugs wohl nicht verwunderlich erscheint), so zumindest zu entnehmen dem Kursverzeichnis des Instituts für Waldorf-Pädagogik in Witten-Annen (Studiengang Klassenlehrer Wahlfächer) für 2010 / 2011[66] und 2012 / 2013[67] und der Website des Goetheanums, auf der der Begriff der Terlusollogie gleich mehrfach vorkommt[68]. Ebenfalls Eingang hat die Terlusollogie in den großen Bereich der Gesundheitsratgeber-Bücher gefunden[69]. Dies mag im Vergleich zur Anzahl der Verknüpfungen mit ähnlichen Inhalten und den Veröffentlichungen z.B. zur Homöopathie (zu der es mittlerweile auch Bücher zum Thema Homöopathie speziell für Kinder, Autisten, Depressive, Hunde, Katzen, Pferde, Rinder, Schafe, Kaninchen, Reptilien, ja sogar Rosen und anderen Pflanzen gibt) gering erscheinen, doch hinzu tritt eine große Anzahl an Multiplikatoren aus dem Be-

---

[61] Vgl. MEDii GmbH 2013: 42.

[62] Vgl. Scherb, G. (o. J.): *Vergangene Veranstaltungen - Netzwerk Musiker-Coaching - Coaching für Musiker deutschlandweit.* Unter: http://www.musiker-coaching.com/terminkalender/vergangene-veranstaltungen, 03.08.2014.

[63] Vgl. Scheike, M. (o.J.): *Texte.* Unter: http://www.michaelscheike.de/texte.html, 24.11.2016. Interessant dabei ist, daß Scheike – ganz in der terlusollogischen Tradition – seine "9 energetischen Gesetze der Terlusollogie®" (vgl. ebd.) entwickelt, jedoch auf jeglichen empirischen Nachweis dazu verzichtet und diese "Gesetze" aufgrund rein subjektiven Empfindens postuliert.

[64] Im Internet finden sich sogar Hinweise darauf, daß die Terlusollogie auch in ganz anderen Bereichen wie z.B. dem Tauchunterricht Verwendung findet. Vgl. DeeperBlue.com Forums (2010): *Inhaler or exhaler. Discussion in 'General Freediving' started by Alixir, Jan 6, 2010.* Unter https://forums.deeperblue.com/threads/inhaler-or-exhaler.85293, 24.11.2016.

[65] Vgl. Lanka 2013.

[66] Vgl. Institut für Waldorf-Pädagogik 2010: 60.

[67] Vgl. Institut für Waldorf-Pädagogik 2012: 34.

[68] Vgl. Freie Hochschule für Geisteswissenschaft (2012): *Mitwirkende Workshop-Leiter, Vortragende und Chöre.* Unter: http://www.goetheanum.org/hochschule/srmk/musik/gesangstagung-2012/mitwirkende, 24.11.2016.

[69] Z.B. May-Ropers, Christiane: *Nie wieder sauer: Gesundheit atmen, trinken, essen!,* F. A. Herbig, München 2015[13] – dort insbesondere S. 14 f.

reich der Gesangspädagogik und mittlerweile auch der Logopädie, und dies auch außerhalb Deutschlands, zumindest in Österreich und der Schweiz – aber auch in Australien[70] und Griechenland[71] lassen sich vereinzelte Aktivitäten bzw. Angebote terlusollogischer Art finden.

Unter http://s224198223.online.de/wsb4710187902/8.html[72] findet sich eine Liste mit 100 Anbietern terlusollogisch orientierter Dienstleistungen aus Deutschland sowie Österreich und der Schweiz, in der teilweise nicht nur die aktuelle Tätigkeit, sondern auch die Ausbildung angegeben wurde (wobei nicht festgestellt werden kann, ob diese Personengruppe die von Hagena angegebenen ca. 100 mittlerweile von ihm ausgebildeten Terlusollogen umfaßt).

Unter diesen Personen befinden sich u.a. Ergo- und Bewegungstherapeuten, im Schul-Förderunterricht Tätige, Ernährungsberater, Erzieherinnen bzw. Kindergartenpädagoginnen, Lehrerinnen, Yoga- und Taiji-Lehrer, Kampfsportlehrer, "psychologische Berater", Logopädinnen, Gesangs- und Musikpädagogen bzw. Gesangs- und Musiklehrerinnen, Unternehmensberater und Lohnbuchhalter, Gesundheitsberater, Kirchen- und Kammermusiker, Konzert- und Opernsängerinnen, Stimmbildner u.ä., Krankengymnastinnen, Heilpraktikerinnen und auch eine Bauingenieurin, eine Steuerberaterin, eine Hebamme, eine Gynäkologin, eine medizinische Masseurin sowie ein Theologe der Universität Giessen, ein Professor für Jazz-Trompete und Ensemble an der Staatlichen Hochschule für Musik und Darstellende Kunst Mannheim und eine Sprecherzieherin an der Universität Münster, Dipl.-Supervisorinnen und auch Dipl.-Sozialpädagoginnen; insgesamt gaben zehn dieser Personen erkennbar an, Inhaber eines akademischen Grades zu sein[73]; auch einige der genannten Autoren terlusollogisch orientierter Bücher können ein abgeschlossenes Studium nachwei-

---

[70] Dies bezieht sich auf das bereits 1983 in Perth / Australien erschienene Buch *Are we all the same?* (vgl. National Library of Australia [2016] unter: http://catalogue.nla.gov.au/Record/540158, 24.11.2016), wobei als Co-Autorin Charlotte Hagena angegeben wird. Nach Hagena (2003: 13) hielt sich Charlotte Hagena zwischen 1976 und 1979 "[...] viele Monate in Australien auf, um zu überprüfen, inwieweit ihre bisherigen Erfahrungen mit den Verhältnissen auf der anderen Hälfte der Erdkugel übereinstimmten." Interessanterweise erfährt man über diese 'Forschung' nichts weiter, als daß aus eben dieser das erwähnte Buch "[...] an der Ballettschule von Irina Norris [...]" entstand.

[71] Vgl. Seibel, M. (2013): *Terlusollogy. Πληροφορίες*.
Unter: http://functionalvoicetraining.blogspot.de/2013/01/terlusollogy.html, 24.11.2016.

[72] Hagena, Chr. (o. J.): *nach Postleitzahlen*. Unter:
http://s224198223.online.de/wsb4710187902/8.html, 07.08.2014.

[73] Eingedenk der Unzuverlässigkeit im Internet zu findender Daten wurden 20 Personen aus dieser Liste willkürlich ausgewählt und überprüft; zu den meisten davon konnten entsprechende, übereinstimmende Informationen gefunden werden. Eine Person, die in der Adressliste mit einem bestimmten akademischen Grad angegeben wurde, fiel dadurch auf, daß diese Person diesen Grad mittlerweile nicht mehr zu führen und auch keine terlusollogischen Dienstleistungen mehr anzubieten scheint.

sen, so z.B. die 'Hauptautoren' Hagena & Hagena sowie Clausen, Sonnenschmidt und May-Ropers. Zumindest in dieser Hinsicht kann eine Aussage Hagenas bestätigt werden, wenn er auf einer seiner Webseiten schreibt:

"Im Laufe der Jahre haben immer mehr Menschen das Gedankengut von Erich Wilk und Dr. Charlotte Hagena verstanden, aufgegriffen und in ihrem Berufsleben umgesetzt. Besondere Akzeptanz der Terlusollogie finden wir in der Musik, Logopädie, Stimmbildung und neuerdings Qigong. Aber auch Heilpraktiker arbeiten nach dieser Methode."[74]

Doch hinzu kommen noch all jene, die von Terlusollogen stimmlich, instrumental oder sonstwie ausgebildet oder beraten werden und die Methoden unkritisch übernehmen, dann schlicht weiterempfehlen oder sich mit Kritikern in diversen Internet-Foren seitenlange 'Diskussionsschlachten' liefern, was für gewöhnlich nicht zur kritischen Hinterfragung der Terlusollogie führen dürfte, sondern im Gegenteil zur noch stärkeren Identifikation mit dieser Lehre beitragen könnte.

Dies zeigt, wie leicht – insbesondere seit der flächendeckenden Nutzung des Internets – sich auch obskure Ideen, Theorien usw. verbreiten und wie leicht sie aufgenommen und (wenn häufig auch sehr selektiv) weiterverarbeitet und mit ähnlichen oder mit Aspekten anderer als esoterisch zu bezeichnenden Ideen zusammengebracht werden[75]. Und zudem, daß es eine Art Manko bei der akademischen Ausbildung hinsichtlich des wissenschaftlichen Denkens zu geben scheint. Deshalb ist es keineswegs unnötig oder sinnlos, immer wieder neu auszuhandeln und zu definieren, was Wissenschaft von Para-, Pseudo und Nicht-Wissenschaft unterscheidet – auch und vor allem aus sozialarbeitswissenschaftlicher Sicht, da die Praxisfelder Sozialer Arbeit so gut wie alle Lebensbereiche berühren oder berühren können, und dementsprechend vor allem Praktiker wissenschaftstheoretisch fundierte Kriterien zur Unterscheidung wissenschaftlicher und nicht-wissenschaftlicher Erkenntnisse und Methoden benötigen. Und die Terlusollogie bietet sich, wie noch zu sehen sein wird, aufgrund vielfacher Eigenschaften geradezu dazu an, solche Unterschiede aufzuzeigen.

---

[74] Hagena, Chr. (o. J.): *Dr. med. Charlotte Hagena*. Unter:
http://s224198223.online.de/wsb4710187902/10.html, 07.08.2014.
[75] Hinsichtlich der Verbreitung argumentieren Charpak & Broch (2005: 215) ähnlich.

4. – Was ist Terlusollogie?

Die Bezeichnung Terlusollogie (zugleich seit 1996 eine eingetragene Wort- und Bildmarke[76]) ist ein Kunstwort, das sich aus Terra (Erde), Luna (Mond) und Sol (Sonne) zusammensetzt[77]; das Suffix –logie zeigt dabei an, daß es sich hier mindestens um eine Lehre, unter Beachtung des Kontextes des Wortgebrauchs jedoch auch um eine Wissenschaft handeln soll, worauf auch Pezenburg[78] hinweist und weiter schreibt, daß sich die Vertreter der Terlusollogie damit selbst einen wissenschaftlichen Anspruch verleihen würden – eine Ansicht, die, befaßt man sich mit den weitreichenden Aussagen der Terlusollogie und ihrer Anwendung, durchaus geteilt werden kann, und die auch von Aussagen der Terlusollogen gestützt wird. Hagena (2003: 11), einer der Hauptautoren und Hauptvermarkter der Terlusollogie, beschreibt diese Lehre wie folgt:

"Die Terlusollogie beruht auf den gegensätzlichen Effekten, die Sonne und Mond auf die belebte Natur der Erde ausüben. Je nach Überwiegen des einen oder des anderen

---

[76] Markeneintragungen können beim Deutschen Patent- und Markenamt (DPMA) kostenlos online unter http://www.dpma.de überprüft werden. Eine solche Überprüfung zum Begriff "Terlusollogie" ergab drei Einträge in der DPMA-Datenbank. Alle Einträge hinsichtlich des Begriffs "Terlusollogie" mit den Registernummern 001073022 (Wortmarke, Gemeinschaftsmarke, Anmeldetag 12.02.1999, Registereintrag 22.02.2000, Nizza-Klassen: 9, 16, 41, 42), 000300814 (Wort-/Bildmarke, Gemeinschaftsmarke, Anmeldetag 05.09.1997, Registereintrag 20.10.1998, Nizza-Klassen: 5, 41, 42) und 39529559 (Wort-Bildmarke, DE-Marke, Anmeldetag 16.08.1995, Registereintrag 19.04.1996, Nizza-Klassen: 42, 5, 41, 43, 44) weisen als Anmelder / Inhaber den Hauptautor der Terlusollogie, Christian Hagena, auf. Interessant ist dabei auch das Waren- / Dienstleistungsverzeichnis, für das die Marken registriert wurden, die "Nizza-Klassen":
- – Klasse(n) Nizza 05: Pharmazeutische und veterinärmedizinische Erzeugnisse sowie Präparate für die Gesundheitspflege.
- – Klasse(n) Nizza 09: Computerprogramme; mit Informationen und/oder Daten versehene Datenträger, einschließlich Audio- und/oder Videokassetten, -bänder und -compact discs (CD und CD-ROM).
- – Klasse(n) Nizza 16: Druckereierzeugnisse.
- – Klasse(n) Nizza 41: Erziehung; Ausbildung, sportliche und kulturelle Aktivitäten.
- – Klasse(n) Nizza 41: Organisation und Durchführung von Tagungen, Vorträgen, Kursen, Seminaren und Weiterbildungen, insbesondere auf den Gebieten menschliche Typenlehre, Berechnung und Bestimmung des Atemtyps von Menschen für therapeutische Zwecke, Atemtherapie, Erziehung, Bewegungstherapie, Medizin, Psychologie, Verhaltens-, Partnerschafts-, Familientherapie, Ergonometrie und/oder auf dem Gebiet der Lernberatung; gymnastische und bewegungstherapeutische Übungen.
- – Klasse(n) Nizza 42: Verpflegung, ärztliche Versorgung, Gesundheits- und Schönheitspflege, wissenschaftliche und industrielle Forschung.
- – Klasse(n) Nizza 42: Berechnung und Bestimmung des Atemtyps von Menschen für therapeutische Zwecke; Dienstleistungen eines Therapeuten und/oder Arztes, insbesondere auf den Gebieten Atemtherapie, Erziehung, Bewegungstherapie, Medizin, Psychologie, Verhaltens-, Partnerschafts-, Familientherapie, und/oder auf dem Gebiet der Lernberatung; ergonometrische Beratung.

[77] Vgl. Pezenburg 2012: 1.

[78] Pezenburg, M.: *Terlusollogie - Naturgesetz oder Humbug?*, in: vox humana, # 3 / 2011, S. 50 - 55.

Einflusses können daraus zwei verschiedene Atmungen bzw. Atemtypen definiert werde: der aktive Ausatmer und der aktive Einatmer – mit jeweils konträren körperlichen Verhaltensweisen. Leistungsfähigkeit, Gesundheit und Wohlbefinden werden von der typgerechten Haltung entscheidend beeinflusst."

Dies erinnert wegen des Bezugs zu Sonne und Mond zunächst ein wenig an Astrologie, und tatsächlich spielt das Geburtsdatum in der Terlusollogie als Berechnungsgrundlage des "Atemtyps" eine wichtige Rolle und stellt nach Hagena (2009[3]: 14) eine der drei grundlegenden Entdeckungen der Terlusollogie dar. Diese Entdeckungen seien dabei:

- (1) Der bipolare Einfluß von Sonne und Mond auf Organismen.
- (2) Die Existenz zweier unterschiedlicher Atemtypen, welche im Moment der Geburt durch die dominierende Energie von Sonne oder Mond geprägt werden sollen.
- (3) Die Möglichkeit der Berechnung der dominierenden Energie zum Geburtszeitpunkt (das dazu gebräuchliche Rechenverfahren wird weiter unten besprochen).

Pezenburgs[79] stichwortartige Darstellung der Terlusollogie stimmt in einigen Punkten damit überein, ist jedoch umfassender:

- Die Terlusollogie behauptet die 'Entdeckung' eines 'Naturgesetzes', und zwar das einer 'bipolaren Konstitution' des Menschen durch einen lebenslang prägenden Einfluß von Sonne und Mond zum Zeitpunkt des ersten Atemzuges nach der Geburt.

- Die Dominanz des jeweiligen Typs wird aus einer linear gesetzten Zu- bzw. Abnahme von Mond- und Sonnenenergie errechnet, die auf folgender Basis stattfindet:
Lunar: Vollmond = 100% - Neumond = 1%
Solar: 21. Juni = 100% - 21. Dezember = 1%

---

[79] Ebd.

Lineare Zu- bzw. Abnahme der Sonnenenergie = 0,5% täglich, die der Mondenergie = täglich 6,6%.

- Die Einordnung der lebenslang anhaltenden Prägung eines Menschen als
  lunarer oder solarer Typ erfolgt anhand von Tabellen (welche die "Sonnenenergie" und die "Mondenergie" für ein Datum anzeigen).

- Eine weitere behauptete Entdeckung eines 'naturgesetzlich festgelegten Deh-
  nungs- und Verengungsprinzips' – dieses ist abhängig von der jeweiligen
  "Sonnen- und Mondenergie" zum Geburtszeitpunkt und des erstens Atemzuges nach der Geburt, wodurch eine "Prägung des Atemzentrums" im Gehirn
  erfolgen soll.

- Die "Mondenergie" soll dabei bewirken: Dehnung, horizontal ziehend bzw. in
  die Breite gehend, im Gehirn dominieren "dehnende Impulse"; aktive Einatmung = Mondtyp (Dehnungstyp, Einatmer, lunarer Atemtyp).

- "Sonnenenergie"-Wirkung: Verengung, vertikal ziehend; im Gehirn dominieren
  verengende Impulse; aktive Ausatmung = Sonnentyp (Verengungstyp = Ausa-
  temtyp = solarer Atemtyp).

- Die Berechnungen für die "Energien" gelten dabei nur für die Bereiche zwischen den Wendekreisen und den Polarkreisen und überschneiden sich in
  19jährigem Zyklus.

- Die "Prägungen" zum Zeitpunkt der Geburt sollen sich in genau entgegengesetzter Weise auf die beiden Typen hinsichtlich Atmung, Bewegungsabläufen,
  Verhaltensweisen, Ernährung, Wärmebedürfnis usw. auswirken.

Der Begriff "Naturgesetz" ist dabei durchaus als solches zu verstehen, wie Hagena
(2005[2]: 10) recht unmißverständlich schreibt:

"Unser Gesetz lautet: Die polaren Energien von Mond und Sonne bestimmen mit ihren
dehnenden bzw. verengenden Einflüssen im Momente der Geburt den lebenslang be-

stehenden Atemtyp. Die den Atemtyp bestimmende dominante Energie von Sonne und Mond ist berechenbar."

Der Kern der Terlusollogie, ihr Fundament, ist also "Naturgesetz" und grundlegende Entdeckung zugleich.

Erfunden bzw. ausgedacht wurde die Terlusollogie allerdings nicht von den Medizinern Hagena / Hagena, sondern von dem Violinisten Erich Wilk (1915 – 2000), der bereits 1949 ein achtzigseitiges Buch dazu veröffentlichte[80], das allerdings bald wieder zurückgezogen und seitdem nicht neu aufgelegt wurde (und sich auch trotz aller Bemühungen nicht auffinden ließ)[81]. *Michael Pezenburg*, ein Kritiker der Terlusollogie, hat, um Interessierten zumindest einen Einblick in das Werk Wilks zu ermöglichen, deshalb dankenswerterweise eine kommentierte Zitatsammlung aus dem Werk Wilks online gestellt[82], ohne die es tatsächlich schwieriger wäre, den Gehalt der Terlusollogie einzuschätzen. Ob Pezenburg (2012: 3) allerdings mit seinem Verdacht richtig liegt, eine Neuauflage des Werks von Wilk, das ja immerhin *das* Grundlagenwerk der gesamten Terlusollogie darstellt, käme deshalb nicht zustande, weil der Inhalt des Buches den Interessen der heutigen Terlusollogen nicht entsprechen bzw. der Lehre der Terlusollogie schaden würde, "denn das, was einem dort an kruder, abstruser und wirklichkeitsfremder Gedankenwelt entgegenkommt, muss die Lehre zusätzlich zu ihrer mangelnden Validität massiv in Frage stellen", muß hier nicht näher untersucht werden. Tatsache allerdings ist, daß vielen Anwendern der Terlusollogie die eigentlichen Grundlagen insoweit unbekannt bleiben müssen, falls sie nicht in irgendeiner Weise Zugang zu Wilks verschriftlichter Typenlehre bekommen, da eine ganze Reihe von Ideen und Vermutungen Wilks (insbesondere jene rassentheoretischer Art) in den heute erhältlichen Schriften anderer Autoren zur Terlusollogie schlicht unterschlagen werden, was sicherlich ein Problem (auch) im Sinne wissenschaftlicher Redlichkeit darstellt[83], hier jedoch nicht näher behandelt werden muß.

---

[80] Wilk, Erich: *Typenlehre. Magnetismus, Charakter und Gesundheit*, Dr. Francis Ising Verlag, Minden i.W., 1949.
[81] Vgl. Pezenburg 2012; das Zurückziehen des Buches soll nach Hagena (2003: 12) übrigens deswegen vorgenommen worden sein, weil Wilk seine "Theorie" angeblich als nicht perfekt genug empfunden haben soll.
[82] Pezenburg, M.: *Die Terlusollogie und ihre Grundlagen - Erich Wilks Typenlehre*, 2012, unter: http://michaelpezenburg.files.wordpress.com/2012/10/die-terlusollogie-und-ihre-grundlage-erich-wilks-typenlehre1.pdf, 20.07.2014.
[83] Denn auch von wissenschaftlichen Disziplinen wird erwartet, daß sie sich mit ihren Grundlagen und ihrer Vergangenheit kritisch auseinandersetzen (obgleich dies nicht immer in einer wünschenswerten

Wilk jedenfalls soll nach Hagena (2003: 12) die Grundidee zur Terlusollogie (ein erst durch Hagena entwickelter Begriff) während seiner dreijährigen Kriegsgefangenschaft "in der afrikanischen Wüste" durch Beobachtungen der Natur und seiner Mitgefangenen "unter unsäglich erbärmlichen Bedingungen" gewonnen haben. Wilk widmete, wie Hagena (ebd.) es ausdrückt, sein weiteres Leben der Terlusollogie bzw. ihrer Weiterentwicklung, gab seine Erkenntnisse angeblich aus Gründen der Bescheidenheit und des Perfektionismus nicht weiter und nahm sie "mit ins Grab". Doch bevor es dazu kam, arbeitete Wilk in einem Sanatorium unter der Leitung der Ärztin Schaefer-Schulmeyer, wo er 1961 die Medizinerin Charlotte Hagena (selbst Patientin dort) kennenlernte und die dort seine Methoden übernahm, zudem danach mit Wilk in ihrer eigenen Kinderarztpraxis mehrere Jahre zusammenarbeitete[84]. Ihre dabei gemachten Erfahrungen veröffentlichte sie erstmals Mitte der 1980er Jahre unter dem Titel *Welche Kräfte bestimmen unser Leben?* und 1993 erneut unter dem Titel *Konstitution und Bipolarität*[85].

Der Begriff der Bipolarität, den Hagena wählt, ist dabei durchaus wörtlich zu verstehen, da Gegensätze ein Grundprinzip der Terlusollogie darstellen und damit letztendlich die Einteilung *der gesamten Menschheit in lediglich zwei Typen* vorgenommen wird[86]. Grundlage dafür ist die Bestimmung des "Atemtyps". Dieser soll, wie oben bereits angedeutet, durch die vorherrschende "Energie" entweder der Sonne oder des Mondes zum Zeitpunkt der Geburt auf das Atemzentrum im Gehirn entstehen, das durch diese Energie geprägt wird. Diese "Prägung" soll lebenslang wirksam bleiben. Von der Terlusollogie wird dabei ein "[…] Zusammenspiel von Erde, Mond und Sonne, die drei Säulen unseres unmittelbaren Weltalls[87]" angenommen, wobei die Erde als "ruhender Pol" verstanden wird und "[…] Mond und Sonne als die auf die Erde gegensätzlich einwirkenden Kräfte.[88]"

Bei Schaefer-Schulmeyer hingegen ist es nicht die Erde, sondern die Sonne, die den "ruhenden Pol" darstellt:

Weise geschieht – denn es besteht dieser Anspruch, und aus einer Nichterfüllung können andere Disziplinen kein diesbezügliches Recht ableiten).
[84] Hagena 2003: 13.
[85] Ebd.
[86] Ein Punkt, auf den auch Pezenburg (2012) mehrfach hinweist.
[87] Hagena 2009[3]: 13.
[88] Ebd.

31

"Das kosmische Gesetz, von dem hier die Rede ist, basiert auf der Tatsache, dass die Sonne in der Dreierkonstellation ‹Sonne, Erde, Mond› das stehende, ruhende Prinzip darstellt, der Mond, der sich um die Erde und mit dieser um die Sonne bewegt, verkörpert das Bewegungsprinzip."[89]

Über diesen Punkt scheint also unter Terlusollogen keine Einigkeit zu herrschen – gleichwohl doch gerade dieser Aspekt aus terlusollogischer Sicht von ganz erheblicher Bedeutung zu sein scheint, obgleich die Darstellung von Schaefer-Schulmeyer hinsichtlich der Dynamik bzw. der Statik jener von Wilk entspricht[90] (offensichtlich ist jedoch, daß es sich hier zum einen um ein geo- und zum anderen um ein heliozentrisches Verständnis handelt, zwei sich einander ausschließende Sichtweisen).

Neben den beiden genannten Typen gibt es noch den sog. "Fragezeichentyp". Dieser stellt jedoch keine eigene Kategorie dar, sondern er wird lediglich deshalb so bezeichnet, weil die Berechnung des Atemtyps in diesem Fall nicht eindeutig vorgenommen werden kann, z.B. durch gleiche Werte bei der "Mondenergie" und der "Sonnenenergie" oder zu nahe zusammen liegenden Werten. Prinzipiell soll auch der Fragezeichentyp – trotz der nicht eindeutig möglichen Bestimmung – aber stets entweder dem lunaren oder solaren Typ angehören[91]. Wilk (1949: 5 f) bezeichnet den "lunaren Typ" auch als "Dynamiker", und den "solaren Typ" als "Statiker"[92] – anhand weiterer Typisierungen bei Wilk (die in dieser Form bei den neueren Texten der Terlusollogen nicht mehr vorzukommen scheinen) könnte die Vermutung geäußert werden, daß es sich im ursprünglichen Kern bei "lunaren Dynamikern" eher um Europäer oder um wie auch immer zu definierende "Nordländer", bei den "solaren Statikern" um Afrikaner oder zumindest Südeuropäer handeln *könnte*. Mord sei nach Wilk (1949: 54) übrigens "[...] an sich [...] immer statisch", da Bewegliches erstarrt[93] (ein etwas seltsam anmutender Schluß, der auf einem reinen Sprachspiel zu basieren scheint, denn andererseits könnte auch der Standpunkt vertreten werden, daß gerade durch einen Mord eine gewisse 'Bewegung' ausgelöst wird, vom Bestatter bis hin

---

[89] Schaefer-Schulmeyer 1963 (ohne Seitenangabe), zitiert nach Grund, M. & Grund, W.: *Die solare und lunare Atemenergetik in der künstlerischen Entfaltung*, in: Schweizer Musikzeitung Nr. 6 / Juni 2004, S. 13 – 18; dort S. 18.
[90] Vgl. die Ausführungen von Wilk (S. 5 u. 6) in: Pezenburg 2012: 5.
[91] Vgl. Hagena 2003: 25 f.
[92] Vgl. Pezenburg 2012: 5.
[93] Vgl. ebd.: 11.

zu Ermittlern und der 'Justizmaschinerie' – was zeigt, daß sprachliche Assoziationen nur wenig zur Darstellung tatsächlicher Verhältnisse beitragen).

Durch den jeweils überwiegenden Einfluß des Mondes oder der Sonne entstehen also zwei verschiedene "Menschentypen", die entsprechend benannt und unterteilt werden, nämlich zum einen der "solare Typ", bei dem zum Geburtszeitpunkt die Sonnenenergie vorgeherrscht haben soll, und eben als Gegensatz der "lunare Typ", geboren unter einem größeren "Mondeinfluß" (wobei es jedoch keine besondere Rolle spielt, ob die Geburt tagsüber oder nachts erfolgt; unterschieden wird allerdings noch zwischen "Hochprozentigen" und "Niedrigprozentigen". Gemeint ist damit die Diskrepanz zwischen den beiden Werten für "Sonnen- und Mondenergie" – diese dient den Terlusollogen als Begründung für Verhaltensweisen, Vorlieben, Verträglichkeiten usw., die Personen in der Realität zeigen, die jedoch nicht zu ihrem "Typ" terlusollogischer Lehre passen[94]; "Solare" mit einem hohen prozentualen Anteil an "Mondenergie" sollen so auch zumindest zeitweise bzw. zum Teil solches Verhalten zeigen können, wie es eigentlich nur dem "Lunaren" zugeschrieben wird und umgekehrt. Diese damit suggerierte "Flexibilität" – die ja aber dennoch enge Grenzen zeigt – dient also dazu, die Realität der Lehre anzupassen und nicht etwa umgekehrt und dient zugleich der Immunisierung der terlusollogischen 'Theorie'). Der Bezug der Terlusollogie zur Gesangspädagogik, zum stimmbildnerischen Bereich usw., wo es auch um Atemtechniken und entsprechende Körperhaltungen geht, ergibt sich durch den postulierten unterschiedlichen Atemtyp, also quasi durch 'thematische Nähe', obwohl, wie sich zeigt, die Terlusollogie in ihren Ansprüchen weit darüber hinaus geht.

Wichtiger als der Punkt des aktiven Ein- oder Ausatmens erscheint jedoch vielmehr, daß sich die Atemtypen nicht nur hinsichtlich des Luftholens unterscheiden sollen, sondern auch in vielerlei anderer Hinsicht. Hagena (2005[2]: 138) hat einige der Unterschiede tabellarisch zusammengefaßt:

---

[94] Vgl. dazu Hagena 2003.: 28 f.

LUNAR	SOLAR
Einatmer	Ausatmer
Bewegungstyp	Ruhetyp
Feuchtes Klima	Trockenes Klima
Kräftiges Kost, Säure	Kohlenhydratreiche Kost, fettarm
Viel Flüssigkeit	Wenig Flüssigkeit
Bevorzugt Pastellfarben	Bevorzugt kräftige Farben
Bevorzugt alles Runde	Bevorzugt alles Eckige
Bevorzugt Bewegliches	Bevorzugt Ruhendes
Großes Wärmebedürfnis	Geringes Wärmebedürfnis
Muskeltätigkeit mit Schnellkraft	Muskelarbeit mit Spannkraft
Leistungsmaximum zur Nacht hin	Leistungsmaximum früh am Morgen
Lernt besser über das Ohr	Lernt gut über das Auge
Der Lunare ist außerdem:	Der Solare ist außerdem:
Ein Empfindungs-Denktyp, dann plant er ungern und setzt Neues sofort um; Emotionales überwiegt	Ein Empfindungs-Denktyp, dann plant er ungern und setzt Neues sofort um; Emotionales überwiegt
Oder Denk-Empfindungstyp, dann plant und analysiert er gern und setzt Neues erst nach Analyse um; er meidet Emotionales; Ichbetonung ist vorhanden	Oder Denk-Empfindungstyp, dann plant und analysiert er gern und setzt Neues erst nach Analyse um; er meidet Emotionales; Ichbetonung ist vorhanden

Tab. 1 – Gegensätze solar und lunar.

Darüber hinaus gibt es noch eine große Menge weiterer "Bipolaritäten". So sollen "Solare" nur wenig Flüssigkeit, nur pflanzliches Fett und Fleisch nur in gekochter Form zu sich nehmen – "Lunare" hingegen kein Pflanzenfett usw.[95] Für den "Lunaren" gilt gekochter Fisch und gekochtes Fleisch als "schädigend", für den "Solaren" hingegen nicht[96]. Auch verkörpere der "solare Atemtyp" den "[…] klassischen Linkshänder, seine Kraftseite befindet sich links und so führt er alle körperlichen Tätigkeiten vorzugsweise mit der linken Körperhälfte aus. Seine Schreibhand ist gleichfalls die linke Hand. Der Drang sich zu bewegen ist beim solaren Atemtyp deutlich geringer ausgeprägt als beim lunaren. Seine Extremitäten befinden sich in der Verengungszone [...] und viel Bewegung löst eher Unbehagen bei ihm aus.

Weil seine Muskulatur im Wesentlichen dem Prinzip der 'Spannkraft' folgt, liebt der solare Haltearbeiten. Das Stehen fällt ihm also leicht und Stehempfänge besucht er

---

[95] Vgl. ebd.: 46, 58.
[96] Ebd.: 45.

mit dem größten Vergnügen. Auch langes Sitzen bereitet ihm keinerlei Schwierigkeiten"[97].

Beim "lunaren Atemtyp" verhält sich all dies eben umgekehrt.

Man mag die Unterschiede bei den Nahrungsmitteln für eine ausgefallene Art der Diätetik (im Sinne einer Ernährungslehre) halten. Doch wird, wie bereits oben angedeutet, der Verzehr bestimmter "typgerechter" Nahrungsmittel für den jeweils anderen Typ als schädigend angesehen, ebenso bestimmte Körperhaltungen, Verhaltensweisen, Wohnverhältnisse, ja sogar der Aufenthalt in bestimmten Klimazonen oder eine Partnerschaft mit dem ungleichen Atemtyp. Hinsichtlich der Ernährung schreibt Hagena (2003: 43) – wiederum ohne jeglichen Nachweis für seine Behauptungen – beispielsweise:

"Jeder Atemtyp bedarf einer ganz individuellen Ernährungsweise und sollte deshalb darauf achten, nur das zu essen, was ihm gut tut und für seine Gesundheit förderlich ist. Denn auch die richtige Auswahl von Nahrungsmitteln trägt dazu bei, dass je nach Typ entweder die aktive Einatmung bzw. die aktive Ausatmung unterstützt wird. Jedes längere Abweichen von der typenrichtigen Ernährung bedeutet eine Belastung für Körper und Seele, die auf Dauer zu Beschwerden oder sogar ernsthaften gesundheitlichen Schäden führen kann."

Und:

"Wir müssen uns bewusst machen, dass die Natur typenwidriges Verhalten im Alltagsleben mit Leistungsverlust und letztlich Krankheit quittiert."[98]

Damit erhebt die Terlusollogie den Anspruch, gesundheitspräventiv, aber auch für Intervention und Rehabilitation relevant zu sein, und sowohl über die Ernährungsvorschriften wie auch über die Körperhaltungen und Dehnungs- bzw. Verengungszonen des Körpers, die bei Krankheit "typgerecht" "behandelt" oder in Bewegungshinsicht belastet werden müssen ergeben sich mehrere Beziehungen zum weiten Feld der Medizin, die sich auch schon bei Wilk findet, der behauptete, mittels "Magnetopathie"

---

[97] Ebd.: 33; ein erstaunlicher Schluß, der hier hinsichtlich der Stehempfänge gezogen wird, eine gesellschaftliche Veranstaltung, an der heutzutage nicht mehr allzu viele Personen regelmäßig teilnehmen dürften. Nähere Angaben dazu, wie dieser Schluß gezogen und wie diese 'Erkenntnis' belegt wird, gibt Hagena allerdings nicht.
[98] Hagena 2003: 36.

bzw. "Blutsteuerung" eine Gehirnblutung innerhalb kürzester Zeit geheilt zu haben[99]. Bei Kreislaufproblemen empfiehlt Wilk (1949: 72) dem "Dynamiker" beispielsweise "das Laufen mit kurzen Schritten auf den Hacken" und das grundsätzliche Tragen niedriger Absätze – wohingegen der "Statiker" (eine recht erheiternde Vorstellung) "viel auf den Zehenspitzen laufen und springen" müsse, und zwar mit hohen Absätzen[100] (sofern er dabei Schuhwerk tragen sollte). Auch bestimmte religiöse Handlungen haben bei Wilk einen medizinischen Bezug (zudem hier auch die Zugehörigkeit zu einer Religion als ein 'quasi-rassisches Merkmal' gedeutet werden kann):

"Wenn die Mohammedaner beim Beten die Stirn zur Erde neigen, dann ist das zugleich eine gesundheitliche Übung für die Statiker, für die ein Blutandrang zum Vorderkopf günstig ist. Die Dynamiker aber werden ihrer Individualität völlig beraubt und somit zu willigen Sklaven einer statischen Ordnung."

Durch die "typgerechte" Haltungs- und Bewegungslehre sowie dem Postulieren von "typgerechten" Wohn- und klimatischen Bedingungen nimmt die Terlusollogie auch in Anspruch, für die *Lebensführung* und die *Gestaltung der Lebenswelt* zuständig zu sein – und durch immer wieder auftauchende Formulierungen, die dem Leser der Schriften suggerieren könnten, eine "typgleiche" Partnerschaft sowie "typgleiche" Mütter und Kindern seien vorteilhafter, vielleicht sogar auf die gesamte Lebensplanung inklusive Familienplanung. Eine Thematik übrigens, zu der Wilk sehr viel deutlicher Stellung bezog:

"In der Ehe müssen gleiche Typen heiraten, um eine Liebesehe einzugehen. Bei entgegengesetzten Typen wird es nur eine Vernunft- oder Freundschaftsehe, bei der das Sexuelle und die tiefe Zuneigung unerfüllt bleiben. Bei Freundschaften aber muß eine Typengegensätzlichkeit vorhanden sein, um die Liebe bei einer eventuellen Ehe nicht teilen zu müssen. Außerdem besteht bei typengleichen Freunden immer die Gefahr der Homosexualität."[101]

---

[99] Vgl. Pezenburg 2012: 6.
[100] Vgl. ebd.: 13.
[101] Wilk 1949: 35, zitiert nach Pezenburg 2012: 9.

Und:

"Kinder, zur typenrichtigen Zeit gezeugt, von gleichen Eltern erzogen, in gleicher Gemeinschaft und Landschaft aufwachsend, müssen vollendete Menschen werden. Die
Gesetze sind erkannt dank der uns von der Natur gegebenen Vernunft, die uns über
die Tierwelt hinaushebt. Denken ist göttlich und göttlich soll unser Leben sein, als den
Ebenbildern der göttlichen Natur."[102] [103]

"Jeder vernünftige Mensch wird nun bestrebt sein, die Zeugung eines Lebewesens so
zu bestimmen, daß der gewünschte Typ das Licht der Welt erblickt. Durch die Hilfe der
Medizin und Magnetopathie ist es möglich, den genauen Termin einzuhalten."[104]

Ergebnis der "typrichtigen" Partnerschaften und Kindszeugungen ist dann:

"Wenn innerhalb der Rassen eine klare Zweiteilung der Typen durchgeführt ist, kommt
erst das rassische Schönheitsideal bei allen Völkern zum Ausdruck. Als vollendet können dann nur Wesen bezeichnet werden, bei denen Charakter und Körper mit der
Landschaft und der Kultur vollkommen übereinstimmen."[105]

Denn:

"Rassereinheit ist ein Schönheitsideal und eine Naturnotwendigkeit. In eine nordische
Eichenlandschaft passen keine schwarzen Gesichter und in einen afrikanischen Urwald keine Weißen. Charakterlich und gesundheitlich trifft es aber für alle zu, die falsch
geboren wurden. Sie leben im ewigen Widerstreit von Äußerem und Innerem."[106]

Allerdings ist die Idee der "typgleichen Vermehrung" leider nicht nur als in den entsprechenden zeitgeistigen Kontext zu stellende irrationale Gedankenverirrung eines
gescheiterten Geigers anzusehen – auch Hagena hängt dieser Idee offensichtlich
noch an, wie aus dieser Äußerung hervorgeht, in der er genau dafür, also für eine
Form 'terlusollogischer Eugenik', wirbt:

---

[102] Wilk 1949: 34, zitiert nach ebd.
[103] Wobei sich deshalb schwer sagen läßt, ob die in der vorhergehenden Zitation mitschwingende
Homophobie eher ideologischer oder religiöser Natur sein mag.
[104] Wilk 1949: 51, zitiert nach Pezenburg 2012: 11.
[105] Wilk 1949: 54, zitiert nach Pezenburg 2012: 11.
[106] Wilk 1949: 17, zitiert nach Pezenburg 2012: 6.

"Für die Gesundheit und Lebenstüchtigkeit wäre eine dem Atemtyp gerechte Vererbung von Vorteil [...]."[107]

Zudem stellt die Terlusollogie den Menschen in einen kosmischen Zusammenhang
(Mond, Sonne, Erde, wozu Wilk [1949: 17] zum Kosmos schreibt: "Der Kosmos aber
belebt und durchblutet Er setzt erst den Motor in Bewegung. Und wenn die Konstruk-
tion im Widerspruch steht zu der Antriebskraft, dann gibt es Karambolage und Kurz-
schluß"[108]), und auch Verweise auf "die natürliche Umwelt" und entsprechende Zusammenhänge im terlusollogischen Sinne fehlen nicht. Die Terlusollogie stellt also
eine im wahrsten Sinne des Wortes holistische Lehre dar (Wilk [1949: 51: "Es gibt
kein Lebensgebiet, auf das diese Gesetze nicht anwendbar wären"[109]]), die, wäre sie
richtig, nicht einfach nur das Favorisieren bestimmter Nahrungsmittel für den einen
oder anderen "Typ" nach sich ziehen müßte oder das Umschreiben der gesangs-
pädagogischen Lehrbücher, worauf Pezenburg (2012: 8) hinweist, sondern die gesamte Umgestaltung des täglichen Ablaufs, der Arbeitswelt, der Produktionsweise,
ganzer politischer Systeme, und selbstverständlich müßten auch *sämtliche* Wissenschaften von Grund auf revidiert werden, da alle Ergebnisse im Sinne der Terlusollogie neu interpretiert und alle Versuche (auch wegen der von den Terlusollogen behaupteten Energieformen) neu durchgeführt werden müßten. Wäre die Terlusollogie
richtig, so müßten fast alle Dinge, Institutionen, Systeme usw. (mit Ausnahme von
Religion, Spiritualismus usw., zu der keine neueren terlusollogischen Aussagen zu
finden waren) einer Revision und Neuorientierung unterzogen werden.
Dies allein ist selbstverständlich noch kein Grund, die Terlusollogie als unzutreffend
zu charakterisieren. Doch es ist selbstverständlich, daß eine Lehre, die recht apodiktisch dermaßen weitreichende Aussagen macht bzw. Behauptungen aufstellt, äußerst kritisch betrachtet und geprüft werden muß.

---

[107] Hagena 2009[3]: 44.
[108] Zitiert nach Pezenburg 2012: 6.
[109] Zitiert nach ebd.: 11.

5. – Kritik an der Terlusollogie:

Pezenburg[110] hat sich kritisch mit der Terlusollogie befaßt und eine Reihe von Einwänden formuliert, die sich wie folgt zusammenfassen lassen:

- In den verfügbaren Veröffentlichungen der Terlusollogie fehlen jegliche Hinweise oder Belege auf durchgeführte wissenschaftliche Studien, die zur "Entdeckung" der von den Terlusollogen behaupteten Effekte und Zusammenhänge geführt haben könnten (mithin also ein methodisch einwandfreier, nachvollziehbarer Entdeckungszusammenhang); weiterhin fehlen Angaben zur Untersuchungsmethodik, Probandenkonstellationen sowie statistische Auswertungen.

- Die auf Basis des angeblich entdeckten "Naturgesetzes" gezogenen Schlüsse gehen letztendlich auf persönliche Beobachtungen einer einzigen Person, des Geigers Erich Wilk, zurück, von denen alle weiteren Folgerungen abgeleitet werden.

- Die von den Terlusollogen beschriebene unsichtbare Kraft sei (wie sie selbst einräumten) mit der Gravitation vergleichbar, jedoch sei wissenschaftlich bisher nicht beschrieben worden, daß eine Gravitationswirkung auf winzigste Massen wie z.B. Körperzellen anzunehmen sei. Die Annahme, daß eine bisher unbekannte Energieform sich auf kleinste Körperzellen von Lebewesen auswirken solle, erscheine deshalb ausgeschlossen.

- Hinzu käme, daß alle bislang angeführten Beobachtungen als rein subjektiv und nicht objektivierbar einzustufen seien. Sie würden deshalb nicht als Argument für die Existenz einer "neuen Energie" ausreichen.

- Das Berechnungssystem zur Bestimmung des Atemtyps basiere lediglich auf der Behauptung bzw. Setzung einer simplen linearen Zu- bzw. Abnahme einer obskuren "Sonnenenergie" vom 21. Dezember (tiefster Stand) hin zum 21. Juni (höchster Stand) und umgekehrt. Gleiches gälte für die Berechnung der "Mondenergie", da hier ebenfalls willkürlich der Vollmond mit 100 % und der Neumond mit 1 % und die tägliche Zu- oder Abnahme mit 6,6 % beziffert würde. Für diese Setzung fehle jegliche Begründung (wobei allerdings anzumerken ist, daß Hagena selbst auf die willkürliche Setzung dieser Werte hinweist[111]). Zudem ließen sich beispielsweise auch nichtlineare oder sinusförmige Zu- und Abnahmen unter Berücksichtigung weiterer Faktoren wie elliptische Umlaufbahnen denken, da jeglicher

---

[110] Pezenburg, M.: *Terlusollogie - Naturgesetz oder Humbug?*, in: vox humana, # 3 / 2011, S. 50 - 55.
[111] Vgl. Hagena 2009[3]: 8.

Beweis für die Korrektheit der Linearität fehle. Letztendlich sei die Berechnungsgrundlage nichts weiter als eine Herleitung und Behauptung von angeblichen Tatsachen aus subjektiv interpretierten Beobachtungen.

Diese Einwände zeigen deutlich, auf welch schwachen Fundamenten die Terlusollogie fußt. Andererseits muß aber fairerweise hinzugefügt werden, daß die Einwände von Pezenburg *einen* Fehler enthalten.

Bei der Gravitation (und auch bei Pezenburg richtig dargestellt) spielt sowohl die Masse von Körpern wie auch die Entfernung dieser Körper voneinander eine ausschlaggebende Rolle.

Dies hatte bereits Newton erkannt, ohne jedoch in der Lage zu sein, die aufeinander wirkenden Anziehungskräfte genau zu beziffern, der Wert der sog. "Gravitationskonstante" war ihm also nicht bekannt – eine Messung stieß, da es sich bei der Gravitation um die schwächste der vier physikalischen Kräfte handelt, auf erhebliche praktische Probleme (was deutlich wird, wenn man bedenkt, daß zwei Kugeln von jeweils einem Kilogramm Gewicht, die in einer Entfernung von 8,17 cm Entfernung voneinander positioniert werden, sich mit einer Kraft anziehen, die nur einem Milliardstel Gramm entspricht; und daß die Gravitation im Vergleich zu den anderen physikalischen Kräften sehr schwach ist zeigt sich auch daran, daß die gravitationsbedingte Anziehung zwischen einem Elektron und einem Proton ca. um den Faktor 10^{-39} geringer ist als die zwischen den beiden Teilchen wirkende elektromagnetische Anziehung)[112]. Die Konstante wurde erst 1798 von dem englischen Physiker *Henry Cavendish* durch eine ebenso einfache wie geniale Versuchsanordnung experimentell festgestellt (wenn wohl auch eher indirekt)[113].

Es ist also nicht richtig, daß wissenschaftlich bisher keine Gravitationsauswirkungen auf kleine Massen beschrieben worden seien. Dies gilt auch für Auswirkungen der Gravitation auf Zellen. Mittlerweile sind sehr viele Auswirkungen der Gravitation auf Zellen bekannt, die insbesondere in der Schwerelosigkeit gewonnen wurden und werden. Die Wurzeln von Pflanzen beispielsweise weisen Zellen auf, die mit Gravitations-Rezeptoren (Statholiten) ausgestattet sind – im Rahmen des Projekts WAICO der Leibniz Universität Hannover werden die Auswirkungen der Schwerelosigkeit auf

---

[112] Asimov 1988: 314.
[113] Ebd.: 157.

diese Zellen im Biolab auf der ISS untersucht[114]. Auch an der Universität Hohenheim läuft bereits seit mehreren Jahren ein Projekt, um Einflüsse der Mikrogravitation bei Veränderung der Schwerkraftbedingungen hinsichtlich der Signalübertragung und möglicher Veränderungen der Signalfunktionen in menschlichen neuronalen Zellen sowie damit zusammenhängende Veränderungen des Zytoskeletts, Genexpression von Zellen sowie die elektrische Aktivität von Zellen zu untersuchen[115]. Und an der ETH Zürich wird der Einfluß der Schwerelosigkeit (bzw. des permanenten freien Falls) auf menschliche Zellen bereits seit 1983 untersucht[116].

Die vorhergehenden Ausführungen stellen selbstverständlich in keiner Weise eine Befürwortung der Annahmen und Behauptungen der Terlusollogen dar; sie sind keinesfalls als Hinweis auf eine mögliche Richtigkeit der Terlusollogie, der Astrologie usw. zu verstehen, zudem auch ein Gravitationseinfluß auf Zellen weder menschliches Handeln usw. oder gar eine zukünftige Auswirkung auf Lebenswege erklären würde – zudem sagen unter der Bedingung der Schwerelosigkeit gewonnene Ergebnisse nichts über die Einflüsse der Sonnen- oder Mondgravitation aus, sondern lediglich etwas über die (selbstverständlich nicht völlige) Abwesenheit der Erdanziehung.

Nun wäre es, trotz dieser kleinen Einschränkung, leicht, sich den von Pezenburg völlig richtig kritisierten Punkten anzuschließen und die Terlusollogie als Pseudowissenschaft auf esoterischer Grundlage zu verwerfen. Dies jedoch könnte leicht den Vorwurf der Voreingenommenheit nach sich ziehen. Deshalb scheint es geboten, die Aussagen und Basisannahmen der Terlusollogie näher zu prüfen, auch wenn dies durchaus kritisch geschieht. Zugleich muß aber auch versucht werden, soweit als möglich in die 'terlusollogische Gedankenwelt' einzudringen, in eine Welt der Möglichkeiten, die sich weniger von Rationalität leiten läßt, als vielmehr von einem 'So-könnte-es-sein' unter Verzicht der Berücksichtigung insofern gesicherten Wissens. Es handelt sich also auch um einen Versuch des Verstehens. Deshalb werden einige Aspekte der nachfolgenden Ausführungen möglicherweise einen – vom rationalen Standpunkt aus gesehen – eher unrealistischen und überflüssigen Eindruck erwek-

---

[114] Vgl. European Space Agency (ESA) (o. J.): *WAICO: Wie orientieren sich Pflanzen ohne Schwerkraft?* Unter:
http://www.esa.int/ger/ESA_in_your_country/Germany/WAICO_Wie_orientieren_sich_Pflanzen_ohne_
Schwerkraft, 05.08.2014.
[115] Vgl. Universität Hohenheim, Fachgruppe Membranphysiologie (o. J.): *Aktuelles Projekt. Gravitationsabhängige Strukturen in neuronalen Zellen.* Unter: https://membranphysiologie.uni-hohenheim.de/97553, 05.08.2014.
[116] Vgl. Cogoli, A.: *Menschliche Zellen im All*, in: Unimagazin 1 / 03 - Bulletin ETHZ 288, S. 33 - 35.

ken. Dies wiederum ist jedoch dem Versuch geschuldet, mögliche terlusollogische ad-hoc-Einwände vorwegzunehmen, was nur möglich erscheint, wenn sich auf eine Sichtweise eingelassen wird, die Denkformen entspringt, wie sie bei Terlusollogen und Vertretern ähnlicher Lehren vorkommen könnten.

5.1 – Zu (1) bipolarer Einfluß von Sonne und Mond auf Organismen:

Um an dieser Stelle langwierige Erläuterungen zu vermeiden, mag der Hinweis genügen, daß mit Sonnen- oder Mondeinflüssen nicht die offensichtlichen Einflüsse gemeint sind wie z.B., daß Pflanzen Sonnenlicht in chemische Energie umwandeln usw. Vielmehr geht es hier um den "bipolaren" Einfluß, eine Art von Energie oder einwirkender Kraft, die seitens der Terlusollogen behauptet, jedoch weder erklärt noch explizit benannt und von diesen nur hilfsweise als "Sonnenenergie" bzw. "Mondenergie" bezeichnet wird[117]. Es bleibt also (vorerst) unklar, ob damit eine physikalische oder magische Kraft gemeint ist. Auch ob es sich dabei nur um eine sowohl vom Mond und der Sonne ausgehende bzw. mit der Erde in Wechselwirkung stehende Kraft handeln soll oder ob für jeweils Mond und Sonne eine eigene Kraft angenommen wird, bleibt unklar, da dazu von Terlusollogen keine eindeutigen Aussagen gemacht werden.

5.1.1 – Kritik zu (1) bipolarer Einfluß von Sonne und Mond auf Organismen:

Die Behauptung, daß es einen "bipolaren Einfluß von Sonne und Mond auf Organismen" gibt, stellt die erste Grundannahme (oder besser gesagt: das erste, beweislos vorausgesetzte Axiom) der Terlusollogie dar. Dieser bipolare Einfluß soll eine physische Wirkung (dessen Mechanismus jedoch nicht erklärt wird) auf das Atemzentrum hervorrufen, so daß zunächst einmal vermutet werden kann, daß es sich um eine *physikalische Kraft* handeln soll. Nach Lambeck (2003: 19) sind in der Physik heute vier Kräfte bekannt (Vierkräftelehre, vgl. die nachfolgende Abbildung), wobei davon ausgegangen wird, daß es äußerst unwahrscheinlich (wenn auch prinzipiell nicht unmöglich) sei, daß noch eine weitere, fünfte Kraft entdeckt werden wird.

---

[117] Vgl. Hagena 2005[2]: 2, 9.

Starke Kraft	Schwache Kraft
Hält Atomkern zusammen	Umwandlung Neutron-Proton
Reichweite	
$\sim 10^{-15}$ m (Kern)	$\sim 10^{-18}$ m
Radioaktivität, Energiequelle der Sonne	

Elektrische Kraft
Bindung von Elektronen und Protonen Reichweite $\sim 10^{-10}$ m (Atom) Chemie, Schmecken, Riechen, Festigkeit der Materie, Maschinen, Akustik
Statische elektrische und magnetische Felder Reichweite ~ 1 m
Hochfrequente elektromagnetische Wellen Radar, Radio, Licht, Röntgenstrahlen Reichweite sehr groß (unendlich)

Schwerkraft
Anziehung aller Materie Kosmos Reichweite sehr groß (unendlich)

Abb. 1 – Übersicht zur Vierkräftelehre[118].

Die *Schwerkraft* bzw. Massenanziehung oder Gravitation sorgt bekanntlich dafür, daß ein in die Luft geworfener Stein wieder nach unten fällt und sich Himmelskörper gegenseitig anziehen, woraus sich ihre Bahnen ergeben. Die Kraft zwischen zwei Massen (z.B. zwei Planeten oder auch Sonne und Erde oder Erde und Mond) ist proportional zum Produkt der beiden Massen (z.B. Masse der Erde mal Masse des Mondes) und nimmt umgekehrt mit dem Quadrat der Entfernung ab. Ausgehend von der Entfernung Sonne / Erde würde bei einer Verdoppelung der Entfernung nur noch ein Viertel der ursprünglichen Kraft wirken, bei einer Verdreifachung nur noch ein Neuntel und bei einer Verzehnfachung ein Hundertstel – doch trotz dieser stetigen Abnahme reicht die Gravitation prinzipiell ins Unendliche ("große Reichweite").[119]

Die *elektrische Kraft* ist bereits seit dem Altertum bekannt, selbstverständlich ohne daß nähere Einzelheiten bekannt waren. Die Kraft zwischen zwei elektrischen La-

---

[118] Darstellung nach Lambeck 2003: 16.
[119] Lambeck 2003: 15.

dungen ähnelt dabei der Schwerkraft derart, daß auch sie proportional zum Produkt beider Ladungen ist und umgekehrt zum Quadrat des Abstandes abfällt, weshalb auch diese Kraft – wie die Gravitation – eine große Reichweite besitzt. Ein Unterschied zur Gravitation liegt allerdings darin, daß bei der elektrischen Kraft durch positive bzw. negative Ladung nicht nur Anziehung, sondern auch Abstoßung möglich ist. Gleichnamige Ladungen stoßen sich dabei ab, ungleichnamige ziehen sich umgekehrt an. Die Wirkung der elektrischen Kraft läßt sich dabei aufgrund der drei unterschiedlichen Bewegungsformen in ebenso viele Erscheinungsformen einteilen. Erstens in die Ruhe, also das Fehlen von Bewegung. Ruhende elektrische Ladungen erzeugen in ihrer Umgebung elektrische Felder, wodurch Kraft auf andere Ladungen ausgeübt wird. In Atom und Molekül bewirkt die elektrische Ladung die Wechselwirkung zwischen Elektronen und Atomkernen und somit auch chemische Vorgänge, auf denen auch das Schmecken und das Riechen beruhen; zudem bewirkt sie auch die gegenseitige Abstoßung von Atomen, also auch Materialbewegungen (z.b. die Abstoßung der Luftmoleküle, wodurch Schall übertragen wird) und in Festkörpern den Materialzusammenhalt. Die zweite Bewegungsform stellt die geradlinig gleichmäßige Bewegung dar, also den elektrischen Strom, der magnetische Felder erzeugt, die wiederum die Grundlage der Elektrotechnik darstellen. Leitungen, in denen kein Strom fließt, sind von einem elektrischen Feld umgeben – wird der Schalter umgelegt, beginnt der Strom zu fließen und erzeugt zusätzlich magnetische Felder, wobei Wechselstrom die Stromrichtung 50 mal pro Sekunde wechselt, also eine Frequenz von 50 Hertz aufweist. Die dritte Bewegungsform stellen Schwingungen dar. Schwingende elektrische Ladungen, die sich in Drähten befinden, erzeugen mit Lichtgeschwindigkeit in den Raum wandernde elektromagnetische Wellen – der Draht stellt somit eine Antenne dar, wie sie z.B. auch für die Aussendung von Funkwellen verwendet wird. Beträgt die Frequenz 10^{14} Hertz, werden diese Wellen nicht mehr von Antennen ausgestrahlt, sondern von einzelnen Atomen – es entstehen elektromagnetische Wellen in Form von sichtbarem Licht.[120]

Die *Starke Kraft* wirkt im Atomkern, der aus Protonen und Neutronen besteht. Da sich Protonen gegenseitig abstoßen, würde der Kern zerstört, was jedoch durch die

---

[120] Ebd.: 17 f.

Starke Kraft verhindert wird, die *sich berührende* Protonen und Neutronen zusammenhält. Die Reichweite der Starken Kraft ist auf den Atomkern beschränkt.[121]

Die *Schwache Kraft* besitzt eine noch geringere Reichweite als die Starke Kraft, bewirkt jedoch, daß überzählige Neutronen im Atomkern dem Gleichgewicht entsprechend umgewandelt werden. Ein überzähliges Neutron wandelt sich dann in ein Proton und ein Elektron sowie ein elektronisches Antineutrino – ein Vorgang, der sich auch im menschlichen Körper z.B. bei der Umwandlung von Kalium-40 in Kalzium-40 findet.[122]

In der Sonne finden sich alle vier Kräfte vereinigt: Im Sonneninneren bewirken die Starke und die Schwache Kraft die Kernfusion, also die Energieproduktion. Diese Energie wiederum wird als elektromagnetische Wellen (Licht- und Wärmestrahlung) abgegeben; die Sonne wirkt zudem durch ihre Anziehungskraft, aber auch durch Materietransport, also durch die von der Sonne ausgesandten Teilchen, die auf der Erde Polarlichter hervorrufen.[123]

Könnte es nun möglich sein, daß eine dieser Kräfte Eigenschaften aufweist, die zumindest ansatzweise die von den Terlusollogen behaupteten Wirkungen erklären könnte, ohne daß eine unbekannte nicht-physische Kraft – also ein spekulatives, metaphysisches Element – bemüht werden muß? Um welche Kraft könnte es sich dabei handeln?

Ausschließen lassen sich sicherlich die Starke Kraft und die Schwache Kraft, da diese nur im Atomkern wirksam werden. Übrig bleiben die elektrische Kraft in ihren verschiedenen Formen sowie die Gravitation.

5.1.1.1 – Elektrische Kraft:

Obgleich Magnetismus und Elektrizität derselben physikalischen Kraft entstammen, soll an dieser Stelle der Magnetismus ausgeklammert werden, da dieser weiter unten gesondert behandelt wird. Für den hier besprochenen Punkt sind hingegen Schwingungen in Form sichtbaren Lichts relevant, da sich Hinweise darauf direkt aus der terlusollogischen Lehre ergeben, zum einen durch das Sonnenlicht, zum anderen durch das Mondlicht.

---

[121] Ebd.: 18.
[122] Ebd.: 18 f.
[123] Ebd.: 19.

Sonnenlicht allerdings spielt in der Terlusollogie nur eine indirekte Rolle und läßt sich höchstens als Nebenprodukt hinsichtlich des Sonnenstandes, der in der Terlusollogie eine wichtige Rolle spielt, ableiten. Deshalb scheint es sinnvoller zu sein, hier vorrangig das Mondlicht zu behandeln. Auch dieses wird in der terlusollogischen Lehre nicht explizit behandelt, jedoch ist sein Zusammenhang insbesondere mit der "Mondenergie" offensichtlich, denn z.B. läßt sich auch der Gegensatz von Neu- zu Vollmond einerseits als "Polarität" verstehen, und zum anderen beruht auf der "Mondphase" die Berechnungsmethode der Terlusollogie zur Bestimmung des "Atemtyps". Der Unterschied zwischen Neu- und Vollmond ist jedoch für den menschlichen Betrachter ein rein optischer, und auch wenn er diesen Unterschied subjektiv als Gegensatz empfinden mag, so ist damit weder eine quantitative (bezogen auf die Masse) noch qualitative Veränderung des Mondes selbst und seiner Auswirkung auf die Erde verbunden. Eine andere Sicht darauf wäre dann möglich, wenn z.B. davon ausgegangen werden würde, daß der zunehmende Mond tatsächlich 'wächst', seine Masse also mit jedem Tag bis zum Erreichen des Vollmondes zunimmt (und sich danach wieder in regelmäßigen Zeitintervallen 'verflüchtigt'), was sicherlich einen gewissen Einfluß zumindest auf die Gravitation hätte. Doch wird eine solch phantastische Ansicht auch in der Terlusollogie nicht vertreten. Dementsprechend muß davon ausgegangen werden, daß auch die Terlusollogen davon ausgehen, daß die Masse des Mondes stets dieselbe bleibt, unabhängig vom Grad seiner für uns sichtbaren Ausleuchtung durch das Sonnenlicht (Albedo[124]). Folglich muß es genau jener von der Erde aus sichtbare Grad der Ausleuchtung der Mondoberfläche durch Sonnen- und zu einem kleinen Anteil auch Licht, das von der Erde reflektiert wird (Erdschein[125]), sein, der einen Unterschied bewirkt. Denn ansonsten würde die Berechnung des "Mondeinflusses" anhand der Menge des vom Mond reflektierten Lichts selbst aus terlusollogischer Sicht keinerlei Sinn ergeben. Dies wirft jedoch einige Probleme und Fragen auf. So z.B. jene, wieso sich vom Mond reflektiertes Licht von

---

[124] Albedo bezeichnet den "[…] Anteil des von einer Oberfläche diffus reflektierten Sonnenlichts. Ist die Albedo gleich Null, findet keine Reflexion statt (eine perfekte schwarze Oberfläche). Ist sie gleich 1 wird das gesamte Licht reflektiert (eine perfekte weiße Oberfläche). Die Albedo der Erde beträgt beispielsweise 0,367, die des Erdmonds 0,12." (Lesch [Hrsg.] 2010: 1110).
[125] Unter "Erdschein" wird Sonnenlicht verstanden, das zuerst auf die Erde trifft, von dieser zum Mond und dann wieder zurück zur Erde reflektiert wird - dieses Licht läßt sich auch zu Analysezwecken bei entfernten Monden anderer Planeten nutzen (Pollmann, M. (2012): *Biosignaturen im Erdschein nachgewiesen.* Unter: http://www.spektrum.de/news/biosignaturen-im-erdschein-nachgewiesen/1143673, 05.07.2014); besonders gut läßt sich der Erdschein bei Neu- oder Halbmond sehen. Neben der Mondsichel ist dann in einem sehr schwachen Schein (aschfahles Licht) der Rest des Mondes als Umriß zu erkennen (vgl. Lesch [Hrsg.] 2010: 59).

direktem Sonnenlicht hinsichtlich seiner Wirkung unterscheiden soll, das doch im gleichen Lichtspektrum liegt (gleichwohl der Mond den Rotanteil des Lichts stärker reflektiert als die blauen oder violetten Anteile, was das reflektierte Licht etwas gelblicher als Sonnenlicht erscheinen läßt[126]; reflektiert werden auch die nicht sichtbaren Anteile des Sonnenlichts) oder auch von Licht, das direkt von der Erde auf einen Menschen reflektiert wird, handelt es sich doch in allen Fällen – von elektrischen Lichtquellen oder Bioluminszenz einmal abgesehen – stets um die gleiche Lichtquelle, nämlich die Sonne. Gleichwohl ist die Idee, daß das Sonnenlicht, das vom Mond reflektiert wird, in seiner Qualität irgendeine Änderung erfährt, nicht neu, ebenso nicht die Vorstellung, daß dieses reflektierte Licht ähnlich wie die Gravitation wirkt. Letztere Ansicht vertrat z.B. der Neuaristoteliker, Naturphilosoph und Arzt *Julius Caesar Scaliger* bzw. *Bordonius* (1484 – 1558), dessen Überlegungen eine wichtige Quelle für die Arbeiten von Kepler darstellten und der davon ausging, daß das Anschwellen des Meeres bei Vollmond durch das Mondlicht bewirkt werden würde[127] – ein Irrtum, wie man heute weiß. Die Idee der qualitativen Veränderung des Sonnenlichts durch die Reflexion desselben durch den Mond stammt hingegen aus der Astrologie. Insbesondere zu erwähnen ist dabei die vom Parapsychologen Hans Holzer entwickelte "astrologische Strahlentheorie", in der davon ausgegangen wird, daß jede Materie, die eine Energiequelle besitzt, Strahlung aussendet (also Menschen ebenso wie Himmelskörper)[128]. Dabei soll diese Strahlung auch Partikel der Substanz des jeweilig strahlenden Körpers enthalten, wobei, trifft sie auf ein nichtstrahlendes Objekt wie den Mond und wird von diesem reflektiert, sie auch die Eigenschaften des Mondes "aufnehmen" und so zur Erde transportieren soll[129] (was ein wenig an die Korpuskeltheorie Newtons erinnert; was die Übertragung von Eigenschaften oder 'dem Wesen' der Sache betrifft, scheint aber auch eine gewisse Ähnlichkeit mit der Abbildtheorie des Atomisten *Demokrit* zu bestehen). In diesem Zusammenhang wurde von Holzer auch eine Einwirkung "kosmischer Strahlung" verschiedener Art postuliert, die sich vermischen und, auftreffend auf der Erde, sich zudem mit der "menschlichen Strahlung" vermengen und besonders "im Augenblick der Geburt" beeinflussend wirken sollen[130]. Dabei sei auch die "Geist-Seele-

---

[126] Struve et al. 1967³: 119.
[127] Bialas 2004: 77 f.
[128] Pössiger 1987: 31.
[129] Ebd.
[130] Ebd.: 31 f.

47

Komponente" menschlichen Lebens betroffen, wobei, kommt es zu einem Kontakt von Neugeborenem und der kosmischen Strahlung, durch einen natürlichen Prozeß diese Strahlung in das "geistige Reservoir" des Neugeborenen eintreten und hier für die Zukunft prägend wirken soll[131]. Derlei Vorstellungen werden jedoch von den Terlusollogen (zumindest nicht explizit) vertreten, wenngleich es auch einen gewissen ideengeschichtlichen Zusammenhang geben könnte.

Nicht berücksichtigt wird in der Terlusollogie, soll das 'Mondlicht' hier als wirksame Kraft angenommen werden, daß die 'Leuchtkraft' des Mondes auch nicht immer dieselbe ist, was sich nicht auf die Mondphasen, sondern auf seine (aufgrund seiner elliptischen Bahn) im Laufe des Jahres unterschiedliche Entfernungen zur Erde bezieht – diese bewirkt eine Schwankung der Lichtintensität des reflektierten Lichts um bis zu 20 % (bzw. 0.2 mag), was allerdings dem Betrachter aufgrund der schnell wechselnden Mondphasen kaum auffallen kann[132]; eine weitere Folge der Entfernungsschwankung des Mondes ist, daß der Monddurchmesser (der im Mittel einen Winkel von 31'59" aufweist) bei der größten Erdannäherung um ca. 7 % größer erscheint und bei der größten Erdentfernung 6 % kleiner[133]. Hinzu tritt ein Problem, das die Idee einer Strahlungswirkung des Mondes durch die Albedo ad absurdum führt, wenn wie in der Terlusollogie davon ausgegangen wird, daß hinsichtlich des Reflexionsgrades ein lineares Wachstum vorliegt. Tatsächlich aber beträgt z.B. die Helligkeit des Halbmonds nur ca. *ein Neuntel* des Vollmonds[134] – und nicht etwa ungefähr die Hälfte, wovon Wilk wohl ausgegangen sein dürfte. Doch selbst wenn eine andere Kraft angenommen wird, so müßten die Terlusollogen begründen, warum diese mit einem Zuwachs bzw. einer Abnahme der 'Mondhelligkeit' einerseits korreliert, andererseits aber offensichtlich kein linearer Zuwachs bzw. eine lineare Abnahme des Reflexionsgrades des Sonnenlichts durch den Mond vorliegen kann.

Hinzu tritt ein weiteres Problem, nämlich das des Mondes über dem Horizont bei Tag, ein nicht gerade seltenes Ereignis. Ob der Mond dabei von der Erde aus zu sehen ist, hängt vom Grad seiner Ausleuchtung, der Entfernung von der Sonne und der Helligkeit der Sonne ab. Doch unabhängig davon, ob er für den menschlichen Betrachter sichtbar ist, so wird der Mond, steht er tagsüber über dem Horizont, auch

---

[131] Ebd.: 32; vgl. zur astrologisch propagierten Höhenstrahlung als Einflußmöglichkeit auch Prokop & Wimmer 2006: 11 f.
[132] Vgl. de Boer, K. S. (2005): *Bewegungen von Erde und Mond: Zeit, Kalender, Mondphasen, Finsternisse, Gezeiten.* Unter: http://www.astro.uni-bonn.de/~deboer/eida/erdemond.html, 01.08.2014.
[133] Struve et al. 1967[3]: 99.
[134] Ebd.: 120.

von der Sonne beschienen und reflektiert auch dann je nach Stand einen Teil des Lichts zur Erde (vgl. die nachfolgende Abbildung).

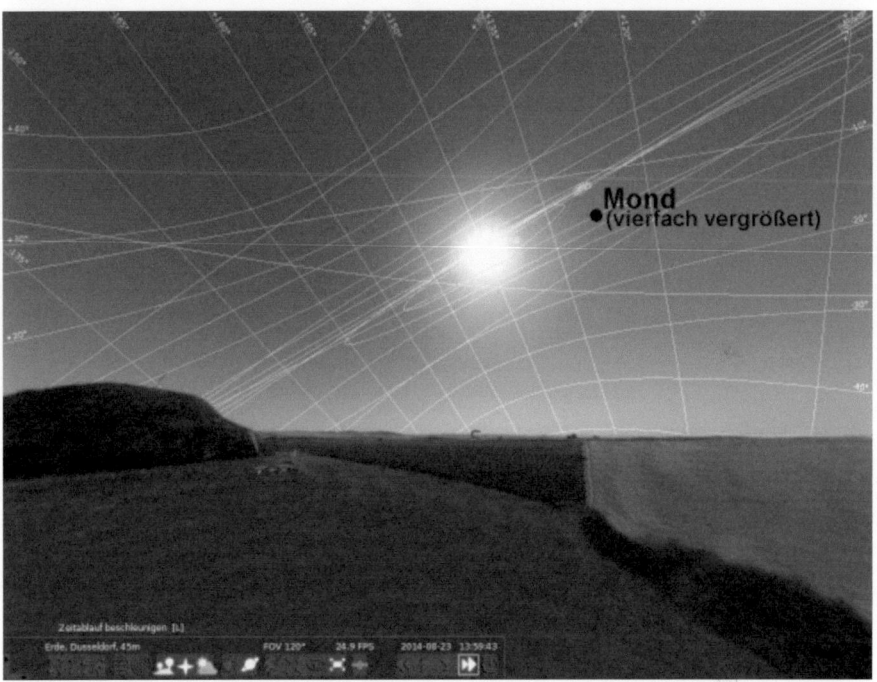

Abb. 2 – Stand des (tatsächlich nicht sichtbaren) Mondes über dem Horizont am 23.08.2014, 13:59:43 Uhr (Standort: Düsseldorf)[135].

Andererseits aber gibt es auch praktisch mondlose Nächte, solche, in denen der Mond erst in den späten Morgenstunden aufgeht. Wäre es also das 'Mondlicht', das hier die Wirkkraft wäre, so müßten auch solche Einflüsse und Schwankungen berücksichtigt und ihre Auswirkungen erklärt werden. Hinzu würden Detailfragen treten, so z.B. solche atmosphärischer Art (z.B. Bewölkung oder Schneefall). Insbesondere auch, wie es möglich sein sollte, daß sichtbares Licht eine Wirkung auf das Atemzentrum haben soll, da das auf die Erde auftreffende sichtbare Licht Gewebe und Knochen bis zur erforderlichen Tiefe nicht durchdringen kann. Eine weitere Problematik tritt hinzu, wenn der Mond zum Geburtszeitpunkt unter dem Horizont steht, also vom

---

[135] Screenshot einer Simulation des Programms *Stellarium* (V. 0.13.0) (der Mond wurde zur besseren Erkennbarkeit mithilfe eines Grafikprogramms schwarz eingefärbt); dieses hervorragende Open-Source-Programm, das auch in Planetarien und allgemein in der Astronomie Verwendung findet, ist kostenlos unter http://www.stellarium.org downloadbar.

jeweiligen Standort des Neugeborenen gar nicht gesehen werden und er dementsprechend auch kein Licht auf diesen Punkt der Erde reflektieren kann.

Abb. 3[136] – Zunehmender Mond Anfang September 2014, ca. 22:00 Uhr.

Da die Terlusollogen auf derlei Probleme nicht eingehen und Lichtwirkung auch nicht explizit vertreten, kann 'Mondlicht' nicht die postulierte Wirkkraft sein. Bestand hat dann jedoch immer noch der logische Widerspruch, die terlusollogische Berechnungsmethode auf den Reflexionsgrad des Sonnenlichts durch den Mond zu beziehen, zugleich aber keine Lichtwirkung anzunehmen, womit ein innerer Zusammenhang zwischen Albedo und angeblicher Mondwirkung fehlt. Soll der Mond irgendeine andere 'Energie' aussenden, die am Tage Einfluß auf das Gehirn eines Neugeborenen nehmen soll, so müßte diese Energie entweder in der Lage sein, sich gaswolkenartig zu bewegen und so quasi die Erdkugel zu umhüllen, oder sie müßte in der Lage sein, Kurven zu schlagen, oder sie müßte die Erde, deren Durchmesser im-

---

[136] Aufgenommen durch ein 25 mm Okular mittels eines 150/1400 mm Spiegelteleskop ohne Filter mit einer einfachen Digitalkamera; das Bild wurde hinsichtlich Kontrast und Schärfe nachbearbeitet und für die Randbereiche (Krater) ein leichter Relief-Effekt angewendet.

merhin ca. 12.700 Kilometer bei einer mittleren Dichte von 5,515 g/cm^3 bzw. einer Masse von 5,972E24 kg, beträgt, durchdringen, um so auf der Tagseite der Erde wirksam werden zu können (was sich selbstverständlich nur auf solche Zeiten bezieht, bei denen der Mond nicht am Taghimmel steht). Es gibt keine bekannte Energieform, die zu solchen Kapriolen in der Lage wäre.

Daraus ergibt sich die Frage, ob es nicht vielleicht die Gravitation ist, die als terlusollogische Wirkkraft gelten kann.

5.1.1.2 - Gravitation:

Zunächst scheinen die Ausführungen bei Hagena hinsichtlich der terlusollogisch angeblich wirksam werdenden Kraft auf die Gravitation hinzuweisen, da er das altbekannte Beispiel des Gravitationseinflusses von Sonne und Mond hinsichtlich der Gezeiten, insbesondere der Springfluten, verwendet, um zu belegen, daß es einen entsprechend von beiden Himmelskörpern hervorgerufenen Einfluß auf die Erde gibt[137]. Diese Art der Gravitationsauswirkung auf die Erde ist auch völlig unstrittig.

Verwirrend jedoch ist, daß eine der "Grundentdeckungen" der Terlusollogie, nämlich die angeblich von der Sonne ausgeübte "vertikal ziehende" und die angeblich vom Mond ausgehende "horizontal dehnende" Kraft, die Hagena (2003: 14) – erstaunlicherweise als Gegensatz[138] – beschreibt, offensichtlich damit in Zusammenhang stehen könnte, sich jedoch nicht damit begründen läßt. Denn nimmt man an, daß z.B. der Gravitationseinfluß der Sonne sich im Sommer an ihrem Höchststand "vertikal ziehend" auswirkt, so wird damit verkannt, daß die Höhe des Sonnenstandes keineswegs mit der Entfernung der Erde zur Sonne korreliert. Offensichtlich liegt den Schlüssen, die Wilk gezogen hat, die eher kindliche Annahme zugrunde, daß die warme Jahreszeit deshalb warm ist, weil die Erde näher an der Sonne steht, und im Winter umgekehrt die Erde weiter von der Sonne entfernt ist. Denn wenn nicht auf das Sonnenlicht als Verursacher für die "Prägung" des "Atemtyps" abgestellt wird, sondern auf die Anziehung oder zumindest eine gravitationsähnliche Kraft, läßt sich nur so die Behauptung Wilks erklären. Dieser Behauptung steht jedoch die physikalische Realität gegenüber, denn tatsächlich ist es so, daß im Gegenteil die Erde im Winter (Anfang Januar) der Sonne – bedingt durch die nicht etwa kreisrunde, son-

---

[137] Vgl. Hagena 2005^2: 9.
[138] Erstaunlich ist dies deshalb, weil der Gegensatz von "vertikal ziehend" nicht "horizontal dehnend", sondern vertikal stauchend ist und das Gegenteil von "horizontal dehnend" entsprechend horizontal zusammenziehend.

dern elliptische Bahn der Erde um die Sonne – näher steht als im Sommer, so daß irgendwelche gravitationsähnlichen Kräfte im Winter also stärker auf die Erde einwirken müßten als zur Sommerzeit[139] (gleichwohl Unterschiede in der Anziehungskraft verschwindend gering und praktisch nur mathematisch ermittelbar sind, selbst die sehr viel stärkere elektromagnetische Kraft hat bei diesem für kosmische Verhältnisse geringfügigen Entfernungsunterschied so gut wie keine Veränderung in ihrer Auswirkung). Was also mögliche Gravitationsauswirkungen betrifft, so wären die Behauptungen der Terlusollogen unlogisch, was den Stand der Sonne über dem Horizont betrifft.

Wie bereits erwähnt hat auch der Mond nicht immer den gleichen Abstand zur Erde und übt somit im Laufe eines Jahres ebenfalls eine unterschiedliche Anziehung auf die Erde aus (wenn auch wiederum nur minimalst). Die Umlaufbahn des Mondes schwankt dabei zwischen 356000 km (Perigäum) und 406700 km (Apogäum)[140] (der mittlere Wert liegt entsprechend bei 381350 km), was immerhin (ausgehend vom ersten Wert) einen (gerundeten) Unterschied von 14,25 % ausmacht. Würde hier von der Gravitation als Wirkkraft ausgegangen, so müßte die Berechnungsmethode (bezogen auf die Berechnungsgrundlage des Reflexionsgrades des Sonnenlichts durch den Mond) der Terlusollogen nicht nur deshalb hinfällig sein, weil die Albedo des Mondes nichts mit seiner Anziehungskraft zu tun hat, sondern vor allem, weil derlei Schwankungen in der Berechnung des "Atemtyps" nicht berücksichtigt werden. Ebenfalls nicht berücksichtigt würden, wäre die Gravitation die Kraft, die angeblich auf das Atemzentrum wirken soll, unterschiedliche Standorte auf der Erde. So ergibt sich nicht nur eine geringere Anziehungskraft der Erde (und damit eine steigende – wenn wohl auch nicht meßbare – Anziehungskraft von Sonne und Mond) bei einem erhöhten Standort wie z.B. einem Berg, sondern auch durch die Nähe zum Äquator.

Dies ergibt sich aus verschiedenen Aspekten – so stellt die Erde keine exakte Kugel dar, ihre Masse ist ungleich verteilt und ihre Oberfläche ist durch Täler und Gebirge recht uneben, hinzu kommen Felsenschichten oder Salzdome mit höherer bzw. geringerer Dichte; am Äquator ist die Erde zudem um ca. 21 km dicker als an den Po-

---

[139] Die Entfernung der Erde zur Sonne beträgt im Sommer 152,1 Mio. Kilometer (Sonne steht im Aphel), im Winter hingegen 147,1 Mio. Kilometer (Sonne steht im Perihel), was lediglich einen Unterschied der Entfernung von ca. 3 % ausmacht – die Temperaturunterschiede von Sommer und Winter werden hingegen dadurch hervorgerufen, daß die Rotationsache der Erde nicht "senkrecht" auf der Umlaufbahn der Erde um die Sonne steht, sondern eine Neigung aufweist; vgl. Lesch (Hrsg.) 2010: 49 ff, 102.
[140] Ebd.: 74; vgl. auch Struve et al. 1967[3]: 99.

len (die Anziehungskraft der Erde dort also geringer). Auch wenn die dadurch hervorgerufenen Schwereanomalien äußerst klein sind (in der Größenordnung von 10^{-6} oder 10^{-7}), so können sie doch mittels eines Gravimeters gemessen werden.[141]

Die nachfolgende Tabelle zeigt den Unterschied in der Anziehungskraft (g) an einigen Orten[142]:

Ort	Höhe (m)	g (m/s^2)
New York	0	9,803
San Francisco	100	9,800
Denver	1650	9,796
Pikes Peak	4300	9,789
Äquator	0	9,780
Nordpol (berechnet)	0	9,832

Tab. 2 – Geografische Unterschiede der Gravitation.

Ob und falls ja sich derlei Effekte in der Terlusollogie, wäre die Gravitation die postulierte Kraft, niederschlagen würden, kann hier selbstverständlich nicht näher betrachtet werden. Anzumerken ist jedoch noch, daß in der Terlusollogie nicht von einer 'gleichmäßig' wirkenden Kraft ausgegangen wird, sondern von Impulsen, was sich auch auf einer der Webseiten, die von Hagena betrieben werden, finden läßt:

"Die vorherrschende Energie entweder der Sonne oder des Mondes prägen [...] unser Gehirn. Überwiegt die Energie der Sonne, so dominieren verengende Impulse. Überwiegt die Energie des Mondes, so dominieren dehnende Impulse."[143]

Gravitation wirkt sich aber nicht (sofern der physikalische Begriff zugrunde gelegt wird) über Impulse aus (Giancoli [2010: 277] geht davon aus, daß sich das Alltagsverständnis des Impulsbegriffs mit dem der Physik weitgehend deckt).

In der Physik wird unter einem Impuls das Produkt der Masse und der Geschwindigkeit eines Körpers verstanden, was sich in der Formel p = mv ausdrückt[144] und sich im alltäglichen Leben dadurch erweist, daß ein schnellfahrender Lkw (hoher Impuls)

---

[141] Giancoli 2010: 182 ff.
[142] Entnommen ebd.: 183.
[143] Hagena, Chr. (o. J.): Einführung. Unter:
http://s224198223.online.de/wsb4710187901/2.html, 02.08.2014.
[144] p = Impuls, m = Masse, v = Geschwindigkeit: in SI-Einheiten Produkt aus kg ' m/s.

bei einem Aufprall auf ein anderes Fahrzeug für gewöhnlich erheblich mehr Schaden anrichtet als ein sich langsam bewegendes Fahrrad (niedriger Impuls).[145]

Nun wären zum Impuls, zum Kraftstoß und zum Impulserhaltungssatz und ihres wissenschaftshistorischen Hintergrundes noch vielerlei Ausführungen möglich. Das o.g. Beispiel des Vergleichs von Lkw und Fahrrad zeigt jedoch bereits, warum die Annahme (denn einen Nachweis gibt es nicht) eines "Impulses" seitens der Terlusollogen unsinnig ist. Denn ein Impuls könnte nur dann von Interesse sein, wenn es zu einer (unphysikalisch ausgedrückt) 'Übertragung' (oder besser: einer Impulsveränderung durch Kraftstoß) von einem Körper (z.B. dem Mond) zu einem anderen Körper (z.B. die Erde) kommen könnte, wofür, einfach gesagt, ein Zusammenprall notwendig wäre, ähnlich dem Zusammenstoß zweier Billardkugeln. Offensichtlich finden solche Zusammenstöße aber nicht statt. Infolgedessen ist die Verwendung des Begriffs "Impuls" völlig sinnlos, wenn nicht ein eher esoterischer Wortgebrauch und der Gedanke an irgendeine 'pulsierende, sich übertragende Energie' angenommen werden soll.

Etwas anderes hingegen stellt der sog. *Drehimpuls* dar, der tatsächlich einen Zusammenhang zur Gravitationskraft aufweist. Auch zu diesem Punkt wäre viel zu sagen, doch da die Terlusollogen an keiner Stelle auf den Drehimpuls eingehen, kann dies hier unterbleiben, zudem dieser nach Ansicht des Autors auch keinerlei Erklärungsansatz für die Behauptungen der Terlusollogen bietet.

Hinsichtlich der Gravitation wird davon ausgegangen, daß diese vom Mittelpunkt eines Körpers hin zum Mittelpunkt eines anderen Körpers wirkt. Da Geburten jedoch eher selten im Erdmittelpunkt stattfinden, befinden sich Neugeborene, wenn der Mond sich auf der anderen Seite der Erde befindet, also im Extremfall ca. 6350 Kilometer vom Erdmittelpunkt entfernt, was eine Gravitationswirkung eher unwahrscheinlich erscheinen läßt.

Die Gravitation entspricht zudem auch nicht dem von den Terlusollogen gebrauchten Begriff der Bipolarität, der eher auf eine Art Magnetismus hinzudeuten scheint – denn zwei Massen stellen trotz gegenseitiger Anziehung (was fehlt, ist aber die Abstoßung) keine zwei verschiedenen Pole dar, wobei der Begriff 'Pole' auch eher im Bereich der elektrischen Kraft bzw. des Magnetismus Verwendung findet. Woraus sich die Frage ergibt, ob die von den Terlusollogen behauptete unbekannte Wirkkraft

---

[145] Giancoli 2010: 277 f.

nicht vielmehr eine Art von Magnetismus darstellt, da die Gravitation, wie zu sehen, eher nicht als die postulierte Kraft in Frage kommt.

5.1.1.3 – Magnetismus:

Bei Wilk selbst ist auch tatsächlich bereits im Titel seines Buches ganz eindeutig von "Magnetismus" die Rede, und Ideen zum Magnetismus und zur "Magnetopathie" nehmen in seinen Ausführungen auch hinsichtlich gesundheitlicher Aspekte einen gewissen Raum ein (wobei der Mond einen "Plus-Magnetismus" und die Sonne einen "Minus-Magnetismus" verursachen soll[146]).

Dies erinnert zweifellos an einen magnetischen Dipol, obgleich in diesem Zusammenhang nicht von Plus und Minus, sondern von magnetischem Südpol bzw. magnetischem Nordpol gesprochen wird[147].

Magnetismus war bereits im Altertum bekannt, zumindest *Thales von Milet*, und *Plutarch* schreibt bereits den alten Ägyptern Kenntnisse der Polarität des Magneten zu. Der Sage nach soll die Bezeichnung "Magnet", wie *Plinius* schreibt, auf einen Hirten namens Magnes zurückgehen, dessen Hirtenstab, mit einer eisernen Spitze versehen, plötzlich am Boden haftengeblieben sein soll, woraufhin Magnes an der Stelle grub und Magnetgestein zutage gefördert haben soll; eine andere mögliche (und wahrscheinlichere) Namensherkunft verweist auf die antike Stadt Magnesia.[148]

Die Vorstellung, daß auch Himmelskörper Magnete oder diesen ähnlich sein könnten, stammt jedoch nicht aus der Antike, sondern hat ihre ideengeschichtliche Wurzel im Mittelalter, wo im 12. und 13. Jahrhundert kosmomagnetische Vorstellungen im Zusammenhang mit der Magnetnadel entwickelt wurden, wobei insbesondere *Petrus Peregrinus* (*Pierre de Maricourt*) aus dem 13. Jahrhundert zu erwähnen ist, der über die Natur des Magnetsteins und die Anfertigung einer Magnetnadel schrieb (erstmals gedruckt 1588 unter dem Titel *Libellus de Magnete*). Die kosmomagnetischen Vorstellungen wurden während der frühen Neuzeit weiter ausgebaut und erlangten eine gewisse Bedeutung, so daß schließlich auch *Kopernikus* zur Veranschaulichung astronomischer Phänomene auf Erscheinungen des Magnetismus zurückgriff – so erklärte er z.B. die feste Richtung der Himmelspole durch den Vergleich mit einer von einem Magneten bestrichenen Eisennadel. *William Gilbert* (1544 – 1603) schließlich,

---

[146] Vgl. Pezenburg 2012: 6.
[147] Vgl. Handbuch Naturwissenschaften 2005: 78.
[148] Ebd.: 77.

ein englischer Arzt und ab 1599 Präsident des *Royal College of Physicians*, veröffentlichte 1600 ein sechsbändiges Werk über den Magnetismus (*De Magnete*), in dem er Versuche mit kleinen, kugelförmigen Magneten (die er *terrellae*, also "kleine Erden" nannte) erläutert, aus denen er schließt, daß die Erde magnetisch und auch selbst ein großer Magnet sein müsse, was bewirke, daß die Erde im Weltall sich in einer festen Richtung bewege. Zudem führte Gilbert auch Bewegungen anderer Himmelskörper auf magnetische Einflüsse zurück, auch die Präzession der Äquinoktien, die Veränderung der Schiefe der Ekliptik und die Erdrotation. Die Sonne spielt dabei als Vermittlerin der bewegten Welt, also insbesondere für den Antrieb der vorwärtsbewegten Planeten, eine Rolle. Zugleich blieb Gilbert jedoch auch noch den magisch-psychischen Vorstellungen der hermetischen Naturphilosophie verhaftet, da er ebenfalls davon ausging, daß alles in der Welt beseelt sei und daß auch alle Himmelskörper sowie die Erde selbst von eigenen Seelen gelenkt werden würden und einen Selbsterhaltungstrieb besäßen.[149]

Diese Überlegungen Gilberts wurden dann von *Johannes Kepler* übernommen und weitergeführt. Dabei übernahm er auch die Vorstellungen beseelter Himmelskörper, wobei er besonders durch das Werk von *Julius Caesar Scaliger* bzw. *Bordonius* (1484 – 1558), Arzt und Naturphilosoph, beeinflußt wurde. Dabei geht auch Kepler von einer Beseeltheit nicht nur der Planeten, sondern auch der Sonne aus. Die Sonne mit ihrer bewegenden Seele erfaßt die Himmelskörper, reißt sie mit und verleiht ihnen eine bestimmte Geschwindigkeit; hinzu kommen noch die besonderen Seelen der einzelnen Planeten. Andererseits faßt Kepler die mit zunehmender Entfernung von der Sonne abnehmende Übertragung des Bewegungsantriebs in Analogie zur Ausbreitung des Lichts auf – so wie sich das Licht abschwächt, verringert sich die Umlaufbewegung der Planeten in ihrer Bahn mit der Entfernung von der Sonne. Dies widersprach der aristotelischen Auffassung, daß alle Körper des sublunaren Bereichs zum Weltzentrum streben würden. Tatsächlich jedoch, so Kepler, sei es die Natur eines ausgedehnten Körpers, der die Anziehung bewirke, ähnlich wie ein Magnet Eisen anzieht; Kepler zog also Phänomene des Magnetismus für den Vergleich mit der Massenanziehung heran. Auch in anderer Hinsicht war Kepler an Magnetismus interessiert – so soll Kepler zu dieser Zeit bereits eingehende Studien bezüglich des Erdmagnetismus (in Anlehnung an *Domenico Maria da Novara*) durchgeführt haben.

---

[149] Bialas 2004: 78 f; Gilbert entwickelte auch ein Modell der Erde und erklärte mithilfe dieses Modells das Kompaßverhalten (Handbuch Naturwissenschaften 2005: 80).

Nicht lange Zeit danach ersetzte Kepler allerdings den Begriff der bewegenden Seele gegen den der bewegenden Kraft, gleichwohl er in den Bewegungen immer noch eine geistige Willensäußerung sah.[150]

Insgesamt hatte die Theorie Keplers wohl eine nicht geringe Wirkung und kann als wegbereitend für die Theorieentwicklung Newtons angesehen werden[151].

Da die damalige Vorstellung des Magnetismus als bewegende Kraft bzw. als Analogie dazu verstanden wurde, kann es nicht verwundern, daß das Phänomen des Magnetismus oder auch das Prinzip von Anziehung und Abstoßung durch unsichtbare Kräfte auch in anderen Feldern als der Astronomie Einzug hielt. So ist auch die Idee, den Magnetismus bzw. 'magnetische Kräfte' zur Heilung einzusetzen, weder originell noch neu, sondern wird bereits seit Jahrhunderten verfolgt (frühzeitig schon z.B. durch *Hildegard von Bingen* [1098 – 1179][152], später auch von *Paracelsus*[153]) und findet sich auch heute noch in verschiedenen Formen der (nur wenig oder gar nicht wirksamen) Magnetfeld-Therapie[154] und anderen Varianten des 'Heilmagnetismus' oder auch 'Lebensmagnetismus'.

Die Idee der 'Energie-' oder 'Eigenschaftsübertragung' (die sich auch in manch anderer Hinsicht findet) dürfte dabei wohl von der Beobachtung inspiriert gewesen sein, daß sich Magnetismus übertragen läßt, was ja auch schon Peregrinus feststellte. Überhaupt waren die rätselhaften Eigenschaften des Magnetismus seit dem Altertum eine stete Quelle von Inspiration. Bereits Thales von Milet z.B. sah im Magneten etwas Beseeltes (also eine Form des Belebten), da der Magnet Eisen anziehen konnte, ebenso beseelt war für Thales der Bernstein, da auch dieser zumindest kleine und leichte Teilchen anziehen kann, wenn er durch Reibung mit statischer Elektrizität aufgeladen wird[155] – was insofern nicht verwundern kann, da Thales angeblich auch die gesamte Welt von Göttern durchsetzt sah, also eine Form des Animismus vertreten haben soll[156]. Zumindest berichtet Aristoteles in seinem Text *De Anima* (*Über die Seele*) über den "beseelten Magneten" des Thales, wobei er zwei Formen der

---

[150] Ebd.: 89 ff.
[151] Handbuch Naturwissenschaften 2005: 80.
[152] Diese beschrieb Magnetit auch als "Treuetester"; dabei sollte das Magnetit unter das Kopfkissen des Ehepartners gelegt werden – war dieser treu, fühlte er sich sofort zum anderen hingezogen, anderenfalls fiel er wie von selbst aus dem Bett (Much 2003: 84). Die magische Übertragung zu den magnetischen Eigenschaften von Anziehung und Abstoßung zeigt sich hier überdeutlich.
[153] Handbuch Naturwissenschaften 2005: 77.
[154] Vgl. Oepen et al. (Hrsg.) 1999: 173 s.v. *Magnetfeld-Therapie*.
[155] Pichot 2000: 293.
[156] Vgl. Gloy 2005: 44 f.

Beseeltheit bzw. Belebtheit nennt, nämlich zum einen die Fähigkeit der Wahrnehmung und zum anderen die Fähigkeit zur Bewegung, wobei letztere in gewissem
Sinne auf den Magneten zutrifft und Aristoteles Thales damit den Gedankengang
unterstellt, daß das, was die Fähigkeit besitzt, von sich aus etwas in Bewegung zu
setzen, eine Seele hat ➜ ein Magnet besitzt diese Fähigkeit ➜ folglich besitzt der
Magnet eine Seele[157].

Es darf wohl davon ausgegangen werden, daß in den mittelalterlichen Versuchen
zum Ferro-Magnetismus[158] nicht nur das Magnetisieren (magnetische Influenz), sondern auch das Entmagnetisieren eine Rolle gespielt haben dürfte – denn das Entmagnetisieren ist im Alltagsgebrauch von Magneten (oder auch in einfachen Experimenten) relativ leicht festzustellen, insbesondere wenn sie nicht aus sehr hartem
Stahl, sondern aus z.B. Weicheisen bestehen[159]. Entmagnetisieren geschieht dabei
entweder durch Erhitzung des Magneten über eine Temperatur von 770 °C z.B. für
Eisenmagnete (Curie-Temperatur) oder durch Erschütterungen wie z.B. Hammer-
schläge[160]. Dies ist eine Folge des Aufbaus eines magnetischen Dipols:

"In konventionellen ferromagnetischen Stoffen existieren die sogenannten Weiss'schen
Bezirke. Das sind Bereiche gleicher Magnetisierungsrichtung, das heißt, die einzelnen
magnetischen Momente innerhalb dieser Bereiche sind auch ohne Einwirkung eines
äußeren Feldes parallel ausgerichtet."[161]

Werden solche Stoffe über die Curie-Temperatur erhitzt, "[...] zerfallen die Weis-
s'schen-Bezirke, so dass sich die magnetischen Momente nicht mehr einheitlich aus-
richten. Ein Weiss'scher Bezirk umfasst mindestens 64 Elementarzellen des Kristalls
und bis zu 10^6 Molekül- oder Atomgruppen umfassen bzw.10^8-10^{12} atomare Momente. Die Größe der Bezirke erstreckt sich von etwa 0,1 µm bis 10 µm linearer Ausdeh-
nung.[162]" Dies bedeutet auch, daß ein Magnet nicht "endlos" magnetisiert werden
kann, da irgendwann alle Weiss'schen Bezirke eine entsprechende Ausrichtung er-

---

[157] Rapp 2007: 35.
[158] Ferro-Magnetismus bezeichnet den Magnetismus, der an eisenhaltige bzw. metallische Stoffe gebunden ist. Neben Eisen bzw. Stahl sind dies Nickel, Kobalt sowie Legierungen aus diesen Metallen
(vgl. Handbuch Naturwissenschaften 2005: 77).
[159] Vgl. Handbuch Naturwissenschaften 2005: 78.
[160] Ebd.: 79.
[161] Angelov 2008: 9.
[162] Ebd.

reicht haben[163]. Die parallele Ausrichtung der Bezirke erklärt auch, warum z.B. das Zerbrechen eines Stabmagneten nicht etwa zwei Monopole (einer mit magnetischem Südpol und einer mit Nordpol) hervorbringt, sondern zwei weitere magnetische Dipole. Vereinfacht ausgedrückt geht das Modell der Elementarmagnete davon aus, daß, wenn sich ein Magnet aus einzelnen Elementarmagneten zusammenfügen läßt, dann alle diese Elementarmagnete parallel und gleich ausgerichtet sind und sich im Inneren des Magneten die Magnetwirkungen der gegenüberstehenden ungleichnamigen Magnetpole kompensieren, wohingegen es an den Enden des Magneten durch Zusammenwirken der gleichnamigen Pole zu einer Verstärkung der Magnetwirkung kommt[164]. Als Aspekt des Beseelten bzw. Lebendigen käme hier also noch die 'Vererbung' von Eigenschaften hinzu.

Dieser Ferro-Magnetismus ist jedoch, im Vergleich zum Elektromagnetismus, verschwindend schwach. Es ist praktisch nicht vorstellbar, daß Ferro-Magnetismus auf z.B. dem Mond, selbst wenn es dort ganze Magnetit-Gebirge geben würde, irgendwelche Auswirkungen auf die Erde hätte, ähnlich den mythologischen Magnet-Inseln oder -Bergen im Meer[165].

Sehr viel stärker hingegen sind Magnetfelder, die durch elektrische Ströme hervorgerufen werden, wie sie z.B. im Inneren der Erde entstehen und durch Konvektionen verursacht werden.

Dabei wird davon ausgegangen, daß das Hauptmagnetfeld der Erde (zu 99,9 %, der Rest von 0,1 % basiert auf Magnetisierung äußerer Erdschichten) durch Strömungen im flüssigen Teil des Erdkerns erzeugt wird, was als "Geodynamo" bezeichnet wird. Diskutiert werden dabei verschiedene Möglichkeiten bzw. Einflüsse der Verursachung. Eine dieser Möglichkeiten stellt die thermische Konvektion dar, die hauptsächlich durch die seit der Entstehung der Erde gespeicherte Restwärme angetrieben wird und in einem langsamen Abkühlungsprozeß verlorengeht. Ebenfalls relevant scheinen chemisch getriebene Strömungen zu sein; in den Ozeanen, wo Dichtevariationen aufgrund eines unterschiedlichen Salzgehalts zum Antrieb der Tiefenzirkulation beitragen, finden chemische Konvektionen statt, und im flüssigen Erd-

---

[163] Vgl. ebd.: 10.
[164] Handbuch Naturwissenschaften 2005: 79.
[165] Letztere z.B. sind auch ein Motiv in Goethes *Die Leiden des jungen Werthers*. Zudem findet sich dieses Motiv auch in dem aus dem 12. Jahrhundert stammenden Versroman über die angeblichen Erlebnisse des 'Herzog Ernst', dessen Autor diese Idee wahrscheinlich den Erzählungen über Sindbad den Seefahrer entnommen hat (vgl. Haupt in: Valentin [Hrsg.] 2008: 157 ff). Auch dies ist ein Hinweis auf den Einfluß von Magneteigenschaft auf die Ideenwelt früherer Zeiten.

kern beruhen Konvektionen auf einer zunehmenden Anreicherung der leichten che-mischen Elemente in der Legierung, wobei durch die Abkühlung der Erde nahezu reines Eisen am Rand des inneren Kerns kristallisiert, wodurch der Kern wächst. Die leichteren Komponenten hingegen konzentrieren sich in einer dünnen Flüssigkeits-schicht um den inneren Kern, was einen Auftrieb nach sich zieht. Bisher noch wenig untersucht, aber dennoch als Energiequelle für den Geodynamo in Frage kommend ist die Präzessionsbewegung der Erdrotationsachse als Antriebsmechanismus für Strömungen.[166]

Der Mond hingegen ist, was einen angenommenen Magnetismus betrifft, 'geologisch tot'. In seinem Inneren finden (anders als bei der Sonne, der Erde oder anderen Pla-neten des Sonnensystems) keinerlei Prozesse statt, die als 'Dynamo' elektrische Kraft und damit Magnetfelder hervorrufen könnten. Der Mond besitzt also kein globa-les Magnetfeld, unabhängig davon, ob er von der Erde aus als Neu- oder Vollmond zu sehen ist und ob er von der Sonne beleuchtet wird oder nicht. Entsprechend kann es keine 'magnetische Wechselwirkung' in irgendeiner Form geben. Erstaunlicher-weise gibt es dennoch einen 'Mondmagnetismus', wenn auch auf andere Weise, als dies in früheren Jahrhunderten vermutet wurde oder heute von Esoterikern ange-nommen wird, denn es handelt sich dabei um einen recht profanen Magnetismus, der weder Planeten oder Meere bewegen noch irgendeinen anderen Einfluß auf die Erde auswirken kann.

Wie bei vorhergehenden Missionen, so wurde auch von der Apollo-17-Mission (1972) Mondgestein gesammelt und zur Erde gebracht (ca. 115 kg). Einige dieser Gesteins-proben, deren Alter auf ca. 4,2 Milliarden Jahre datiert werden konnte, erwiesen sich als magnetisiert. Unklar (und hier nicht detailliert zu diskutieren) ist bisher, wie das Gestein magnetisiert werden konnte, wobei momentan zwei Möglichkeiten diskutier-ten werden, nämlich daß erstens durch den Einfluß der Erde der Gesteinsmantel des Mondes auf dem nach seiner Entstehung noch flüssigen Kern gleiten und so über einige Zeit ein Magnetfeld aufbauen konnte bis der sich vergrößernde Abstand zur Erde (dieser betrug damals 48 Erdradien und liegt heute bei 60 Erdradien) den Pro-zeß zum Erliegen brachte, oder daß zweitens besonders heftige Meteoriteneinschlä-

---

[166] Christensen, U. & Tilgner, A.: *Der Geodynamo. Komplexe Strömungen im flüssigen Erdinnern er-zeugen das Magnetfeld der Erde*, in: Physik Journal 1 / 2002, Nr. 10, S. 41 - 47.

ge vereinzelte "Dynamo-Phasen" hervorgerufen haben, die über einige gewisse Zeit ein Magnetfeld generierten.[167]

Sicher jedoch ist, daß, egal welcher Art das Magnetfeld (mit einer durch Computersimulation ermittelten möglichen Stärke von nur 20 % des Erdmagnetfelds[168]) gewesen sein sollte, dieses bereits seit langer Zeit (nämlich seit ca. 3,6 – 3,9 Milliarden Jahren[169]) verschwunden ist und in keinerlei Verbindungen zu irgendwelchen esoterischen Vermutungen hinsichtlich eines Magnetismus oder einer 'Mond-Polarität' o.ä. gebracht werden kann.

Die Sonne hingegen ist, was Magnetfelder betrifft, als äußerst aktiv zu bezeichnen, und Sonnenwinde oder auch Sonnenstürme sind allgemein bekannt. Gleiches gilt für Sonnenflecke. Letztere entstehen ausschließlich durch Magnetismus.

Sonnenflecken stellen die auffälligsten optisch wahrnehmbaren (Hilfsmittel vorausgesetzt) Erscheinungen der Sonnenatmosphäre dar, die eine "Lebensdauer" von bis zu 100 Tagen und einen Durchmesser[170] von 10^4 bis zu 10^5 km aufweisen können. Sichtbar sind die Flecken deshalb, weil die Sonnenoberfläche, die von ihnen umfaßt wird, etwas kühler ist als die umliegenden Regionen[171] (um ca. 2500 K, also 2226,85 °C) – diese Abkühlung ist eine Folge der starken Magnetfelder der Flecken. Dabei treten Sonnenflecken hauptsächlich in Gruppen mit zwei Hauptflecken unterschiedlicher magnetischer Polarität auf, also in bipolaren Gruppen (damit in Zusammenhang scheint auch die Entstehung der sog. *Flares* zu stehen, die sich stets zwischen oder nahe bei Sonnenflecken bilden, also dort, wo relativ nahe beieinander starke Magnetfelder verschiedener Polarität vorhanden sind; bei Flares handelt es sich um kurzzeitige, jedoch bisweilen äußerst heftige und helle Sonneneruptionen in der Chromosphäre der Sonne. Je nach Stärke eines Flares sind mit der Eruption auch Massenauswurf und die Entstehung von Sonnenstürmen verbunden). Es wird vermutet, daß die Magnetfelder dabei aus größerer Tiefe emporsteigen, also älter (mehrere

---

[167] Hennemann, L. (2011): *Wie der Mond magnetisiert wurde.* In: Spektrum.de, unter: http://www.spektrum.de/news/wie-der-mond-magnetisiert-wurde/1128496, 13.08.2014
[168] Naica-Loebell, A. (2003): *Magnetfeld des Mondes.* In: Telepolis, unter: http://www.heise.de/tp/artikel/13/13946/1.html, 13.08.2014
[169] Ebd.
[170] Um von der Größe eine Vorstellung gewinnen zu können: 10000 km Durchmesser entspricht (gerundet) 78539816 km² und 100000 km (gerundet) 7853981634 km²; die gesamte Oberfläche der Erde umfaßt 510072000 km². Damit paßt die Erdoberfläche ca. 0,15 mal in die erstgenannte Fläche (78539816 km²) und 15,4 mal in die zweitgenannte (7853981634 km²).
[171] Deren Temperatur liegt bei ca. 5778 K bzw. ca. 5504 °C.

Jahrhunderte) sind, als die Flecken selbst, die zyklisch[172] entstehen und dabei über die Sonnenoberfläche (Photosphäre) wandern. Oberhalb der Photosphäre herrscht ein geringerer Gasdruck, so daß es dem Magnetfeld einer bipolaren Fleckengruppe möglich ist, weit in die Sonnenkorona hinaus zu expandieren, wobei die geschlossenen magnetischen Feldlinien das dünne heiße Plasma festhalten, woraus das Phänomen der koronalen Bögen entsteht; die damit in Zusammenhang stehende Abströmung erfolgt außerhalb der bipolaren magnetischen Regionen entlang offener Feldlinien und zieht wiederum die Entstehung des Sonnenwinds nach sich.[173]

Das bereits angesprochene, durch den Geodynamo erzeugte Erdmagnetfeld bzw. die Magnetosphäre bewirkt allerdings nicht nur, daß es einen magnetischen Nord- und einen ebensolchen Südpol gibt. Es stellt ebenfalls eine Art Schutzschild für die Erde hinsichtlich der Sonnenwinde dar (vgl. die nachfolgende Abbildung).

Der Sonnenwind (eine seit 1958 gebräuchliche Bezeichnung) stellt im Prinzip nichts anderes als von der Sonne mit derartig großer Wucht herausgeschleuderte Partikelmassen dar, daß sie die Entfernung zwischen Erde und Sonne mit einer Geschwindigkeit von 350 bis 800 Kilometern pro Sekunde überwinden können und dann nach durchschnittlich 3,5 Tagen auf die Magnetosphäre der Erde (auch Van-Allen-Strahlungsgürtel genannt) treffen, so daß es sich keineswegs nur um ein sonnennahes Phänomen handelt (möglicherweise erreicht der Sonnenwind in meßbarem Ausmaß noch die Saturnbahn). Diese von der Sonne ausgestoßenen geladenen Teilchen (ca. eine Million Tonnen pro Sekunde) verursachen Störungen der Erd-Magnetosphäre. Auch das Polarlicht wird durch Sonnenwinde hervorgerufen. Dabei treffen von der Sonne stammende Elektronen auf die Ionosphäre der Erde und beeinflussen dort elektrisch geladene Teilchen, Ionen. Diese Ionen wiederum geben daraufhin ihre Ladung und Energie in Form sichtbaren Lichts ab. Die "magnetischen Aktivitäten" der Sonne führen auch zu Tag-Nacht-Schwankungen der Magnetosphä-

---

[172] Das zyklische Auftreten von Sonnenflecken erfolgt dabei nur in einem bestimmten Breitengradbereich der Sonne, der sich jedoch mit Fortschreiten des Zyklus verlagert. Bei jedem neuen Zyklus kehrt sich die magnetische Orientierung der Sonnenflecken derart um, daß die Dauer eines Gesamtzyklus, also vom Maximum einer bestimmten magnetischen Orientierung bis zum Wiedererreichen desselben Maximums, im Durchschnitt ca. 21 Jahre beträgt. Ein zweiter (bekannterer) Zyklus umfaßt ca. elf Jahre – während dieses Zeitraums "wächst" die Anzahl der Sonnenflecken auf ein Maximum, um danach wieder abzunehmen. Hinzu tritt ein unregelmäßiger auftretender Zustand minimaler Sonnenfleckenaktivität, so das sog. Maunder-Minimum im 17. Jahrhundert und ähnliche Perioden (Asimov 1988: 91 ff, 216).
[173] Scheffler & Feitzinger in: Raith (Hrsg.) 2002: 202 ff.

re, und stärkere Magnetstürme führen auch zur Abweichung von Kompaßnadeln oder zu Polarlichtern auch in weiter Entfernung von den Polen.[174]

Abb. 4[175] **– Die Erde (rechts) wird durch ihre Magnetosphäre weitgehend von Einflüssen durch den Sonnenwind abgeschirmt.**

Daß der 'Heliomagnetismus' (zum Teil auch recht starke) Auswirkungen auf die Erde haben kann (bis hin zur Störung von Radar und Funk oder der Zerstörung elektronischer Anlagen), ist also eine nicht zu leugnende Tatsache. Doch wurde er auch für allerlei andere Dinge verantwortlich gemacht.

Insbesondere der elfjährige Sonnenfleckenzyklus wurde mit vielerlei historischen Ereignissen (Kriege, Revolutionen und sonstige politische Umstürze) in Verbindung gebracht, so bereits 1917 in der Dissertation von *Aleksander Leonidovic Chizhevsky* (1897 – 1964), was später zur Begründung der "Heliobiologie" oder auch "Kosmobiologie" führte, da es nicht lange dauerte, bis auch medizinische Aspekte mit dem Sonnenmagnetismus zusammengeführt wurden. So erschien eine der ersten Publikationen in Deutschland zu dieser Thematik bereits 1934 in *Virchows Archiv* (Traute u. Bernhard Düll: *Über die Abhängigkeit des Gesundheitszustandes von plötzlichen Eruptionen auf der Sonne und die Existenz einer 27-tägigen Periode in den Sterbefällen*). Darüber hinaus wurden in einer ganzen Reihe neuerer Arbeiten alle möglichen Korrelationen zwischen Magnetstürmen und biologischen und sozialen Vorgän-

---

[174] Asimov 1988: 218 ff.
[175] Bildquelle: NASA; nicht maßstabsgetreu.

gen postuliert, so z.B. zum plötzlichen Kindstod (O'Connor & Persinger 1997; Persinger & Psych 1995), zur Suizid-Häufigkeit (Yang 2011; Partonen et al. 2004; Berk et al. 2006), zu Depressionen (Kay 1994), zur Schizophrenie (Kay 2004), zu epileptischen Anfällen (Michon, Persinger 1997; Mikulecky et al. 1995) und arteriellem Bluthochdruck (Ghione et al. 1998; Dimitrova et al. 2004), ja sogar zur Erfolgsquote der Vorhersage von Lotteriezahlen (Zilberman 1992) und zu kirchlichen Aktivitäten der Zeugen Jehovahs (Starbuck et al. 2002). Da jedoch Korrelationen allein keinen Rückschluß auf eine Kausalbeziehung zulassen, erscheinen all diese angeblich festgestellten Zusammenhänge wenig überzeugend.[176]

Für das hier behandelte Thema jedoch ist ausschlaggebend, daß die Terlusollogen sich weder auf den tatsächlich vorhandenen, physikalischen Sonnenmagnetismus beziehen, noch darauf bezogene Korrelationen mit menschlichem Verhalten usw. postulieren. Die von den Terlusollogen behauptete "Polarität" der Sonne steht also offenbar in keiner Verbindung mit dem oben behandelten Sonnenmagnetismus.

Eine Idee, welche die Erde, den Mond oder die Sonne jeweils als gegensätzliche Pole in irgendeinem Bezug zu einem *tatsächlich existenten* (also physikalischen) Magnetismus sehen würde, mit einer Vorstellung, daß z.B. die Erde der 'Gegenpol' der Sonne oder des Mondes sein könnte, würde zudem auch daran kranken, daß es keine Magnete mit einem einzigen Pol gibt. Würde man also annehmen, daß z.B. der Mond ein einziger Magnet sei, so müßte auch gefolgert werden, daß er zwei Pole besitzen würde, was zumindest ein Vorstellungssystem wie die Terlusollogie noch weiter ad absurdum führen würde – denn dann wäre nicht mehr die Rede von einer Bi-, sondern von einer 'Hexapolarität'.

5.1.1.4 – Nichtermittelbarkeit der terlusollogisch behaupteten Wirkkraft?

Es können also weder elektrische (Licht) bzw. elektromagnetische, noch gravitative Einflüsse hinsichtlich der geburtlichen Ausbildung eines "Atemtyps" von Terlusollogen ins Feld geführt werden. Die behauptete "Kraft" (bzw. "Energie"), die in der Terlusollogie wirken soll, ist also eine der modernen Physik unbekannte Kraft, für die es keinerlei Evidenz gibt, noch nicht einmal auf der mathematischen Ebene, geschwei-

---

[176] Glaser, R.: *Heliomagnetismus. Hypothesen über geo- und solarmagnetische Einflüsse auf den Menschen*, in: Skeptiker # 4 / 2012, S. 148 – 151; einen weiteren Hinweis auf die Theorie, daß Sonnenflecken in Verbindung mit der Entstehung von Depression stehen sollen, findet sich bereits bei Gardner (1957[2]: 14), der dies jedoch als eine Art von Refugium astronomischer Vorstellungen betrachtet.

ge denn in Form überprüfbarer Experimente. Zudem kann die Idee, daß ein Vollmond mehr bewirke als ein Neumond (wobei der Unterschied zwischen beiden wie
schon erwähnt lediglich im Grad der Ausleuchtung durch das einfallende Sonnenlicht
und zu einem geringen Teil auch dem künstlichen Licht, das nachts von der Erde
abgestrahlt wird, liegt), als eine Analogie des magischen Denkens klassifiziert werden ('Mehr bewirkt mehr').

Auch die Annahme, die Sonne würde bei ihrem höchsten Stand besonders starke
"vertikal ziehende Kräfte" in irgendeiner Weise wirksam werden lassen, zeugt von
magischem Denken und einer ungenügenden Beschäftigung mit physikalischen
Grundlagen, aus denen sich auch logische Widersprüche ergeben. Analogien des
magischen Denkens finden sich auch hinsichtlich der angeblich dehnenden und zie-
henden Effekte (die Sonne steht höher über dem Horizont, also wirken "Kräfte" vertikal "ziehend" auf Organismen ein; steht die Sonne niedrig über dem Horizont, wirken
diese "Kräfte" "horizontal dehnend", wobei als "Aktivator" jedoch der Mond postuliert
wird, um den Grundsatz der Bipolarität zu wahren – auch hier werden also Phänomene der Realität der terlusollogischen Vorstellungswelt angepaßt und nicht umgekehrt).

Tatsächlich jedoch ist die angeblich unbekannte Wirkkraft der Terlusollogie weder
eine physikalisch gemeinte Kraft, noch unbekannt, was sich insbesondere aus den
Aufzeichnungen Wilks ergibt und nachfolgend besprochen werden soll.

5.1.1.5 – Nichtphysikalischer 'Magnetismus':

Eine andere, zumindest dem Namen nach dazugehörige Form des 'Magnetismus',
die an die weiter oben gemachten Ausführungen zum 'lebendigen Charakter' des
Magnetismus anknüpft, ist ebenfalls bis heute bekannt, der sog. "animalische
Magnetismus" oder "tierische Magnetismus", der auch für die europäische Kultur-
und Wissenschaftsgeschichte eine gewisse Relevanz besitzt.

(Der animalische Magnetismus steht auch – insbesondere seit dem 19. Jahrhundert
– in enger Beziehung zu tranceähnlichen, hypnotischen Zuständen[177], die oft auch
öffentlich und publikumswirksam vorgeführt wurden[178] und ebenso mit dem seit der

---

[177] Vgl. zur Entwicklung von Suggestivverfahren wie der Hypnose Teichler 2002: 31 ff.
[178] Solcherlei Vorführungen gab es jedoch nicht nur in der Frühzeit des Mesmerismus auf Jahrmärkten
usw., sondern auch vor "gehobenem", gebildetem Publikum. So veranstaltete während des englischen
Mesmerismus-Booms (1830/40er Jahre) der Arzt *John Elliotson* (selbst wesentlicher Auslöser des
Mesmerismus-Booms), angeregt durch den Franzosen *Jules Denis du Potet* (der auf Einladung

Antike und insbesondere im Mittelalter praktizierten Heilen durch Handauflegen [eine Beziehung, die auch in Wilks Buch gegeben zu sein scheint], also ebenfalls eine Art "Übertragung" von Wirkungen oder Einflüssen[179]. Auf Aspekte der öffentlichen Vorführung sowie des direkten, nicht durch einen angenommenen Magnetismus motivierten Handauflegen soll hier aber nicht weiter eingegangen werden.)

Der Begriff des "animalischen Magnetismus" (dies bezieht sich auf *Animismus*) wurde von *Athanasius Kircher*[180] (1601 – 1680) eingeführt und meint soviel wie eine hypothetische Kraft, die dem menschlichen Körper entströmt oder von ihm abstrahlt (ähnlich wie die indische "Prana-Energie") bzw. die Wirkung einer solchen Kraft. Allerdings ist der Begriff insofern irreführend, als daß gar kein physikalischer Magnetismus, sondern "animalisch" hier im Sinne von "nicht-physikalisch" oder "organisch" gemeint ist.[181]

Dabei wird in der magnetischen Kur ein "magnetisches Fluidum" vom "Magnetisier-Arzt", dem *Magnetopathen*, abgezogen und auf den Patienten durch Bildung einer "Fluidalbrücke" übertragen.[182]

Der Begriff des Fluidums meint dabei nicht den alltagssprachlichen Begriff, der laut Duden soviel wie "besondere, von einer Person oder Sache ausgehende Wirkung oder Ausstrahlung, die eine bestimmte Atmosphäre schafft"[183] meint, ohne daß dies einen spirituellen oder esoterischen Bezug aufweisen muß, sondern "hypothetisch angenommene flüchtige Stoffe, die Eigenschaften und Wirkungen übertragen können"[184]. Auch *Franz Anton Mesmer* (1734 – 1815), bis heute bekannt durch den "Mesmerismus" (was bisweilen synonym zu "animalischem Magnetismus" verwendet

---

Elliotsons am University College die Möglichkeiten des "magnetischen Schlafes" bezüglich einer brauchbaren Narkotisierung untersuchte) Vorführungen, in denen er insbesondere zwei Schwestern vorführte, die besonders leicht zu "magnetisieren" waren und die er u.a. mit Stromschlägen traktierte oder ihnen Nadeln in den Hals stach, um zu zeigen, daß sie im "magnetischen Schlaf" keine Schmerzen verspürten (Woolley 2005: 257 ff).

[179] Vgl. Mielich 2009; ein Beleg für den Glauben, daß Handauflegen heilende Wirkung haben könne, findet sich bereits in der Bibel, in der Apostelgeschichte von Lukas, welche die Bekehrung des Saulus zum Paulus behandelt; nachdem Saulus während seiner Verfolgung der ersten Christen angeblich von einem Lichtstrahl geblendet wurde (woraufhin ihm als Bekehrungserlebnis Jesus erschienen sei) wurde er durch seine Begleiter nach Damaskus gebracht, wo ihm ein Christ namens Hananias angeblich die Hand auflegte und ihn so von der Blindheit heilte. Auch Monarchen aus den Häusern Bourbon und Stuart wurde die Fähigkeit zugesprochen, durch Handauflegen Skrofulose zu heilen, eine Fähigkeit, die auch den siebten Söhnen von siebten Söhnen nachgesagt wurde (Porter 2007: 284).

[180] Jesuit, seit 1634 Professor für Mathematik, Physik und orientalische Sprachen am Collegium Gregorianum in Rom, Museums- und Laboratoriumsgründer (Rossi 1997: 232).

[181] Bonin (Hrsg.) 1984: 314 f, s.v. *Magnetismus, animalischer*, Sp. 1.

[182] Ebd.

[183] Bibliographisches Institut GmbH / Dudenverlag (o. J.): *Fluidum* [Lemma]. Unter: http://www.duden.de/rechtschreibung/Fluidum, 01.08.2014.

[184] Bonin (Hrsg.) 1984: 314 f, s.v. *Magnetismus, animalischer*, Sp. 1.

wird[185]), vertrat die Ansicht, daß es ein solches allgemeines, feinstoffliches Fluidum geben würde, gleichwohl er aber auch ein individuelles Fluidum vertrat, dessen Ursprung kosmisch sei:

"Es besteht ein gegenseitiger Einfluß zwischen den Himmelskörpern, der Erde und den beseelten Körpern. Der Träger dieses Einflusses ist ein überall verbreitetes Fluidum, das sich überhallhin derart fortsetzt, daß es nirgends ein Vakuum gestattet, ein Fluidum, dessen Feinheit keinen Vergleich mit etwas anderem zuläßt, das seiner Natur nach fähig ist, alle Bewegungseindrücke aufzunehmen, fortzupflanzen und zu vermitteln."[186]

Aus einer heutigen Sicht heraus mag dies unsinnig erscheinen, zu Mesmers Zeiten jedoch standen solche Überlegungen nicht in Widerspruch zu dem damals gültigen physikalischen Wissen. So besteht kein Widerspruch zwischen der Idee eines überall vorhandenen Fluidums und der im 19. Jahrhundert verstärkt diskutierten physikalischen Äther-Theorie, die ihre Entstehung dem Unverständnis der Ausbreitung elektromechanischer Wellen verdankte[187].

Der Mesmerismus geht darüber hinaus von folgenden Annahmen und Prämissen aus:

- Jedwede Krankheit ist Folge einer Gleichgewichtsstörung, also einer unharmonischen Verteilung der "kosmischen Kraft".
- Eine Heilung wird dadurch bewirkt, daß das gestörte Gleichgewicht wiederhergestellt wird.
- Bewerkstelligt wird dies durch Zufuhr dieser Kraft in den Körper des Kranken.
- Am besten dazu geeignet ist ein Magnetiseur-Arzt bzw. Magnetopath, der sowohl mit der medizinischen Lehre vertraut ist als auch mit der Magnetisierungs-Technik und den Möglichkeiten, die kosmische Kraft in sich aufzunehmen, durch sich hindurch fließen zu lassen und sie vor der Weitergabe an den Kranken passend zu verstärken oder abzuschwächen.

---

[185] Bonin (Hrsg.) 1984: 334, s.v. *Mesmerismus*, Sp. 1.
[186] Mesmer, *Propositions* V, 1780, zitiert nach Bonin (Hrsg.) 1984: 182, s.v. *Fluidum*, Sp. 2.
[187] Vgl. dazu Hagner in: Rupnow et al. (Hrsg.) 2008: 22, Schmidt 1978[20]: 43 s.v. *Äther*, Sp. 2 sowie Park 2002.

- Zudem muß der Magnetopath darüber Bescheid wissen, wie die abzugebende Kraft am zweckmäßigsten weitergegeben wird.[188]

Auch *Samuel Hahnemann*, der Erfinder der Homöopathie, legte zur "Arzneimittelprüfung" Gesunden einen Magneten mit Süd- und Nordpol auf, woraus er gleich mehrere hundert Symptome ableitete[189]; Hahnemann war dabei durchaus mit dem Konzept des Mesmerismus vertraut und übernahm diesen (den er allerdings "Zoomagnetismus" nannte) in sein Therapiekonzept, da er davon ausging, daß sowohl der animalische Magnetismus wie auch die extreme Verdünnung seiner Mittel ihre Wirkung lediglich der außerordentlichen Empfindlichkeit des kranken Körpers verdanken würden[190]. Der Mesmerismus wirkte darüber hinaus bis weit ins 19. Jahrhundert hinein, gleichwohl z.B. *Michael Faraday*, der selbst über den Zusammenhang von Elektrizität und Magnetismus arbeitete oder auch Babbage ihm zumindest skeptisch gegenüberstanden[191] und – nach einem anfänglichen 'Hype' – auch zuvor positiv berichtende Zeitungen wie Lancet den tatsächlichen Gehalt des Mesmerismus anzweifelten und auch direkter von Schwindeleien schrieben[192]. Doch blieb er im medizinischen Bereich trotz allem präsent. So hieß es noch in einer 1844 in Leipzig erschienenen medizinischen Enzyklopädie:

"Die Wirkungen des Magnetes sind oft augenblicklich und bestehen entweder im gänzlichen Aufheben gegenwärtiger Schmerzen, oder in einem Zurückdrängen derselben nach anderen Theilen. Allein nicht minder oft bemerkt man, dass die Schmerzen nicht weichen, und diess geschieht entweder, weil dieselben den höchsten Grad erreicht haben, oder weil der Magnet nicht hinlänglich stark ist, oder auch nicht beharrlich genug, vielleicht gar auf fehlerhafte Weise applicirt wird. Mitunter verschlimmern sich sogar die Schmerzen, weil der Magnet Congestionen nach dem leidenden Theile macht. Trotz

---

[188] Tenhaeff 1957: 21 f; entnommen bei Bonin (Hrsg.) 1984: 334, s.v. *Mesmerismus*, Sp. 1.
[189] Prokop & Wimmer 2006: 55.
[190] Glaser 2008: 17.
[191] Woolley 2005: 159.
[192] Ebd.: 261; in diesem Zusammenhang wurde durch den Verleger des *Lancet*, *Thomas Wakely*, ein Experiment initiiert, an dem auch Elliotson teilnahm, der eine Probandin angeblich mittels eines kleines, magnetisierten Nickelstücks während eines hypnotischen Zustands auf allerlei Weise beeinflußte und auch körperliche Reaktionen hervorrief. Dies sollte durch Wakely wiederholt werden, was ihm auch gelang. Allerdings ließ er, ohne daß Elliotson dies bemerkte, das Nickelstück verschwinden, es wurde also während der Reaktionsphase der Probandin gar nicht verwendet – was als Nachweis angesehen wurde, daß die Reaktionen nichts mit einer Art von Magnetismus zu tun hatten (vgl. ebd.: 261 f). Eine recht erstaunliche Parallele zu dem für den Begriff der Pathologischen Wissenschaft konstitutiven Fall der N-Strahlen, bei dem ebenfalls das Weglassen einer Versuchskomponente den Irrtum ersichtlich werden ließ (vgl. dazu Wood in: Weber & Mendoza [Hrsg.] 1981: 84 ff).

der localen Einwirkung des Mittels ist seine Kraft oft eine sich im ganzen Körper verbreitende, so sieht man z.B. bei hysterischen Schmerzen und Cardialgia nervosa u. s. w. seiner localen Anwendung allgemeines Besserbefinden folgen, natürlich nur bei fortgesetztem Gebrauche. Die Empfindungen, welche zuweilen ein angelegter Magnet verursacht, sind verschiedener Natur. Manche fühlen eine veränderte Temperaturempfindung, Andere ein Blasen, ein Ziehen, besonders im Epigastrio, Manche ein Brennen, namentlich im Ohre. Bei Zahnweh habe ich oft den Kranken sagen gehört, dass er im Augenblicke der Anwendung von seinem eigentlichen Schmerze befreit sei, dass derselbe aber einem andern, nie gekannten Platz gemacht habe. Führt man den Magnet strichweise über den leidenden Theil, so scheint er mitunter an der Stelle, wo sich der Hauptschmerz befindet, zu kleben."[193]

Wie Woolley (2005: 250) schreibt, sei es rückblickend leicht, "[...] den Mesmerismus als eine der vielen fragwürdigen, mehr oder weniger halbwissenschaftlichen Ideen abzutun, die damals weit verbreitet und sehr beliebt waren." Nach heutigem Kenntnisstand ist dies sicherlich richtig, unter Berücksichtigung des damaligen Stands wissenschaftlicher Erkenntnis kann dies jedoch, wie bereits gezeigt, so nicht gelten. Auch Teichler (2002: 21) weist darauf hin, daß die theoretischen Annahmen des von Mesmer entwickelten Verfahrens auf der Basis physikalischer Vorstellungen der damaligen Zeit retrospektiv durchaus als wissenschaftsbasiert bewertet werden können, und auch Glaser (2008: 19) merkt an, daß Mesmer durchaus – unter Berücksichtigung des historischen Kontextes – wissenschaftlich dachte. Es gilt jedoch zu unterscheiden zwischen den Anfängen des 19. Jahrhunderts, einer Zeit der aufkommenden romantischen Naturphilosophie, von der auch der Mesmerismus profitierte[194], und dem weiteren zeitlichen Verlauf dieses Jahrhunderts, das geprägt war von gravierenden gesellschaftlichen Veränderungen (industriell-technische Revolution, Bevölkerungswachstum, Urbanisierung, Durchsetzung kapitalistischer Marktprinzipien, Änderung des 'Zeitgeistes' hin zu Rationalismus und Positivismus und Durchsetzung einer allgemeinen Fortschritts- und Wissenschaftsgläubigkeit[195]).

Das 19. Jahrhundert war auch eine Zeit des wissenschaftlichen Umbruchs, in dem sich die gesellschaftliche Stellung der Naturwissenschaften auch in Deutschland änderte, in der ihre Bedeutung an den Universitäten wuchs (was sich an ihrer Verselb-

---

[193] Zitiert nach Prokop & Wimmer 2006: 89 aus: *Encyclopädie der gesammten Medizin*, Verlag Wigand, Leipzig 1844, s.v. *Magnes, magnetismus mineralis.*
[194] Vgl. Glaser 2008: 21.
[195] Teichler 2002: 20.

ständigung durch Ausgliederung aus den philosophischen Fakultäten [erstmals 1863] zeigte und durchaus als Einschnitt verstanden wurde) und auf der Forschungsebene der Naturwissenschaften sowohl die staatliche wie auch private Förderung rasant zunahm – sie avancierte im Wilhelminischen Deutschland sowohl zu einem Rüstungs-, wie auch einem Wirtschaftsfaktor, worauf die seit den 1870er Jahren stark ansteigende Staatsquote für Ausgaben in Wissenschaft und Technik hindeutet. Zeitgleich fand eine progressive Entprofessionalisierung (natur-)wissenschaftlicher Forschung außerhalb von Universitäten und Wirtschaft statt. Dies wiederum ging einher mit Veränderung der Binnenstruktur der Naturwissenschaften, zur fachlichen Spezialisierung trat eine Vereinheitlichung von Theorie und Methoden – so wurden z.B. Magnetismus, elektrische Phänomene, Optik und Mechanik in der Physik zusammengeführt. Über das Periodensystem der Elemente wiederum entstand eine Verbindung zur Chemie, die selbst die Biochemie als Teilgebiet der Biologie "beisteuerte". Einher ging dies mit einem Perspektivenwechsel hinsichtlich der Empirisierung und der Temporalisierung. Empirisierung meint dabei die Eliminierung ontologischer Orientierung (hin zum Primat der Erfahrung vor der Theorie); Temporalisierung verweist auf die Relativierung aller Ergebnisse zu zeitlich befristeten Einsichten und damit auf die Aufhebung der Fiktion "letzter" naturwissenschaftlicher Wahrheiten.[196]

Auch Teichler (2002: 20) weist darauf hin, daß gerade die damals neu entstandenen naturwissenschaftlichen Fakultäten und Institute Horte einer neuen "Ideologie" gewesen seien, und daß auch das Selbstverständnis der zeitgenössischen akademischen Medizin aufgrund des fortgeschrittenen Prozesses ihrer naturwissenschaftlichen Fundierung, die sich in medizinischer Forschung und klinischer Praxis zunehmend niederschlug, damit konform ging. Zander (2007b: 1462) verweist diesbezüglich auch auf überzogene Ansprüche der universitären Medizin, die zugleich (tatsächliche oder von Patienten als solche empfundene) Defizite aufwies (Beschneidung der Mitwirkungsmöglichkeiten des Patienten im therapeutischen Prozeß, Degradierung des Patienten zu einem Behandlungsobjekt, Verdrängung der Laienheiler, Somatisierung der Medizin hinsichtlich vorwiegend physiologischer Krankheiten, Fehlen einer integralen Perspektive bei Therapie und Diagnostik engumgrenzter Teilbereiche des Körpers, Verlust des Blicks auf Krankheit als psychosomatischen Prozeß, Nichtbe-

---

[196] Zander 2007a: 863; angemerkt werden kann, daß sich diese Perspektivveränderung nicht nur in den Naturwissenschaften niederschlug – hier nur zu erinnern an die *physique social* von *Auguste Comte*.

achtung der Selbstheilungskräfte oder individueller Krankheitsfaktoren, "gefühlte" Reduktion des Menschen auf einen naturwissenschaftlich funktionierenden Apparat) – als Reaktion auf diese Professionalisierung und Medikalisierung habe sich eine alternative Medizin formiert (die auch Referenzhorizont medizinischer Vorstellungen Rudolf Steiners gewesen sei). Wie Zander (ebd.) weiterhin anmerkt, stelle diese alternative Medizin jedoch aufgrund ihres Entstehungskontextes gerade *keine* jahrhundertealte Gegentradition gegen (ein heute aus dem Bereich der Alternativmedizin gern vorgebrachtes Argument) "Gerätemedizin" o.ä. dar. Doch gerade der Verweis auf 'altes Wissen', 'uralte Wahrheiten' oder ebensolche 'Weisheiten' usw. findet sich bei allen möglichen esoterischen Heilverfahren, so auch in der Terlusollogie mit ihren gequält wirkenden Konstruktionen zu Yin und Yang[197] oder Qi (solcherlei Verweise können beinahe schon als Erkennungsmerkmal für esoterische Verfahren dienen). Die im 19. Jahrhundert vorhandene Vielzahl monistischer Weltanschauungen lassen sich somit als reaktive kulturelle Parallelstrukturen auf die o.g. naturwissenschaftlichen Vereinheitlichungstendenzen interpretieren[198], und es erscheint wenig gewagt, dies auf heutige Verhältnisse zu übertragen, wobei diese Parallelkulturen, um nicht zu sagen medizinische und physikalische Subkulturen durch ihre Verbreitung über das Internet noch weit mehr Raum greifen können (so z.B. ließe sich die Popularität der Einnahme des gesundheitsschädigenden MMS [*Miracle Mineral Supplement*, im Prinzip ähnlich wie Chlorbleiche][199], Kinesio-Taping usw. ohne entsprechende Online-Propaganda kaum erklären; ein Unterschied zur Situation im 19. Jahrhundert liegt allerdings darin, daß heute heil- oder zumindest behandelbare Krankheiten und Verletzungen damals hinsichtlich der Lebenserwartung und -qualität einen völlig anderen Stellenwert besaßen, was auch für administrative bzw. organisatorische und technische Aspekte gilt. Während heute in Europa medizinische Versorgung aller Art meist überall und für die meisten Personen verfügbar ist, war die Situation in früheren Jahrhunderten eine völlig andere. Damals war im Rahmen der "Medizin ohne Ärzte" sowohl die Selbstdiagnose wie auch – zumindest als erster Schritt – die Selbstbehandlung völlig normal und häufig, abgesehen von Laienheilern, auch die

---

[197] Konzepte wie 'Harmonie' und Einklang finden sich entsprechend in der Terlusollogie gerade nicht. Diese erinnert eher an den heraklitischen Krieg, der den Dingen innewohne und Vater aller Dinge sei. Die Verbindung zwischen den Yin und Yang-Konzepten und der Terlussologie sind deshalb nur schwer nachvollziehbar, da sich beide von ihrer eigenen inneren Logik her eben nicht entsprechen, sondern sich diametral gegenüberstehen.
[198] Ebd.
[199] Vgl. dazu Bundesinstitut für Risikobewertung (2012).

einzige Möglichkeit medizinischer Versorgung, was sich auch in einer ganzen Reihe von speziell zu diesem Zweck verfaßten Büchern zur Selbsthilfe äußerte[200]. Zugleich blieben aber auch magische Vorstellungen inklusive z.B. der (magischen) Signaturenlehre in der Volksmedizin erhalten, so z.b. die Idee, daß das Berühren der Hand eines Gehenkten oder zumindest des Galgenseils eine heilende Wirkung hätte oder Therapievorschläge wie jener, ein schmerzhaftes Gerstenkorn mit dem Schwanz einer schwarzen Katze zu bestreichen[201]. Auch finden sich schon vorher bekannte, heute durch die Alternativmedizin neu 'entdeckte' Skurrilitäten ähnlich der Eigenurintherapie, eine Reminiszenz an den Paullinismus bzw. an volksmedizinische, der Humoralpathologie verhaftete therapeutische Verfahren der "Dreckapotheke", deren Popularität auf das bereits 1696 erschienene, von *Christian Franz Paullini* verfaßte Werk *Neuvermehrte, heylsame Dreckapotheke, wie nämlich mit Kot und Urin fast alle, auch die schwerste, giftigste Krankheiten und bezauberte Schäden vom Haupte bis zu den Füßen innerlich und äußerlich glücklich curieret worden*, zurückging, also auf die Empfehlung, menschliche und tierische Ausscheidungen äußerlich und innerlich zur Heilung anzuwenden, wobei dabei auch der Gedanke zugrunde gelegen haben mag, krankheitsverursachende Dämonen "wegzuekeln" oder ausgeschiedene "Lebensstoffe" wieder zuzuführen[202]).

Diese bis heute bestehende 'alternative Medizin' nahm eine keineswegs nur randständige Rolle ein und bot auch Raum genug zur Integration aller möglichen Verfahren, von solchen, die als ehemals durchaus wissenschaftlich angesehen werden konnten wie z.B. der Mesmerismus oder die Phrenologie (der beispielsweise auch *Ada Lovelace*, eine Tochter Lord *Byrons*, die mit *Charles Babbage* zusammenarbeitete, zugetan war[203]) bis hin zu jenen, die auch damals schon eindeutig der Quacksalberei (oder dem Unternehmertum) zugeordnet werden konnten[204] und auch Anteile der noch mit magischen Vorstellungen behafteten Volksmedizin sowie der religiö-

---

[200] Porter 2007: 284 ff.
[201] Ebd.: 284.
[202] Vgl. Bonin (Hrsg.) 1984: 387 s.v. *Paullinismus*, Sp. 2.
[203] Vgl. Woolley 2005: 225 ff.
[204] So z.B. Elixiere, die auf magische Weise gegen alle möglichen Krankheiten wirken sollten und in marktschreierischer Weise, häufig durch fahrende Händler, angeboten wurden; vgl. dazu Porter 2007: 287. Heute würde wohl eher von Scharlanerieprodukten gesprochen werden, worunter z.B. der schon an anderer Stelle erwähnte Kozyrev-Spiegel fallen dürfte, aber auch Magnetarmbänder, Orgonakkumulatoren usw.

sen Medizin (nicht zu verwechseln mit der sog. *Pastoralmedizin*[205]), die tatsächlich eine lange Tradition in Form von Heilritualen der katholischen Kirche (Pilgerfahrten, Prozessionen, heilige Brunnen, Schreine, Reliquien, Votivgaben etc.[206]) besaß, als "klassische Elemente" jedoch auch Wunder- und Geistheilungen sowie Exorzismen beinhaltete, vor allem aber das insbesondere durch die *Christian Science* betriebene und exportierte Gesundbeten, das auch in Deutschland gerade in entsprechenden protestantischen Freikirchen dermaßen weitverbreitet und nachhaltig propagiert wurde, daß sich 1902 *Wilhelm II.* selbst dazu genötigt sah, sich öffentlich gegen die Gebetsheilung auszusprechen[207]. Insofern läßt sich der von Porter (2007: 286) verwendete Begriff des "Gesundheitsprotestantismus", der sich eigentlich nicht auf religiöse Aspekte, sondern auf einerseits notwendige, andererseits libertäre Formen von Selbstdiagnose und Selbstmedikation bezieht, durchaus in seiner Bedeutung erweitern. Und in der alternativen Medizin 'überlebte' auch die Idee des Heilmagnetismus und die mit ihm verbundenen weltanschaulichen und esoterischen Perspektiven vor allem auch in der praktischen Anwendung.

Möglich wurde dies vor allem durch die rechtliche Deregulierung der Kurierfreiheit, die am 21.06.1869 in Preußen gesetzlich verankert wurde und nach Etablierung des Kaiserreichs seit 1871 deutschlandweit galt[208] – ein, wie Teichler (2002: 162) schreibt, "folgenschwerer Fehler". Dieser Fehler ging zum einen auf das regierungsseitige Bestreben zurück, sich durch die Abschaffung alter Privilegien bei der Bevölkerung beliebt zu machen und zum anderen auf die Fehleinschätzung, daß sich eine aufgeklärte Bevölkerung nur an qualifizierte Ärzte wenden würde[209]. Gleichwohl ging damit nicht etwa eine völlige Gleichstellung von Laienheilern und Ärzten einher. Laienheiler konnten (nach Einführung des Krankenversicherungssystems durch Bismarck) weder Kassenpatienten behandeln (sofern diese nicht selbst zahlten), noch Arzneimittel verordnen, waren von offiziellen medizinischen Ämtern und Aufgaben ausgeschlossen, durften keine Impfungen vornehmen oder Gesundheitszeugnisse

---

[205] Pastoralmedizin bezeichnet eine "[...] theologische Disziplin, die sich bemüht, den Wechselbeziehungen zwischen den Bedingungen des medizinisch-therapeutischen Verfahrens und den religiösen Bedürfnissen des Patienten seelsorgerisch gerecht zu werden. Dem Priester können dabei psychotherapeutische Aufgaben zufallen; falls der Patient okkultgläubig ist, auch psychohygienische." (Bonin [Hrsg.] 1984: 387 s.v. *Pastoralmedizin*, Sp. 1).

[206] Porter 2007: 284.

[207] Zander 2007b: 1463; hinsichtlich des Gesundbetens fällt es nicht schwer, hier auch Relikte älteren Volksglaubens, der auch in der Volksmedizin eingesetzt wurde, zu sehen, wie z.B. hinsichtlich des Besprechens von Warzen, bei dem möglicherweise ein Placebo-Effekt wirksam werden könnte.

[208] Porter 2007: 356.

[209] Ebd.

ausstellen und konnten auch keine Kreisärzte werden[210]. Was sie aber durften und auch taten, war, Patienten mit unkonventionellen Methoden zu behandeln, wodurch sie sich als Konkurrenz zu den universitären bzw. akademischen Medizinern etablierten. Diese wiederum reagierten auf diese Laienkonkurrenz mit Ausgrenzung – so versuchten ärztliche Standesorganisationen um ca.1900 herum, gegen arztähnliche Berufs- oder Tätigkeitsbezeichnungen wie "Homöopath", "Magnetopath", "Naturarzt", "geprüfter Naturheilkundiger" usw. vorzugehen, auch gegen andere approbierte Mediziner, die sich als "Arzt für Naturheilkunde" o.ä. bezeichneten (wobei der Begriff "Arzt" allerdings geschützt war)[211]. Auch in anderer Hinsicht, nämlich der Dispensierfreiheit, mußten die Ärzte Einschnitte hinnehmen, als das Recht auf die Herstellung und Verteilung von Arzneimitteln den Apothekern zugewiesen wurde[212]. Die Abgrenzung der 'offiziellen' Medizin hatte sicherlich *auch* mit Macht- und ökonomischen Aspekten zu tun, doch wäre es sicherlich verkürzt, die damalige (und im Prinzip bis heute anhaltende) Auseinandersetzung zwischen universitärer und 'alternativer' Medizin auf lediglich diese Aspekte zu reduzieren und darüber die weiter oben angesprochenen gesellschaftlichen Entwicklungen hin zu rationalem und naturwissenschaftlich orientiertem Denken (auch) in der Medizin, das wiederum zu den Fleck'schen Denkkollektiven in enger Verbindung steht[213], zu vergessen. Hinzu kommt, daß sich viele Laienheiler keineswegs zurückhaltend verhielten. Sie gründeten Vereine, versuchten, eine Standesorganisation ähnlich der der approbierten Mediziner aufzubauen, gaben Zeitschriften und andere Publikationen heraus und forderten (zumindest vereinzelt) z.B. spezielle Hochschulen für Magnetopathie; dabei konnten sie auf eine recht gut ausgebaute Infrastruktur zurückgreifen, verfügten über einen hohen Organisationsgrad und waren auch zahlenmäßig nicht unbedeutend[214]. Hinzu kam ihr Schulterschluß "[...] mit anderen laienmedizinischen Bewegungen und ihre aktive Beteiligung am Kampf gegen die Schulmedizin erlangte dadurch eine gewisse Bedeutung für die gesamte Kurpfuscherfrage"[215]. Die öffentliche Meinung sowie die Presse war zudem meist auf der Seite der Alternativmediziner[216].

---

[210] Ebd.
[211] Zander 2007b: 1465.
[212] Ebd.
[213] Vgl. Fleck 1999 (1935)
[214] Vgl. die diesbezüglichen Bestrebungen und Aktivitäten, die bei Teichler (2002) detailliert besprochen werden.
[215] Teichler 2002: 136.
[216] Ebd.: 181.

Die Auseinandersetzung zwischen universitären Medizinern und den Magnetopathen nahm ihren Anfang dabei bereits in den 1880er Jahren (ab diesem Zeitpunkt wurde von zahlreichen Ärzten verstärkt die Forderung nach einem allgemeinen Kurpfuscherverbot erhoben[217]), eine Zeit der Renaissance des Heilmagnetismus unter den Laien, der repräsentative Züge im Hinblick auf die gesamte "Kurpfuscherproblematik" trägt[218]. Es kann also kaum verwundern, daß die schon erwähnte Abgrenzung der universitären Mediziner auch den Ruf nach Verboten nach sich zog, so z.b. die Forderung nach Verbot von Laien-Publikationen und entsprechenden Vereinen (da diese eine wichtige organisatorische Stütze bildeten), auch sollte generell die Durchführung von Hypnose und Heilmagnetismus durch Laien verboten werden[219]. Hinzu traten speziell zur Bekämpfung der alternativen Medizin gegründete "Gegenvereine", so insbesondere die (später von den Nazis bekämpfte[220]) *Deutsche Gesellschaft zur Bekämpfung des Kurpfuschertums* (1903)[221].

Tatsächlich konnten auch einige Erfolge diesbezüglich erzielt werden, wenn auch das angestrebte Verbot nicht erreicht wurde. Doch immerhin wurde in Preußen 1902 eine Meldepflicht für nicht approbierte Heilbehandler eingeführt[222].

Wie Zander (2007b: 1465) anmerkt und bis hierher auch deutlich geworden sein sollte, gab es im 19. Jahrhundert und bis weit ins 20. Jahrhundert hinein eine also nicht gerade geringe Anzahl an Laienheilern. Während die Gesamtanzahl anerkannter Laienheiler ohne reguläre Ausbildung in Preußen (außer Berlin) im Jahr 1876 noch bei 269 lag, stieg diese bis 1902 auf 4104, was einem zu diesem Zeitpunkt aktuellen Verhältnis Laienheiler zu Ärzten von ca. 1 zu 5 entsprach[223].

Teichler (2002: 106) legt hierzu eine tabellarische Übersicht[224] vor, die sich aus den in Preußen aufgrund der Meldepflicht ergebenden Zahlen zusammensetzt und die nachfolgend zum besseren Verständnis dargestellt wird:

---

[217] Ebd.: 132.
[218] Ebd.: 136.
[219] Ebd.: 165.
[220] Vgl. Prokop & Wimmer 2006: 254.
[221] Teichler 2002: 172.
[222] Ebd.
[223] Porter 2007: 356.
[224] Erläuterungen zur Tabelle, die im Wortlaut ebenfalls bei Teichler (2002: 106 f) entnommen wurde:
1) Hierunter fielen bis 1902 auch die Zahnärzte.
2) Bis 1908 wurde die Gruppe der Zahntechniker hinzugerechnet, anschließend separat aufgeführt. Sie umfaßte 4173 (1909), 4418 (1911) Kurpfuscher. Daraus erklärt sich der Sprung der Gesamtzahl von 1908 zu 1909.
3) Es fanden verschiedene Verwaltungsreformen statt, woraus sich die unterschiedliche Anzahl der Kreise erklärt.

Jahr	1902	1906	1907	1908	1909	1910	1911
Ärzte insgesamt 1)	ca. 18000	19283	19433	19130	19319	19671	19956
Gemeldete Kurpfuscher insgesamt 2)	4104	6260	6873	7549	4173	4191	4631
Relation Frauen / Männer	812 / 2703	1284 / 4565	1116 / 3951	1546 / 5248	k. A.	k. A.	k. A.
Regierungskreise mit / ohne Meldung 3)	188 / 388	465 / 586	477 / 586	507 / 590	467 / 591	451 / 592	445 / 595
Genauere Angaben bei folgender Zahl der Laien	k. A.	k. A.	5424	7066	3543	2718	3343
Davon Kurpfuscher im engeren Sinne 4)	k. A.	k. A.	1751	2478	2426	1551	1864
Anwendung des Heilmagnetismus u.ä. 5)	145	169	192	284	258	211	256
Anwendung von Hypnose und Suggestion	14	27	k. A.	k. A.	k. A.	k. A.	k. A.
Anwendung von Naturheilverfahren 6)	3761	206	434	554	465	426	483
Anwendung der Homöopathie	262	199	285	392	328	299	293
Quellen	7)	8)	9)	10)	11)	12)	13)

Tab. 3 – Verhältnis Laienheiler zu Ärzten.

---

4) Gemeint war die Zahl der nichtapprobierten Heilbehandler, jedoch ohne Masseure, "kleine Chirurgie Treibende", Zahntechniker, Krankenpfleger/-innen und Hebammen.
5) Die Zuordnung war nicht genau definiert. Für 1906 zählte man z.B. dazu: "Heil-Magnetismus, Magnetopathie, Mesmerismus, Elektro-Homöopathie nach Graf Matthei". Andere Verfahren, die dem Heilmagnetismus ähnlich waren, wurden extra aufgeführt (z.B. 1902: Besprechen, Handauflegen, Streichen, Pusten, die Anwendung von "Sonnenätherstrahlapparaten" u.ä.). Gesondert genannt wurde das Hellsehen.
6) Zu den Naturheilverfahren wurden 1902 bzw. 1906 die "arzneilose, naturgemäße Heilweise, Verfahren nach Bilz, Platen, Kuhne, Pastor Felke" gerechnet. Ausgenommen wurden Hydrotherapie, Massage, Heilgymnastik u.ä. Die großen Unterschiede zwischen 1902 und 1906 lassen sich nicht durch tatsächliche Änderungen im Spektrum der Heilverfahren erklären. Sie zeigen vielmehr die unausgewogene statistische Erfassung bzw. die uneinheitlichen Zuordnungskriterien, die erst ab 1906 etwas deutlicher wurden.
7) Medizinalabteilung (1904), insbesondere S. 495ff. Im Jahre 1902 wurden davon allein in Berlin 973 Kurpfuscher gezählt. Eine ähnliche Zahl für die Reichshauptstadt ergab sich für 1905: Insgesamt 6137 Kurpfuscher, davon 1033 in Berlin (Medizinalabteilung, 1907, S. 516ff).
8) Medizinalabteilung (1908), insbesondere S. 501ff.
9) Medizinalabteilung (1909), insbesondere S. 463ff.
10) Medizinalabteilung (1910), insbesondere S. 487ff.
11) Medizinalabteilung (1911), insbesondere S. 455ff.
12) Medizinalabteilung (1912a), insbesondere S. 494ff.
13) Medizinalabteilung (1912b), insbesondere S. 531ff.

Es ist offensichtlich, daß die 'alternative Medizin' zur damaligen Zeit, insbesondere aufgrund der Rechtslage (die sich bis heute im deutschen Heilpraktikergesetz niederschlägt) eine hohe gesellschaftliche und auch ökonomische Relevanz aufwies, die auch später während der Nazizeit nicht gebrochen wurde (ganz im Gegenteil stand man dort – wenn auch aus anderen ideologischen Gründen – alternativen Heilverfahren keineswegs ablehnend gegenüber, so zumindest der Homöopathie und den Schüßler-Salzen bzw. der "Biochemie nach Schüßler" als mögliche billige Ersatzmedizin und gegen Kriegsende auch allen möglichen esoterischen Verfahren, die möglicherweise Einfluß auf den Kriegsverlauf hätten nehmen können, insbesondere die Radiästhesie und das Pendeln[225]).

Die der Terlusollogie zugrundeliegende 'Energie' oder 'Kraft' läßt sich also als Überbleibsel des Heilmagnetismus des 19. Jahrhunderts identifizieren und stellt damit eine weder unbekannte noch physikalisch bzw. real existente Einflußmöglichkeit auf den menschlichen Organismus dar, wobei die Bewahrung der heilmagnetischen Idee bzw. ihre Diversifizierungen bis heute durch einerseits gesellschaftliche und wissenschaftliche Umbrüche im 19. Jahrhundert sowie die darauf erfolgende Gegenreaktion erklärt werden kann.

5.2 – Zu (2) Atemtypen und "Prägung im Moment der Geburt":

Die Terlusollogen haben durchaus nicht unrecht, wenn sie der Atmung einen hohen Stellenwert einräumen, denn sie ist – obwohl es uns, von Ausnahmefällen abgesehen, meist ein Leben lang als recht einfach erscheint zu atmen – recht komplex und mit vielfältigen physiologischen und anderen Aspekten verbunden, worauf hier selbstverständlich nur zu dem Teil eingegangen werden kann, der die Terlusollogie berührt. Dennoch kann zur Verdeutlichung der Komplexität angeführt werden, daß zu den Atmungsorganen die Nasenhöhle mit Nebenhöhlen, Kehlkopf, Luftröhre, Bronchen, Lunge und im weiteren Sinne auch der Rachen gehören[226], zur Atemmuskulatur das Zwerchfell, die Interkostalmuskulatur sowie alle am knöchernen Thorax ansetzenden Muskeln[227]. Auch die Wirbelsäule spielt eine erhebliche Rolle[228].

---

[225] Vgl. dazu Prokop & Wimmer 2006: 243 ff; vgl. zur "Biochemie nach Schüßler" auch Much 2003: 63 sowie Oepen et al. (Hrsg.) 1999: 47 s.v. *"Biochemie" nach Schüßler*.
[226] Lippert 2006: 517.
[227] Lohr & Bös 1998: 420.
[228] Vgl. Lippert 2006: 486.

Dreh- und Angelpunkt der Atmung sowohl vor- als auch nachgeburtlich für den hier diskutierten Punkt sind jedoch die Blutgaswerte bzw. der Blutgasaustausch der *inneren Atmung*, nämlich der Kohlendioxid- bzw. CO_2-Partialdruck (pCO_2) und der Sauerstoff- bzw. O_2-Partialdruck (pO_2) im Blut. Der pO_2, also der Sauerstoffgehalt des Blutes, wird über Chemosensoren gemessen, die sich in der Aorta und der Arteria carotis (Halsschlagader) befinden[229], während der CO_2-Partialdruck, also der Kohlendioxidgehalt des Blutes, direkt vom Atemzentrum registriert wird, wobei als weiterer Parameter der Atemregulation der pH-Wert hinzutritt[230].

Veränderungen des pCO_2 führen zu einer erheblichen pH-Verschiebung (Verstärkereffekt) im Liquor, also im Hirnwasser (eine weitgehend eiweißfreie Flüssigkeit, weshalb ihr die Nicht-Bikarbonat-Puffer des Blutes fehlen und die Pufferkapazität kleiner ist als jene im Blut – eine gleichgroße Menge an Säure hat auf den Liquor entsprechend einen größeren Effekt als auf das Blut); pCO_2-Änderungen teilen sich also sehr schnell dem Hirnwasser mit. Die Nervenzellen des Atemzentrums wiederum reagieren ausgesprochen empfindlich auf eine Erniedrigung des pH-Werts im Liquor (also einen zu hohen CO_2-Partialdruck), als Folge wird die Atmung schneller und tiefer und CO_2 wird verstärkt abgeatmet. Vice versa hemmt ein hoher pH-Wert im Liquor den Atemantrieb, somit kann sich CO_2 im Blut anreichern und der pCO_2 normalisiert sich.[231]

Tritt der Fall ein, daß der pO_2 unter ca. 80 mmHg fällt (normal ca. 100 mmHg), so wird aufgrund der chemosensorisch festgestellten Werte über afferente vegetative Nervenfasern die Tätigkeit des Atemzentrums reguliert[232], wobei die Signale über den IX. Hirnnerv (N. glossopharyngeus) sowie den X. Hirnnerv (N. vagus) zum verlängerten Mark geleitet werden[233] (das Atemzentrum liegt im verlängerten Rückenmark [Medulla oblongata] des Gehirns[234] und stellt den wichtigsten Bereich des Rautenhirns dar[235]).

---

[229] Genau genommen liegen die O_2-Sensoren in der Wand der Aorta am Aortenbogen (Glomus aorticum) sowie am Karotissinus (Glomus caroticum) (Schwegler & Lucius 2011: 405)
[230] Staudinger 2013: 127.
[231] Schwegler & Lucius 2011: 405.
[232] Ebd.
[233] Ebd.: 406.
[234] Staudinger 2013: 127.
[235] Schwegler & Lucius 2011: 405.

(Bei vermehrter Muskeltätigkeit wird diese allerdings auch direkt ans Atemzentrum "gemeldet", so daß bereits die Atmung vertieft wird, bevor es überhaupt zu einer Veränderung der Blutgaswerte kommt.[236])

Steigerung und Abfall der Atemfrequenz stellen sich also vereinfacht so dar, wie Staudinger (2013: 127) es kurz und knapp darstellt:

Steigerung der Atemfrequenz:
- Erhöhung des pCO_2
- Verringerung des pO_2
- pH-Wert < 7,4.

Abfall der Atemfrequenz:
- Erniedrigung des pCO_2
- Erhöhung von pO_2
- pH-Wert > 7,4

Hinzu treten vielerlei weitere externe und interne Faktoren, die Auswirkungen auf die Atmung haben wie z.B. die Körpertemperatur (Fieber z.B. steigert die Atemtätigkeit), Hormone, Atemlufttemperatur oder psychische Einflüsse wie Streß (steigert ebenfalls die Atemtätigkeit)[237], weiterhin viele Erkrankungen wie Asthma Bronchiale, paralytische Poliomyelitis oder progressive Muskeldystrophie[238] usw. Ebenfalls Einfluß auf die Atmung nehmen können verschiedene Medikamente mit atemdepressorischer Wirkung wie Barbiturate, Opiate und Neuroleptika, es gibt jedoch auch atemstimulierende Medikamente (Doxapram, Almitrin), ebenso wirkt Acetylsalicylsäure[239]. Auch können Änderungen des Atemgastransports im Blut die Atmung beeinflussen[240], auch verschiedene Hormone (Adrenalin, Progesteron), ja sogar das Fasten[241].

Auch durch andere Erkrankungen bzw. körperliche Zustände kann die Atemtätigkeit beeinflußt werden, wobei im medizinisch-pflegerischen Bereich darauf basierende Atmungsformen bzw. Atemtypen (die jedoch nichts mit der Terlusollogie zu tun ha-

---

[236] Wilpsbäumer & Ullrich in: Ullrich et al. (Hrsg.) 2005: 97.
[237] Staudinger 2013: 127; vgl. zu den modulierenden Einflüssen auf den Atemvorgang auch die umfassenden Ausführungen bei Schwegler & Lucius 2011: 406 ff.
[238] Vgl. Lohr & Bös 1998: 423.
[239] Ebd.: 421.
[240] Vgl. ebd.: 441 f.
[241] Ebd.: 421.

ben) unterschieden werden: Eupnoe ("Normalatmung"), Tachypnoe, Bradypnoe, Orthopnoe, Apnoe, Schnappatmung, Hyperventilation, Kußmaul-Atmung, Cheyne-Stoke-Atmung, Biot-Atmung, inverse Atmung, paradoxe Atmung, Schaukelatmung, Pickwick-Syndrom, Schlafapnoesyndrom.[242]

Auch Schwangerschaft verändert die Atmung (dabei wird hauptsächlich Progesteron für eine veränderte Empfindlichkeit des Atemzentrums verantwortlich gemacht), und das bereits sehr früh – schon in der 8. bis 11. Schwangerschaftswoche ist der O_2-Verbrauch um 40 % erhöht[243]; werdende Mütter müssen also "für zwei atmen". Denn während der Schwangerschaft wird der Fötus durch Nabelschnur und Plazenta aus dem mütterlichen Organismus mit Sauerstoff versorgt[244]. Dennoch führt der Fötus ab einer gewissen Tragzeit (anaerobe) Atemzüge aus, was als "Fetale Atembewegungen" (FAB) bezeichnet wird:

"Seit den 70er Jahren wissen wir, dass der erste Atemzug nicht bei Geburt stattfindet, sondern dass in utero Atembewegungen physiologisch sind. FAB sind rhythmische, oft hochfrequente Atemzüge mit unterschiedlicher Amplitude und sehr variablen Apnoephasen, in der 2. Schwangerschaftshälfte in etwa 35% der Zeit vorhanden. FAB haben eine zirkadiane Rhythmik. Sie nehmen nach den Mahlzeiten zu und nach einigen Genussmitteln (Nikotin, Alkohol z.B.) ab. Wie beim Frühgeborenen handelt es sich um eine sog. **paradoxe Atmung:**

– bei der Einatmung nach innen gerichtete Bewegung des Thorax und
– Auswärtsbewegung des Abdomens.

FAB sind wichtig für Entwicklung, Wachstum und Reifung der Lungen. Fehlende FAB führen zur **Lungenhypoplasie.**"[245]

Kommt es schließlich zur Geburt, wird der Fötus "[...] aus Apnoe in Exspirationsstellung geboren"[246], durch die Abnabelung die Sauerstoffversorgung "[...] schlagartig

---

[242] Grey in: Ullrich et al. (Hrsg.) 2005: 88 f; vgl. zu den pathologischen Atemtypen auch Lohr & Bös 1998: 423 ff.
[243] Huch in: Dudenhausen et al. (Hrsg.) 2003: 108.
[244] Staudinger 2013: 128.
[245] Huch in: Dudenhausen et al. (Hrsg.) 2003: 116; Czekelius weist allerdings darauf hin, daß es bereits am Ende des 19. Jahrhunderts Hinweise auf eine fötale Atembewegung gegeben hat. Vgl. Czekelius, P.: *Ein Beitrag zur Auswirkungen fetaler Atembewegung*, in: Archiv für Gynäkologie # 222 / 1977, S. 239 - 247.
[246] Maier et al. 2011: 10.

unterbrochen, und der pCO_2-Partialdruck im kindlichen Blutkreislauf steigt stark an. Dadurch wird das Atemzentrum des Kindes stimuliert und ein erster Atemzug [...] provoziert"[247].

Der fötale Kreislauf muß nach der Geburt sehr schnell umgestellt werden, da sonst eine ausreichende Durchblutung der Lungen nicht gewährleistet wäre und das Neugeborene ersticken würde[248]. Ein komplikationsloser "[...] Übergang des Gasstoffwechsels von der Plazenta auf die Lungen hängt ab von einem reifen regulatorischen Atemzentrum, reifen funktionsfähigen Lungen und einer komplikationslosen Umstellung des Lungenkreislaufs. Der pulmonale Gasaustausch beginnt nach der Geburt mit der Schnapp- oder Schluckatmung und wird nach 30–60 Sekunden durch die rhythmische Atmung abgelöst.[249]"

Kommt es zum ersten Luftatemzug, entfalten sich die Lungen den Neugeborenen, was den Lungenarterien Platz verschafft und den Widerstand der Lungenstrombahn ausreichend absinken läßt[250]. Der jetzt erfolgende "[...] Lufteintritt baut Oberflächenspannung und Retraktionskraft auf, die Lungenflüssigkeit verschwindet, nach 2–3 Atemzügen ist das Residualvolumen etabliert. **Dabei weist die Physiologie der Atmung in den ersten 24 Lebensstunden erhebliche Unterschiede zum späteren Lebensalter auf [...].[251]"**

5.2.1 – Kritik zu (2) Atemtypen und "Prägung im Moment der Geburt":

Es ist offensichtlich, daß hier sowohl definitorisch wie auch faktisch eine der Hauptannahmen der Terlusollogie, nämlich die "Prägung" des Atemzentrums an einem bestimmten Zeitpunkt zu einem bestimmten "Atemtyp" hin, von den Tatsachen und der Komplexität der Wirklichkeit überholt wird.

Dies beginnt bereits mit dem Begriff der Geburt. Da die Terlusollogie den Anspruch erhebt, eine Erfahrungswissenschaft zu sein, muß sie sich auch an den herkömmlichen wissenschaftlichen Standards messen lassen, die auch für den Bereich der exakten Definition gelten. Wenn also mit Begriffen wie dem Geburtszeitpunkt argumentiert wird, so stehen die Terlusollogen in der Pflicht, zu definieren, was damit genau gemeint ist. Denn 'Geburt' stellt (zumindest beim Menschen und bei höheren Säuge-

---

[247] Staudinger 2013: 128.
[248] Schwegler & Lucius 2011: 397.
[249] Briese in: Dudenhausen et al. (Hrsg.) 2003: 100.
[250] Schwegler & Lucius 2011: 397.
[251] Maier et al. 2011: 10; Hervorhebung in Fettschrift durch den Autor.

tieren) nicht einen genau ermittelbaren Zeitpunkt dar, sondern einen phasierten Prozeß. Strittig ist dabei schon, wann die Geburt einsetzt. In der medizinischen Fachliteratur werden dafür mehrere Möglichkeiten angegeben, so entweder der Zeitpunkt des Einsetzens der Eröffnungswehen, oder bei regelmäßigen, alle zehn Minuten auftretenden Wehen, welche über eine halbe Stunde anhalten und die Portio ganz oder teilweise aufgebraucht ist, oder beim Beginn einer regelmäßigen, schmerzhaften sowie anhaltenden Wehentätigkeit, auch könnte der Blasensprung (mit oder ohne Wehen) als Geburtsbeginn definiert werden, wobei es eine Latenzzeit zwischen Blasensprung und Eröffnungswehen von mehreren Tagen oder Wochen geben kann, sofern ein früher, vorzeitiger Blasensprung (vor der 37. SSW) erfolgt[252]. Hinzu treten juristische Definitionen, die jedoch je nach Rechtslage eines Staates unterschiedlich sein können und hier weniger von Belang sind, was auch für den Zeitpunkt des Geburtsabschlusses gilt. Nach Schwegler & Lucius (2011: 398 f) besteht die Geburt aus der Eröffnungs- und Austreibungsphase (die Eröffnungsphase beginnt mit regelmäßigen Wehen im Abstand von 15 bis 20 Minuten, die Austreibungsphase mit der vollständigen Öffnung des Muttermundes), wobei zur Austreibungsphase auch die Nachwehen gehören, bei der die Plazenta und die Eihäute ausgetrieben werden, was 30 bis 60 Minuten dauern kann. Die Dauer der Eröffnungsperiode kann dabei schwanken (bei Erstgebärenden bis zu zwölf Stunden, ansonsten ca. fünf bis sieben Stunden), die Austreibungsphase (ohne Nachgeburt) ca. 15 bis 60 Minuten (ebd.: 399). Der Geburtsprozeß kann also tatsächlich viele Stunden dauern, wobei auch Tageszeiten wechseln können oder die Datumsgrenze überschritten werden kann. Jedoch ist auch offensichtlich, daß sich dieser Prozeß definitorisch an der Mutter orientiert. Das allerdings stellt die Terlusollogie vor ein definitorisches Problem, da, wie zu sehen, der Geburtsprozeß eben wegen der Austreibung auch die Nachgeburt erfaßt, also einen Zeitpunkt, zu dem das Kind bereits vollständig aus dem Mutterleib ausgetreten und die Abnabelung im Normalfall bereits erfolgt ist. Für das Kind endet die Geburt (Abnabelung) also zu einem anderen Zeitpunkt als für die Mutter. Deshalb muß die Aussage der Terlusollogen schon rein sachlich falsch sein, wenn sie behaupten, eine "Atemtypsprägung" fände "im Moment der Geburt" statt, da es ein solches Moment überhaupt nicht gibt, sofern man nicht den gesamten, mutterorientierten Geburtsprozeß als "Moment" verstehen will. Dagegen ließe sich jedoch einwenden, daß es un-

---

[252] Helmer, H. & Leon, J.: *Definitionen in der Geburtshilfe: Geburtsbeginn*, in: Speculum - Zeitschrift für Gynäkologie und Geburtshilfe, # 4 / 2006 (24. Jg.), S. 6.

sinnig sei, dies an der Mutter festzumachen und nicht am Kind – doch für dieses endet die Geburt eben schon früher, so daß auch hier kein "Geburtsmoment" auszumachen ist, da ja die "Prägung" des Atemzentrums erst beim ersten Atemzug geschehen soll, ein Zeitpunkt, der im Normalfall *nach* der Abnabelung und damit *nach* dem kindbezogenen Geburtsprozeß liegt. Somit erweist sich das "Moment der Geburt" eher als Rückgriff auf eine Mystifikation denn als erfahrungswissenschaftlich brauchbarer Zeitpunkt. Deutlich gesagt, würde also die von den Terlusollogen behauptete Atemtypsprägung, wie man es auch wendet, erst *nachgeburtlich* eintreten, was eine der Grundaussagen der Terlusollogie ad absurdum führt.

Aus den im vorhergehenden Abschnitt besprochenen medizinischen Aspekten während der Schwangerschaft ergibt sich allerdings ein weiteres Problem für die Terlusollogie, und zwar hinsichtlich des "ersten Atemzugs", wobei deutlich darauf hingewiesen werden muß, daß sich hier in den terlusollogischen Quellen keine Anhaltspunkte dafür finden lassen, daß damit ausschließlich *aerobe* Atemzüge gemeint sind. Wie dargelegt werden konnte, führt der Fötus bereits im Mutterleib umfangreiche Atembewegungen aus, die sicherlich kaum als bewußtes Atmen eingeordnet werden können. Der "erste Atemzug" findet also nachweislich bereits lange *vor* dem Einsetzen des Geburtsprozesses statt, wobei sich dieser Zeitpunkt nachträglich ohne vollumfängliche medizinische Überwachung wohl kaum rekonstruieren lassen dürfte. Auch erweist sich mit den FAB die Behauptung der Terlusollogen, daß mit dem ersten nachgeburtlichen Atemzug das Atemzentrum "aktiviert" wird, als apodiktische Aussage verstanden als unzutreffend – denn tatsächlich ist es bereits vorher aktiv (wenn auch mit anderer 'Empfindlichkeit'), da sonst die FAB nicht möglich wären. Von einer "Aktivierung" läßt sich also keineswegs sprechen. Würden die Terlusollogen jedoch dennoch auf den ersten Luftatemzug abstellen, wäre die "prägende Qualität" dann aber wohl eher bei der eingeatmeten Luft zu suchen und weniger bei der Sonne oder dem Mond – sofern die Terlusollogen in diesem Fall ihre phantastischen Spekulationen nicht um den Aspekt einer durch den Einfluß des Mondes bzw. der Sonne veränderten Luft erweitern würden, was wiederum zahlreiche neue Fragen und Probleme nach sich ziehen dürfte.

Ein weiterer Punkt betrifft die angeblich lebenslang anhaltende und unveränderliche Prägung auf einen "Atemtyp". Denn wie ebenfalls ausgeführt wurde, unterscheidet sich das Atemverhalten in den ersten 24 Stunden nach der Geburt von späteren Zeitpunkten. Ein Neugeborenes hat sicherlich keine Möglichkeit, einen "falschen

Atemtyp" entgegen der "Prägung" z.B. durch Nachahmung usw. zu erlernen, eine Möglichkeit, die von Terlusollogen für spätere Lebensalter behauptet wird[253] (ein weiterer Immunisierungsversuch). Nach der terlusollogischen Lehre müßte es also auch in diesen ersten 24 Stunden seinem Atemtyp gemäß atmen und dies auch später beibehalten. Wie zu sehen, ließe sich eine solche Behauptung jedoch nicht halten.

Da die "Atemtypsprägung" jedoch nicht nur physiologische Auswirkungen haben, sondern auch auf bestimmte psycho-soziale Präferenzen und soziales Verhalten prägend wirken soll, stellt sich die Frage, wie dies durch eine (wie auch immer hervorgerufene) "Prägung des Atemzentrums" geschehen soll, obgleich hier doch der Verdacht der genetischen Disposition (nicht: Determinismus!) und entsprechender Sozialisation viel näher liegt. Damit läßt sich auch ein Argument anwenden, das nach Prokop & Wimmer (2006: 8 ff) auch hinsichtlich der Astrologie wirksam ist, nämlich die einfache Feststellung, daß es ab und inklusive des Zeitpunkts der Zeugung sehr viele andere Einflußzeitpunkte geben kann. Warum soll eine "Prägung" gerade des Atemzentrums und in Verbindung mit dem "ersten Atemzug" stattfinden, wobei die Art der Prägung bzw. ihre Entstehung von den Terlusollogen in keiner Weise näher erläutert wird? Es läßt sich des Eindrucks nicht erwehren, daß, da es ja um "Atemtypen" geht, hier das Atemzentrum einfach begrifflich besser paßt als Ausführungen zu Eizellen, Spermien oder Zygoten oder gar genetischer Aspekte. Doch sagt die Ähnlichkeit von Begrifflichkeiten nichts über Wirkbeziehungen der mit diesen Begriffen bezeichneten Phänomene untereinander aus, was ansonsten in gewissem Sinne der magischen Signaturenlehre entsprechen würde, oder auch in einem weiten Sinne dem Ähnlichkeitsprinzip der Homöopathie. Doch muß dies hier nicht vertieft werden.

Doch gesetzt den Fall, es würde eine Einwirkmöglichkeit durch den Winkelgrad der Sonne am Himmel und der Beleuchtung des Mondes durch die Sonne auf das menschliche Atemzentrum geben, so würde, nach der Logik der Terlusollogie, es nicht ausreichen, entweder nur den Sauerstoffgehalt oder nur den Kohlendioxidgehalt des Blutes zu verändern – tatsächlich müßte Wirkung auf *beide* Werte erzielt werden, und zwar entgegengesetzt, sofern davon ausgegangen wird, daß pCO_2 oder pO_2 etwas mit der Entstehung des Atemtyps zu tun hätten – was auch bedeuten würde, daß es nicht *eine* unbekannte Kraft geben müßte, sondern *zwei*, da nicht denkbar ist, wie nur eine Kraft gleichzeitig auf Sauerstoff und Kohlendioxid in genau

---

[253] Vgl. dazu Hagena 2003: 28.

entgegengesetzter Weise wirken sollte, zudem sich ja auch Kohlendioxid im Zellinneren befindet, was auch für die Zellen des Atemzentrums gilt (wobei sich der Abbau eines der beiden Stoffe noch vorstellen läßt – wie jedoch eine Vermehrung, also eine Entstehung aus dem Nichts möglich sein soll, bleibt unvorstellbar). Zudem würde dann allerdings auch eine mögliche Auswirkung direkt auf den pH-Wert des Liquors im Raume stehen, denn wenn sich eine unbekannte Kraft auf Sauerstoff und Kohlendioxid auswirken kann, warum dann nicht auch auf den pH-Wert? Als weitere Möglichkeit käme in Betracht, daß diese Kraft direkt auf die beiden differenten Zellgewebe des Atemzentrums einwirkt oder auch nur auf eines. Dies würde aber den Verdacht nahelegen, daß es sich um eine Art Strahlung handelt, ähnlich den Röntgenstrahlen, da hierzu ja sowohl Haut, Knochen und Gewebe durchdrungen werden müßte. Problematisch an dieser Vorstellung ist, daß, will man nicht annehmen, daß nur das Atemzentrum quasi zielgerichtet 'bestrahlt' wird (was dann einen zielgerichtet Handelnden erfordern würde) diese Strahlung den gesamten Körper des Neugeborenen durchdringen müßte. Wieso dann aber nur eine Wirkung auf das Atemzentrum eintreten soll und nicht auch auf andere Zellverbände, insbesondere des Gehirns, bleibt rätselhaft, auch, warum eine solche Strahlung unschädlich sein sollte. Denkbar wäre dabei z.B. auch ein Zell- bzw. Gewebetropismus. So zeigen z.B. bestimmte Erreger und Toxine eine Affinität zu bestimmten Geweben[254], gewebespezifische Veränderungen durch (real existierende) äußere Einflüsse existieren also fraglos. Nimmt man allerdings eine unbekannte Kraft als Erklärung an, so ist man auch frei darin, einen Gewebetropismus durch 'Mondstrahlung', Sonnenmagnetismus oder eine Kombination aus beidem anzunehmen. Problematisch daran ist wiederum, daß Gewebetropismus im Normalfall negative Wirkungen hat (Zerstörung des Gewebes) – wobei sich derlei Einwände auch noch weiterspinnen ließen, so z.B. bis hin zur Behauptung, daß es gerade die durch Terlusollogen propagierten Einflüsse seien, die spätere Krankheiten, Verhaltensauffälligkeiten usw. überhaupt erst auslösen würden und Gebärende deshalb besonders vor derlei 'unbekannten Kräften' geschützt werden müssten. Solche möglichen negativen Wirkungen, die, wird das terlusollogische Weltbild akzeptiert, ebenfalls denkbar sind, blenden Terlusollogen jedoch einfach aus, was als äußerst einseitige Darstellungsweise bezeichnet werden kann.

---

[254] Bünte & Bünte 2004: 572. Vgl. dazu auch die tabellarische Darstellung a.a.O., die eine Übersicht hinsichtlich Gewebe, Erregern und Krankheitsbildern bietet.

Alle geschilderten, die Atmung betreffenden Aspekte müssen auch den Autoren Hagena & Hagena bekannt sein, da beide Mediziner sind, Charlotte Hagena gar Kinderärztin. In den Büchern zur Terlusollogie der beiden Autoren erfährt der Leser jedoch *nichts* von diesen Aspekten, abgesehen von dem Hinweis, das Atemzentrum würde bei der Geburt in irgendeiner Weise von Sonne oder Mond beeinflußt und erstmalig 'aktiviert', was, wie zu sehen war, überdies in dieser Vereinfachung falsch ist.

Insgesamt läßt sich festhalten, daß sich die 'Erkenntnisse' der Terlusollogie hinsichtlich irgendeiner "Prägung" zu einem "Atemtyp" im Zusammenhang mit der Geburt nicht in Einklang bringen lassen mit gut erforschten und empirisch belegbaren medizinischen Erkenntnissen und physiologischen Tatsachen. Die Aussagen bzw. Behauptungen der Terlusollogie sind diesbezüglich in sich unlogisch, beinhalten Widersprüche und sind definitorisch als unzulänglich anzusehen. Mit dem Adjektiv 'wissenschaftlich' lassen sich diese Behauptungen und Aussagen zumindest nach dem derzeitigen Wissenschaftsverständnis nicht in Zusammenhang bringen.

5.3 – Zu (3) Möglichkeiten der Berechnung der dominierenden Energie zum Geburtszeitpunkt:

Wie bis hierher deutlich geworden sein sollte, ist die Grundidee der Berechnung der jeweiligen "Energie" von Sonne und Mond zum Geburtszeitpunkt, relativ simpel und wurde teilweise schon erklärt. Noch einmal zur Verdeutlichung:

Die (tabellarische) Zuordnung eines Menschen in "lunar" oder "solar" basiert auf einer einfachen Rechnung. Dabei werden hauptsächlich zwei Parameter verwendet, die zum Zeitpunkt der Geburt das Atemzentrum im Gehirn prägen sollen. Nämlich erstens der Grad des Sonnenstandes und der Grad der Lichtreflexion des Mondes, was nicht mit den in der Astronomie gebräuchlichen Mondphasen gleichzusetzen ist – gemeint ist tatsächlich der tägliche Zuwachs der Fläche des Mondes, der von der Nachtseite der Erde aus erkennbar ist. Dabei wird (unüblicherweise) ausgegangen vom Vollmond, der mit 100 % "Mondenergie" gleichgesetzt wird, wobei pro Tag 6,6 % bzw. 7 % von diesen 100 % abgezogen wird, bis der Neumond erreicht wird, der mit 1 % Mondenergie gleichgesetzt wird.

Die "Sonnenenergie" wird ebenfalls prozentual errechnet. Dabei gilt 100% "Sonnenenergie" für den 21. Juni, also den Sommeranfang, da die Sonne dann ihren Höchststand erreicht, wobei der genaue Höhenwinkel jedoch vom Standort des Betrachters auf der Erde abhängt. Der niedrigste Stand der Sonne am 21. Dezember hingegen wird mit 1 % "Sonnenenergie" gleichgesetzt. Zwischen diesen Daten wird dabei davon ausgegangen, daß sich ab dem 21. Juni mit jedem verstreichenden Tag die "Sonnenenergie" um 0,5 % verringert, bis sie am 21. Dezember den Wert 1 erreicht – danach wächst die "Sonnenenergie" mit jedem verstreichenden Tag um 0,5 % an, bis am 21. Juni wieder 100 % erreicht wird.

Die Zuordnungen der "Typen" richtet sich dabei danach, welche der beiden Prozentzahlen höher ist – zusammen können beide Werte über 100 % erreichen oder weit darunter bleiben. Dabei können Zuordnungen dann nicht als exakt angesehen werden, wenn beide Werte zu nahe beieinander liegen, wobei die Differenz zwischen beiden Werten unter 7 bzw. 6,6 liegt. Dies kann z.B. dann vorkommen, wenn an einem Tag der Stand der "Sonnenenergie" niedrig ist und dieser Tag kurz vor oder nach Neumond liegt. Personen, bei denen keine eindeutige Zuordnung möglich ist, werden als "Fragezeichentyp" bezeichnet – dennoch soll es keine "Mischtypen" geben, entweder die "lunare" oder die "solare" Energie" soll letztendlich doch immer überwiegen[255].

5.3.1 – Kritik zu (3) Möglichkeiten der Berechnung der dominierenden Energie zum Geburtszeitpunkt:

Eigentlich müßte die Berechnungsmethode, wie sie in der Terlusollogie verwendet wird, überhaupt nicht kritisiert werden, da es offensichtlich in Wirklichkeit nichts zu berechnen gibt (es sich hier also um Zahnfeewissenschaft handelt) und die gesamte Methode sich deutlich erkennbar weder mit medizinischem noch astronomischem oder physikalischem gesicherten Wissen in Einklang bringen läßt. Doch wenn dermaßen weitreichende Behauptungen wie in der Terlusollogie aufgestellt werden und die Berechnung zudem noch als Argument für Wissenschaftlichkeit herhalten muß *und* zudem einen Hauptbestandteil des Fundaments der terlusollogischen 'Theorie' ausmacht, sollte davon ausgegangen werden können, daß zumindest diese Berechnungsmethode – auch bei willkürlich gewählten Werten – in sich fehlerfrei ist. Dies ist jedoch aus mehreren Gründen nicht der Fall, was beim terlusollogischen Umgang mit Zahlen allerdings wenig verwunderlich erscheint:

---

[255] Vgl. Hagena 2003: 16.

"Die durch die Vereinfachung entstehenden Ungenauigkeiten nahm er [Erich Wilk; Anm. d. V.] wegen der einfachen Berechnungsmöglichkeiten ohne komplizierte mathematische Formeln in Kauf. Um keine falschen Berechnungsergebnisse zu erhalten, verlangte er für eine Aussage über die vorherrschende Energie eine Differenz beider Kräfte von mindestens einem Mondtag = 6,6%. Nur wenn die Differenz größer als 6,6% ist, kann eine eindeutige Aussage über die an einem beliebigen Datum zu diesem Zeitpunkt vorherrschende Energie getroffen werden. Für die tägliche Arbeit haben wir die 6,6% auf 7% aufgerundet."[256]

Warum dies (unabhängig von der Sinnhaftigkeit der gesamten Berechnung) kritikwürdig ist, bedarf selbstverständlich einer Erklärung.

Zunächst wären auf Unzulänglichkeiten des Wertes 6,6 % hinzuweisen. Wie bereits dargestellt, dient dieser Wert zur Einteilung des Wechsels von Voll- zu Neumond und umgekehrt. Dieser Wert ist auch tatsächlich geeignet, als Subtraktionsintervall zu dienen, so daß linear von 100 bis 1 hinuntergerechnet werden kann, wie in der nachfolgenden Übersicht dargestellt.

01.	100	11.	34	21.	34
02.	93.4	12.	27.4	22.	40.6
03.	86.8	13.	20.8	23.	47.2
04.	80.2	14.	14.2	24.	53.8
05.	73.6	15.	7.6	25.	60.4
06.	67	16.	1	26.	67
07.	60.4	17.	7.6	27.	73.6
08.	53.8	18.	14.2	28.	80.2
09.	47.2	19.	20.8	29.	86.8
10.	40.6	20.	27.4	30.	93.4

Tab. 4 – Ergebnisse bei Subtraktionsintervall 6,6.

Wie allerdings weiterhin zu sehen ist, gelingt dies nur, wenn von Voll- bis Neumond 15 Tage bzw. von Vollmond zu Vollmond 30 Tage zugrunde gelegt werden. Tatsächlich jedoch sind dies idealisierte Werte. Im Durchschnitt dauert nämlich die Phase von Voll- zu Neumond (eigentlich von Neu- zu Vollmond) nicht genau 15 Tage, sondern 14 Tage, 18 Stunden und 22 Minuten, was umgewandelt in eine Dezimalzahl 14,765277777778 ergibt (weshalb logischerweise der letzte Tag weniger 'Energie' 'ausstrahlen' müßte, doch kommt es hier auf diesen weiteren Logikfehler der Terlu-

---

[256] Hagena 2005[2]: 12.

sollogen nicht an). Würden die Terlusollogen es mit ihrer doch so grundlegenden Berechnungsmethode genau nehmen, müßte der Wert 14,765277777778 der linearen Subtraktion zugrunde liegen. Allerdings könnte dann nicht mehr mit 6,6 % gerechnet werden, sondern mit 6,734687889 (ein Näherungswert[257], wenn auch ein recht genauer und über die Aufrundung auf 14,8 gewonnen). Umso unsinniger ist es, wenn zur weiteren "Vereinfachung" nicht 6,6 verwendet, sondern einfach auf 7 aufgerundet wird. Dann nämlich wird bei der linearen Subtraktion an Tag 16 der Mondphasen (gerechnet ab Vollmond hin zu Neumond) der negative Wert -5 erreicht (vgl. nachfolgende Tabelle), und nicht etwa 1, was also eine nicht unerhebliche Veränderung des Ergebnisses bedeutet.

01.	100	09.	44
02.	93	10.	37
03.	86	11.	30
04.	79	12.	23
05.	72	13.	16
06.	65	14.	9
07.	58	15.	2
08.	51	16.	-5

Tab. 5 – Ergebnisse bei Subtraktionsintervall 7.

Es zeigt sich also, daß die Berechnungen zum "lunaren Atemtyp" erhebliche Ungenauigkeiten aufweisen, weshalb nach den so gewonnenen Ergebnissen selbst nach terlusollogischen Maßstäben keineswegs "eindeutige Aussagen" getroffen werden können, wie Hagena schreibt. Um die Berechnung des "solaren Atemtyps" steht es dabei kaum besser. Ausgehend vom 21. Juni (Sommeranfang), der mit 100 % veranschlagt wurde, hin zum 21. Dezember (letzter Tag vor dem Winteranfang, veranschlagt mit 1 %) sollte dabei die "Sonnenenergie" mit jedem Tag um 0,5% abnehmen, und umgekehrt vom 22. Dezember an wieder pro Tag um 0,5 % steigen. Auch hier ist der angenommene Wert (0,5 %) alles andere als genau. Denn der Zeitraum vom 21.06 bis zum 21.12. umfaßt inklusive dieser beiden Daten 184 Tage, auch unabhängig davon, ob es sich um ein Schaltjahr handelt, da die Interkalation bekanntlich als 29. Februar vorgenommen wird, also außerhalb dieses Zeitraums. Die Berechnungsungenauigkeit besteht also bereits seit Erfindung der Terlusollogie. Wird

---

[257] Dies ergibt sich einfach daraus, daß sowohl Taschenrechner wie auch Programmiersprachen Grenzen in der Länge der zu verarbeitender Dezimalzahlen besitzen.

nämlich bei 184 Tagen, ausgehend von 100 und (gedacht) endend bei 1 tatsächlich linear jeweils 0,5 pro Tag subtrahiert, so liegt der Wert des letzten Tages tatsächlich nicht bei 1, sondern, wie nachfolgende Reihung zeigt, bei 8,5 – ein nicht unerheblicher Unterschied, der immerhin die Differenz für eine "eindeutige Aussage" von 7 übersteigt.

1. 100| 2. 99,5| 3. 99| 4. 98,5| 5. 98| 6. 97,5| 7. 97| 8. 96,5| 9. 96| 10. 95,5| 11. 95| 12. 94,5| 13. 94| 14. 93,5| 15. 93| 16. 92,5| 17. 92| 18. 91,5| 19. 91| 20. 90,5| 21. 90| 22. 89,5| 23. 89| 24. 88,5| 25. 88| 26. 87,5| 27. 87| 28. 86,5| 29. 86| 30. 85,5| 31. 85| 32. 84,5| 33. 84| 34. 83,5| 35. 83| 36. 82,5| 37. 82| 38. 81,5| 39. 81| 40. 80,5| 41. 80| 42. 79,5| 43. 79| 44. 78,5| 45. 78| 46. 77,5| 47. 77| 48. 76,5| 49. 76| 50. 75,5| 51. 75| 52. 74,5| 53. 74| 54. 73,5| 55. 73| 56. 72,5| 57. 72| 58. 71,5| 59. 71| 60. 70,5| 61. 70| 62. 69,5| 63. 69| 64. 68,5| 65. 68| 66. 67,5| 67. 67| 68. 66,5| 69. 66| 70. 65,5| 71. 65| 72. 64,5| 73. 64| 74. 63,5| 75. 63| 76. 62,5| 77. 62| 78. 61,5| 79. 61| 80. 60,5| 81. 60| 82. 59,5| 83. 59| 84. 58,5| 85. 58| 86. 57,5| 87. 57| 88. 56,5| 89. 56| 90. 55,5| 91. 55| 92. 54,5| 93. 54| 94. 53,5| 95. 53| 96. 52,5| 97. 52| 98. 51,5| 99. 51| 100. 50,5| 101. 50| 102. 49,5| 103. 49| 104. 48,5| 105. 48| 106. 47,5| 107. 47| 108. 46,5| 109. 46| 110. 45,5| 111. 45| 112. 44,5| 113. 44| 114. 43,5| 115. 43| 116. 42,5| 117. 42| 118. 41,5| 119. 41| 120. 40,5| 121. 40| 122. 39,5| 123. 39| 124. 38,5| 125. 38| 126. 37,5| 127. 37| 128. 36,5| 129. 36| 130. 35,5| 131. 35| 132. 34,5| 133. 34| 134. 33,5| 135. 33| 136. 32,5| 137. 32| 138. 31,5| 139. 31| 140. 30,5| 141. 30| 142. 29,5| 143. 29| 144. 28,5| 145. 28| 146. 27,5| 147. 27| 148. 26,5| 149. 26| 150. 25,5| 151. 25| 152. 24,5| 153. 24| 154. 23,5| 155. 23| 156. 22,5| 157. 22| 158. 21,5| 159. 21| 160. 20,5| 161. 20| 162. 19,5| 163. 19| 164. 18,5| 165. 18| 166. 17,5| 167. 17| 168. 16,5| 169. 16| 170. 15,5| 171. 15| 172. 14,5| 173. 14| 174. 13,5| 175. 13| 176. 12,5| 177. 12| 178. 11,5| 179. 11| 180. 10,5| 181. 10| 182. 9,5| 183. 9| 184. 8,5|

'Richtiger' (da wiederum ein Näherungswert) wäre 0,54098299999999 – mit diesem Wert würde am letzten Tag das Ergebnis 1,000111, also gerundet 1 lauten, wie nachfolgend zu sehen:

1. 100| 2. 99,459017| 3. 98,918034| 4. 98,377051| 5. 97,836068| 6. 97,295085| 7. 96,754102| 8. 96,213119| 9. 95,672136| 10. 95,131153| 11. 94,59017| 12. 94,049187| 13. 93,508204| 14. 92,967221| 15. 92,426238| 16. 91,885255| 17. 91,344272| 18. 90,803289| 19. 90,262306| 20. 89,721323| 21. 89,18034| 22. 88,639357| 23. 88,098374| 24. 87,557391| 25. 87,016408| 26. 86,475425| 27. 85,934442| 28. 85,393459| 29. 84,852476| 30. 84,311493| 31. 83,77051| 32. 83,229527| 33. 82,688544| 34. 82,147561| 35. 81,606578| 36. 81,065595| 37. 80,524612| 38. 79,983629| 39. 79,442646| 40. 78,901663| 41. 78,36068| 42. 77,819697| 43. 77,278714| 44. 76,737731| 45. 76,196748| 46. 75,655765| 47. 75,114782| 48. 74,573799| 49. 74,032816| 50. 73,491833| 51. 72,95085| 52. 72,409867| 53. 71,868884| 54. 71,327901| 55. 70,786918| 56. 70,245935| 57. 69,704952| 58. 69,163969| 59. 68,622986| 60. 68,082003| 61. 67,54102| 62. 67,000037| 63. 66,459054| 64. 65,918071| 65. 65,377088| 66. 64,836105| 67. 64,295122| 68. 63,754139| 69. 63,213156| 70. 62,672173| 71. 62,13119| 72. 61,590207| 73. 61,049224| 74. 60,508241| 75. 59,967258| 76. 59,426275| 77. 58,885292| 78. 58,344309| 79. 57,803326| 80. 57,262343| 81. 56,72136| 82. 56,180377| 83. 55,639394| 84. 55,098411| 85. 54,557428| 86. 54,016445| 87. 53,475462| 88. 52,934479| 89. 52,393496| 90. 51,852513| 91. 51,31153| 92. 50,770547| 93. 50,229564| 94. 49,688581| 95. 49,147598| 96. 48,606615| 97. 48,065632| 98. 47,524649| 99. 46,983666| 100. 46,442683| 101. 45,9017| 102. 45,360717| 103. 44,819734| 104. 44,278751| 105. 43,737768| 106. 43,196785| 107. 42,655802| 108. 42,114819| 109. 41,573836| 110.

41,032853| 111. 40,49187| 112. 39,950887| 113. 39,409904| 114. 38,868921| 115.
38,327938| 116. 37,786955| 117. 37,245972| 118. 36,704989| 119. 36,164006| 120.
35,623023| 121. 35,08204| 122. 34,541057| 123. 34,000074| 124. 33,459091| 125.
32,918108| 126. 32,377125| 127. 31,836142| 128. 31,295159| 129. 30,754176| 130.
30,213193| 131. 29,67221| 132. 29,131227| 133. 28,590244| 134. 28,049261| 135.
27,508278| 136. 26,967295| 137. 26,426312| 138. 25,885329| 139. 25,344346| 140.
24,803363| 141. 24,26238| 142. 23,721397| 143. 23,180414| 144. 22,639431| 145.
22,098448| 146. 21,557465| 147. 21,016482| 148. 20,475499| 149. 19,934516| 150.
19,393533| 151. 18,85255| 152. 18,311567| 153. 17,770584| 154. 17,229601| 155.
16,688618| 156. 16,147635| 157. 15,606652| 158. 15,065669| 159. 14,524686| 160.
13,983703| 161. 13,44272| 162. 12,901737| 163. 12,360754| 164. 11,819771| 165.
11,278788| 166. 10,737805| 167. 10,196822| 168. 9,655839| 169. 9,114856| 170. 8,573873|
171. 8,03289| 172. 7,491907| 173. 6,950924| 174. 6,409941| 175. 5,868958| 176. 5,327975|
177. 4,786992| 178. 4,246009| 179. 3,705026| 180. 3,164043| 181. 2,62306| 182. 2,082077|
183. 1,541094| 184. 1,000111|

Wilk, einem Geiger, der weder Mathematiker war, noch eine wissenschaftliche Ausbildung genossen hatte und glaubte, "exakte Forschung"[258] betrieben zu haben, mag
man diese Ungenauigkeiten nicht vorwerfen, da es damals weder Taschenrechner
noch für Privatleute zugängliche Computer gab. Erstaunlich jedoch ist es, daß in den
mittlerweile über sechzig Jahren des Bestehens der Terlusollogie bzw. ihrer Grundidee offensichtlich niemand, der damit befaßt war, auf den Gedanken gekommen ist,
die o.g. Werte exakter zu bestimmen – im Gegenteil wurden sie noch verschlechtert
(7 %).

Abschließend bleibt anzumerken, daß die Angaben exakterer Werte selbstverständlich *nicht* dazu dienen sollen, die Terlusollogie in irgendeiner Weise zu verbessern,
sondern lediglich, um aufzuzeigen, daß die Terlusollogen selbst allereinfachste
Grundlagen wissenschaftlicher Arbeitsweise – nach Ansicht des Autors auch und vor
allem aufgrund mangelnder Selbstkritik oder einfach aus dem vielleicht auch nur un-
bewußt vorhandenem Wissen heraus, daß diese Zahlenwerte, da Phantasmen, sowieso keine Rolle spielen – vermissen lassen.

---

[258] Vgl. Pezenburg 2012: 10.

6. – Versuch einer hermeneutisch orientierten Rekonstruktion und ideenge-schichtlichen Zuordnung der Wilk'schen Typenlehre bzw. der Terlusollogie:

In die weiter oben behandelte Zeit der Auseinandersetzung zwischen alternativer und universitärer Medizin zu Anfang des 20. Jahrhunderts nun wurde der Erfinder der Terlusollogie Erich Wilk 1915 in Bochum-Hamme hineingeboren[259]. Aus öffentlich zugänglichen Quellen ist über Wilk nicht mehr bekannt, als die Terlusollogen Hagena / Hagena (in recht einseitiger Darstellung) auf Webseiten und in Büchern verraten. Dies schafft einerseits Raum für terlusollogische Mythenbildung und den Aufbau eines Märtyrers der Sache (beides hat bereits eingesetzt[260]), andererseits aber auch für kritische Spekulationen, wobei letztere allerdings immer als besonders fragwürdig angesehen werden müssen (so könnte z.b. darüber spekuliert werden, inwiefern die Tatsache der Kriegsgefangenschaft an sich oder die Bedingungen derselben zu möglichen psychischen Dispositionen geführt haben, die wiederum mit der Entwicklung des Wilk'schen Ideengebäudes in Verbindung stehen könnten).

Daß Wilk irgendwann in seinem Leben in Kontakt zu esoterischem Gedankengut gekommen ist und dieses in sein Denken integriert hat, steht außer Frage und wird

---

[259] Vgl. Hagena, Chr. (o. J.): *Erich Wilk*. Unter: http://s224198223.online.de/wsb4710187902/3.html, 05.08.2014.
[260] Dies läßt sich leicht daran ablesen, daß Wilk auf der von Hagena betriebenen Website noch als "begnadeter Geiger" bezeichnet wird, auf der Website von Frautschi jedoch heißt es bereits, Wilk "[...] besass eine ausserordentliche Intelligenz und war ein hochbegabter Geiger" (wobei sich die Frage stellt, woher Frautschi von der außerordentlichen Intelligenz wissen will), und auf der Website von Wagner wird gar postuliert: "Wilk war ein hochbegabter Geiger [...]. Er studierte in Essen und Berlin, als der 2. Weltkrieg ausbrach und zuerst unter Rommel nach Afrika, später nach Sibirien als Soldat geschickt wurde. [...] Noch heute ist er in seiner Heimat als 'der Mann mit den heilenden Händen' bekannt. Leider wurde seine Arbeit, für die er seine Geigerkarriere nicht weiter verfolgte, immer wieder so bekämpft, dass er all seine Ausarbeitungen am Ende seines Lebens vernichtete und als verbitterter Mann 2001 starb." Daß hier eindeutig Legendenbildung durch Ausschmückung betrieben wird, ist offensichtlich. So findet sich z.B. der Aufenthalt Wilks in der Sahara als Kriegsgefangener auch bei Hagena - wie Wilk jedoch daraus als Soldat nach Sibirien (also eine Gegend, die die Wehrmacht niemals erreichte, lediglich Kriegsgefangene wurden dorthin deportiert) geschickt worden sein soll, bleibt unerklärlich, trägt aber zur Legende des mühsalbeladenen Genies bei. Auch ein Hinweis auf die Bekanntheit Wilks in seiner "Heimat" als "der Mann mit den heilenden Händen" findet sich nirgendwo sonst (außer auf einer anderen Webseite, die den praktisch gleichen Text offeriert). Unklar bleibt, welche "Heimat" gemeint ist, war Wilk doch recht umtriebig und an vielen Orten tätig - geboren wurde Wilk, wie bereits dargelegt, in Bochum. (Der Autor des vorliegenden Textes, selbst dort gebürtig und wohnhaft, hat jedenfalls - ebenso andere danach befragte Bochumer - nie zuvor von Erich Wilk gehört.) Ebenfalls zur Legendbildung des Märtyrers trägt der Hinweis bei, daß Wilk "immer wieder so bekämpft" worden sei, daß dies zu tiefer Verbitterung geführt habe. Tatsächlich ist nicht eine einzige negative Stellungnahme aus früheren Jahren zu Wilks Werk zu finden. Anzunehmen ist zwar durchaus, daß Wilks Ideen nicht überall auf offene Ohren stießen, doch stellt Kritik an derlei Phantasmen keineswegs eine Bekämpfung dar. Eine solche Verdrehung hingegen kann als ein typisches Merkmal von Verschwörungstheorien gelten. (Zitate nach: Hagena, Chr. [o.J.]: *Erich Wilk*. Unter: http://s224198223.online.de/wsb4710187902/3.html, 05.08.2014; Frautschi, F. [o.J.]: *Einführung*. Unter: http://www.terlusollogie.ch/terlusollogie/terlusollogie-und-musik, 24.11.2016; Wagner, Iris-Julia [o.J.]: *Herkunft der Terlusollogie*. Unter: http://www.ift-heidelberg.de/index.php/info-terl, 24.11.2016.)

auch durch entsprechende Fundstellen in seinem 1949 erschienen Buch belegt, in dem es nicht nur ein ganzes Kapitel zum Thema "Magnetopathie" (S. 12) gibt[261], sondern in dem Wilk auch schreibt:

"In meiner frühesten Jugend machte ich bereits die Entdeckung, daß es Kräfte gab, die außerhalb des irdischen Bereiches lagen."[262]

Damit ist nicht etwa irgendeine Art von Gottesvorstellung gemeint, sondern solche "Kräfte", die esoterischen Bereichen zugeordnet werden können. Darüber hinaus scheint Wilk auch über einige, wenn auch nicht sehr tiefgehende astronomische Kenntnisse verfügt zu haben, wobei jedoch unklar bleiben muß, ob sich diese aus einer tatsächlichen Beschäftigung mit der Astronomie oder nicht vielmehr der Astrologie (was wohl wahrscheinlicher ist) speisen. So ist die esoterische Ideenwelt, die der Terlusollogie zugrunde liegt, unübersehbar, auch unabhängig davon, ob in aktuellen terlusollogischen Schriften dieser Hintergrund verschwiegen wird oder sogar wie bei Hagena (2003: 16) eine strikte Abgrenzung gegenüber der Esoterik erfolgt.

Doch daß es sich bei Wilk um einen Esoteriker reinsten Wassers gehandelt hat, steht außer Zweifel. Darauf weisen nicht nur die o.g. Stellen seines Buches hin, sondern noch weitere Fundstellen, die sich bestimmten Vorstellungen zuordnen lassen.

So war Wilk zweifellos dem Paranormalen zugetan und glaubte an Telepathie und andere Möglichkeiten der Gedankenbeeinflussung bzw. der Beeinflussung durch Gedanken in Form einer Art letalen Telekinese:

- Bei einer "typgleichen" Ehe sei zwischen den Partnern die "[...] Gedankenübertragung [...] so stark, daß sie selbst durch Länder und Meere getrennt noch Verbindung miteinander haben"[263]. Eine auf den ersten Blick recht romantische Vorstellung, die sich jedoch tatsächlich inhaltlich völlig treffend auf die Telepathie bezieht[264].

---

[261] Vgl. Pezenburg 2012: 5.
[262] Wilk 1949: 3, zitiert nach Pezenburg 2012: 5.
[263] Ebd.: 23, zitiert nach Pezenburg 2012: 8.
[264] Vgl. Bonin (Hrsg.) 1984: 483 f, s.v. *Telepathie*, Sp.1 sowie Oepen et al. (Hrsg.) 1999: 298 s.v. *Telepathie*.

- Und bei "Naturvölkern" sei es immer noch üblich, Verbrecher mit "Gedanken-strahlen" zu töten, etwas, das "zivilisierte Menschen" nicht verstehen könnten, da diese "zu wenig Naturkraft" besitzen würden[265].

Auch finden sich Bezüge zur mittelalterlichen "Mondgläubigkeit"[266] (gleichwohl sich Spekulationen hinsichtlich des Lunatismus auch schon bei Aristoteles finden[267]), wenn Wilk schreibt, daß die "[...] Menstruation [...] bei gesunden Frauen mit dem Mondstand des Geburtstages zusammentreffen"[268] müsse. Dabei scheint Wilk bei der Entwicklung seiner Typenlehre zunächst gar keinen Bezug zur Sonne, sondern ausschließlich zum Mond gehabt zu haben (mit "freundlicher Herr" ist nachfolgend der Vollmond gemeint):

"Wenn der freundliche Herr Ebbe und Flut verursacht, dann wird er wohl auch Einfluß auf die 80 Prozent Wasser in meinem Körper haben. Ich machte nun Aufzeichnungen und siehe da, mit dem Mond kamen die Ideen, und mit ihm gingen sie. Ich stellte Be-trachtungen an, inwieweit Zusammenhänge zwischen dem Mondeinfluß und dem Kör-pergeschehen bestehen könnten. Das Bewegungsprinzip war offensichtlich, zumal ich beim Sport den gleichen Einfluß feststellte. Also prägte ich für die Mondkraft das Wort Dynamik. In meinen philosophischen Betrachtungen hatte ich schon das Vorhanden-sein einer Dynamik und einer Statik erkannt. Dynamik stellte ich gleich Bewegung pla-nenden Geist und Statik gleich Festigkeit planenden Verstand. [...] Der Begriff Dynamik hat also einen Erzeuger gefunden. Für die Statik wählte ich mutig die Sonne, denn nichts schien mir offensichtlicher, als die Polarität dieser beiden kosmischen Kräfte.

Da ich für die jeweiligen Denkvorgänge gleich verschiedene Gehirnzentren erkannte, konstruierte ich nun Mond- und Sonnenkopfteile. Eine Überprüfung ergab, daß bei be-weglichem Hören und Sehen das Blut in den Hinterkopf zog und dort stärker arbeitete.

---

[265] Vgl. die Ausführungen von Wilk (S. 59) in: Pezenburg 2012: 12; anzumerken bleibt, daß diese Idee wahrscheinlich nicht grundlos an den "Bösen Blick" erinnert, der ebenfalls schädigende Wirkungen hervorrufen soll und insbesondere während der Zeit der Hexenverfolgung häufig als Anklagepunkt bzw. Vorwurf diente (vgl. Sprenger & Institoris 1993 [1486]: 22 bzw. je nach Herausgabe des 'He-xenhammers' das Kapitel *Ob der Dämon mit dem Hexer mitwirke, zweite Frage*, Teil 1); vgl. zum "Bö-sen Blick" auch Oepen et al. (Hrsg.) 1999: 54 s.v. *Böser Blick*.
[266] Vgl. dazu Much 2003: 98 ff.
[267] Vgl. Oepen et al. (Hrsg.) 1999: 169 f s.v. *Lunatismus*; anzumerken bleibt, daß auch andere Lehren als nur die Terlusollogie dem Mond eine wichtige Rolle in ihrem Ideengebäude einräumen, so z.B. die katastrophistische Welteislehre von *Hanns Hörbiger*, in der davon ausgegangen wird, daß der Mond in regelmäßigen Abständen auf die Erde stürze, bedingt durch "ätherisches Feineis", das dem Mond Reibungswiderstand entgegensetze und somit seine Verkleinerung durch Abrieb bewirke (vgl. Wesse-ly in: Rupnow et al. [Hrsg.] 2008: 163) – hier ließe sich durchaus von einem 'katastrophistischen Luna-tismus' sprechen.
[268] Wilk 1949: 60, zitiert nach Pezenburg 2012: 12.

Bei der Beschäftigung mit ruhenden Fragen, z. B. statischem Lesen oder rhythmischem, akkordischen und statisch-sachlichem Hören, konzentrierte sich das Blut stärker in den vorderen Kopfpartien."[269]

Der Bezug zur Sonne ergibt sich also lediglich durch die (optisch hervorgerufene) Assoziation des Gegensatzes zum Mond. Demzufolge läßt sich die Terlusollogie in ihren Grundzügen durchaus dem Lunatismus bzw. der Mondgläubigkeit zuordnen, was sie hinsichtlich dieses Aspekts in die Nähe der Anthroposophie rückt[270]. Interessanter jedoch ist die im obigen Zitat festzustellende Anlehnung an magische Vorstellungen der Entsprechung – die von Wilk bereits früher angeblich festgestellte "Dynamik" kann nach seinen Vorstellungen nur durch den Mond bewirkt werden, weil dieser (im Gegensatz zur Sonne) "Bewegung" (um die Erde), also eine "Dynamik" aufweist (was zwar visuell ohne Hilfsmittel nicht wahrnehmbar, astronomisch aber dennoch falsch ist, da auch die Sonne rotiert [sowohl um ihre eigene Achse wie auch um das Zentrum der Milchstraße] und deshalb keineswegs statisch ist, wobei dies jedoch für Beobachter nicht so offensichtlich ist wie die Veränderungen des Mondstandes) – auch der Bezug des Mondes zur "Bewegung" von Ebbe und Flut ist so unrichtig, da auch die Sonne den Gezeitenstand beeinflußt. Die übrigen von Wilk getroffenen Zuordnungen bzw. Unterscheidungen zwischen Geist und Verstand folgen ebenfalls lediglich einer Analogiebildung, wobei anzunehmen ist, daß die "Überprüfung" hier wie bei anderen Gelegenheiten ebenfalls mittels eines siderischen Pendels (also eines Pendels, das stellare Einflüsse sichtbar machen soll[271]) erfolgt sind.

Die Behauptung, daß es sich bei der Terlusollogie (bzw. noch bei Wilk der Typenlehre) um etwas handele, das auf "exakten" Erkenntnissen beruht, wird zwar auch von Hagena aufgestellt, findet sich jedoch auch schon bei Wilk. Während Hagena jedoch eher allgemein und in einer anderen als einer wissenschaftlichen Definition von "Erfahrung" spricht, verweist Wilk darauf, seine "exakten" Erkenntnisse (zumindest einige davon) durch den Einsatz eines siderischen Pendels gewonnen zu haben:

---

[269] Ebd.: 5 f, zitiert nach Pezenburg 2012: 5.
[270] Auch in anderer Beziehung zeigen sich Parallelen. So hat nach Zander (2007b: 1502) Rudolf Steiner neben der Graphologie und Chiromantie, der Irisdiagnose auch magnetische Wirkungen im Rahmen von Elektrotherapien akzeptiert und heilmagnetische Kräfte zwischen Ätherleibern postuliert.
[271] Vgl. Bonin (Hrsg.) 1984: 485, s.v. *Tellerismus*, Sp.2.

"Nachdem ich die Plus- und Minusstellen entdeckt hatte, benütze ich gleich das siderische Pendel, um meine Entdeckung zu überprüfen. [...] Ich bin durch exakte Forschung so weit gelangt, daß ich Lüge und Wahrheit absolut feststellen kann."[272]

Und:

"Lügt ein Mensch, konzentriert sich sein Blut gegen seinen Willen in den Minus-Körperstellen. Sagt er die Wahrheit, konzentriert es sich in den Plus-Körperstellen. Das siderische Pendel zeigt dieses genau an. Es schlägt an den Plus-Stellen rund und bei Lüge gerade an."[273]

Dabei scheint Wilk der Einwand hinsichtlich der ideomotorischen Bewegungen, mit denen sich Pendelausschläge erklären lassen[274], durchaus bekannt gewesen zu sein, da er (ohne das Argument jedoch zu nennen) vorbeugend darauf eingeht, indem er schreibt, daß "der Körpermagnetismus" die Hand bewege "[...] und nicht das Bewußtsein des Magnetopathen. Kein Mensch ist dazu imstande, die unbewußten

---

[272] Wilk 1949: 49, zitiert nach Pezenburg 2012: 10.
[273] Ebd.: 57, zitiert nach Pezenburg 2012: 12.
[274] Dazu schreibt Janatzek (2017: 332 Fn 830): "Ein Beispiel dafür kann das Experiment zum 'Tischrücken' von *Michael Faraday* sein (dieses Beispiel wurde entnommen bei Wiseman 2012: 170 ff). Dieser bedeutende englische Experimentalphysiker des 19. Jh. beschäftigte sich u.a. auch mit der Frage, wie das Phänomen des bei Spiritisten (bzw. Mitglieder spiritistischer Zirkel) im 19. und bis ins 20. Jh. hinein beliebten Tischrückens zustande kam. Entgegen der von den Spiritisten geäußerten Annahme, daß es sich dabei um die Manifestation von Geistern Verstorbener handelte (was die Existenz einer Seele und das Weiterexistieren nach dem physischen Tod implizierte), die über das Tischrücken Kontakt mit den Lebenden aufnahmen und darüber Nachrichten übermittelten, ging (der sehr religiöse) Faraday davon aus, daß die Bewegungen des Tisches eine natürliche Ursache haben mußten. Um seine Hypothese zu überprüfen, entwarf er 1852 verschiedene Vorrichtungen und experimentierte mit diesen, wobei als Versuchspersonen (also jene Personen, die in einer spiritistischen Sitzung rings um den Tisch Platz nahmen und ihre Hände auf die Tischplatte legten) erfahrene 'Tischrücker' teilnahmen. Nach einigen Fehlschlägen bzw. Verbesserungen der Versuchsanordnung stellte sich schließlich heraus, daß es keineswegs irgendwelcher Geister bedurfte, um den Tisch zu kippen oder zu bewegen, sondern daß es die unbewußten, unmerklichen und durch die Vorstellung der Tischbewegung hervorgerufenen Muskelzuckungen der Tischrücker selbst waren, welche die Tischbewegungen hervorriefen. Diese Ergebnisse waren eigentlich recht eindeutig, doch wurden sie nicht weiter im wissenschaftlichen Diskurs beachtet (und von den Spiritisten, die lieber weiterhin an Geister glaubten, erst recht nicht). Erst in den 1890er Jahre entdeckte der amerikanische Psychologe *Joseph Jastrow* mithilfe seines 'Automatographen', daß der gleiche Effekt, den schon Faraday entdeckte, auch für die Bewegungen des sog. 'Ouija-Bretts' (ein spiritistisches Hilfsmittel, das ebenfalls dazu diente, 'Geister-Nachrichten' 'auszugeben') verantwortlich war. Auch Jastrow stellte in einer umfangreiche Experimentalreihe fest, daß allein schon das Denken der Versuchsperson an eine bestimmte Bewegung ausreichte, um unmerkliche Muskelbewegungen hervorzurufen. In den 1930er Jahren wurde die Existenz dieser 'ideomotorischen Bewegungen' durch den ebenfalls amerikanischen Arzt *Edmund Jacobson* bestätigt und dahingehend erweitert, daß er auch unbewußte Augen- und Zungenbewegungen (bei der Vorstellung des Eiffelturms oder dem gedanklichen Rezitieren eines Gedichts) feststellen konnte. Weitere psychologische Forschungen ergaben, daß sich darüber auch andere angeblich 'übersinnliche' Phänomene wie das Pendeln oder das automatische Schreiben erklären ließen."

Bewegungen bewußt nachzumachen. Krankheiten sind also sofort festzustellen. Befindet sich feste Materie im Körper, steht das Pendel"[275]. Allerdings kann dies auch eine vorbeugende Argumentation gegen den Vorwurf des Betrugs oder zumindest der Willkürlichkeit darstellen.

Wie bereits angemerkt, verwendet Wilk selbst den Begriff der Magnetopathie, und wie zu sehen war, auch den des "Körpermagnetismus", womit wohl eine allgemeine Lebenskraft gemeint sein dürfte. Wie schon weiter oben ausgeführt, ging man zu Zeiten des Mesmerismus davon aus, daß eine Art Fluidum kosmischen Ursprungs existieren würde, eine Form alles durchdringender Lebenskraft. Eine Vorstellung, die auch Wilk geteilt haben dürfte, worauf seine Äußerungen hindeuten, der Kosmos "belebe und durchblute" und "setze den Motor erst in Gang"[276].

Auch hier findet sich bei Wilk ein Bezug zum Blut, der in seinem Buch, sofern einsehbar, häufig aufzutauchen scheint. Zu erinnern ist in diesem Zusammenhang daran, daß das Blut in den seit dem 18. Jahrhundert propagierten Lebenskraftvorstellungen (neben dem Magen) auch häufig als Sitz der Lebenskraft angenommen wurde[277] (und dieses auch in der NS-Rassenideologie eine nicht unerhebliche Rolle spielte, aber auch im Katholizismus als "Blutwunder" oder "Blutmysterien" als Teil der Reliquienverehrung vorkommt[278]).

So behauptet Wilk in seinem Buch, durch "Blutsteuerung" mittels Magnetopathie "[…] sogar eine Gehirnblutung in kürzester Zeit […]" geheilt zu haben[279]. Wie Wilk darauf kam, solche Behauptungen aufzustellen, erschließt sich nur, wenn man annimmt, daß der Begriff "Gehirnblutung" im übertragenen Sinne gemeint ist (wobei Wilk aufgrund mangelnder fachlicher Qualifikation wohl auch kaum in der Lage gewesen sein dürfte, eine solche medizinische Diagnose zu stellen; Wilk reicht hierzu die Kenntnis des Geburtsdatums aus, denn mit diesem, so betont er, sei es ihm leichtgefallen, durch die Feststellung des "Typs" eine Diagnose dahingehend zu stellen, ob "richtiges" oder "falsches" Denken vorläge oder ein Übermaß an Denken oder das Gegenteil[280]) – denn dann entspricht dieser angebliche Heilerfolg recht genau der Ideenwelt Wilks:

---

[275] Wilk 1949: 49, zitiert nach Pezenburg 2012: 10.
[276] Vgl. die Ausführungen von Wilk (S. 17) in: Pezenburg 2012: 6.
[277] Much 2003: 26.
[278] Vgl. dazu Oepen et al. (Hrsg.) 1999: 53 f s.v. *Blutwunder*.
[279] Vgl. die Ausführungen von Wilk (S. 12) in: Pezenburg 2012: 5.
[280] Vgl. ebd.

"Hat jemand unter 50 Prozent Einflußkraft (der Dynamiker z. B. Mondkraft, oder der Statiker Sonnenkraft), dann gehört er zu dem intuitiven Typ, bei dem das Blut hauptsächlich im Körper zirkuliert. Hat jemand aber über 50 Prozent Einflußkraft, dann konzentriert sich das Blut hauptsächlich im Kopf und charakterisiert ihn als Intellektuellen."[281]

Wäre ein "Intellektueller" nun, so Wilk weiter, dazu gezwungen, körperlich zu arbeiten, so würde er körperlich erkranken, wohingegen ein "Intuitiver", der viele planerische Tätigkeiten ausführen müßte, "kopfkrank" werden würde[282] (ohne dies vorliegend detailliert besprechen zu wollen, scheinen hier auch – wenn auch in starker Verfremdung – Verbindungen zur Humoralpathologie bzw. der auch von Anthroposophen vertretenen Temperamentenlehre [Phlegmatiker, Sanguiniker, Choleriker, Melancholiker] zu bestehen). Man darf wohl annehmen, daß zwischen dem angeblichen Heilerfolg (auch wenn unklar bleibt, wie genau die "Blutsteuerung" erfolgt sein soll, gleichwohl dies durchaus in der Vorgehensweise des Mesmerismus ein Vorbild haben könnte) und dieser – physiologisch unsinnigen – 'Blutverteilungslehre' ein Zusammenhang besteht, ebenso wie nach Wilk der "[...] Sexualdrang [...] der Empfindlichkeit und Durchblutung der einzelnen Körperstellen"[283] entspreche. Neben dem Lunatismus kann hinsichtlich der terlusollogischen Grundlagen also auch von Blutmystizismus gesprochen werden. Die Beziehung der Terlusollogie zur Lebenskraftvorstellung, dem Vitalismus, geht allerdings über den Blutmystizismus hinaus und verweist noch einmal auf die lunare Grundlage der Wilk'schen Typenlehre. Denn die Bewegung als Ausdruck des Lebendigen (zu erinnern an die obigen Ausführungen zu der 'Lebendigkeit' des Magneten, was zur Annahme des Magnetismus als Prinzip des Lebendigen führte) bzw. des Lebenden und Beseelten finden sich bei Wilk in nahezu klassischer Weise. Dies geht insbesondere aus zwei Äußerungen Wilks hervor:

"Die Seele nimmt nach meiner Terminologie nur das Bewegliche wahr, während der Geist das Aufgenommene erklärt. Die Sinne nehmen nur alles Ruhende wahr, während der Verstand dieses erklärt."[284]

---

[281] Wilk 1949: 22, zitiert nach Pezenburg 2012: 7.
[282] Vgl. die Ausführungen von Wilk (S. 23) in: Pezenburg 2012: 7.
[283] Wilk 1949: 32, zitiert nach Pezenburg 2012: 8.
[284] Ebd.: 6, zitiert nach Pezenburg 2012: 5.

Und:

"Das Auge des Dynamikers ruht, aber es setzt, da es dem beweglichen Willen dient, alles Objekti[v]e in Bewegung. Bei einer Übersteigerung werden sogar ruhende Gegenstände beseelt. ... Daß aber ein Teil des eigenen Körpermagnetismus in die ruhenden Gegenstände übergeht, ist Tatsache. Man kann auf diese Weise sogar Heilungen durchführen."[285]

Hier finden sich ganz eindeutige Bezüge zum Mesmerismus bzw. Heilmagnetismus und auch der Gedanke der Übertragbarkeit von 'Lebenskräften', zudem wird auch ein innerer Zusammenhang zwischen Seele und Bewegung deutlich herausgestellt; auch der Wille ist beweglich, insofern muß er ein Produkt des Seelischen bzw. Beseelten sein, was sich bereits im 'beseelten Bewegungswillen' in den frühen und weiter oben angeführten Arbeiten zu den Planetenbewegungen findet (ob Wilk mit den weitreichenden philosophischen Implikationen des Begriffs der Teleologie oder den philosophiehistorischen Hintergründen zum Entelechiebegriff vertraut war, ist unklar, so daß weitere Ausführungen zu diesem Themenkomplex an dieser Stelle unterbleiben können). Argumentativ verstärkt wird dies noch durch die Ansicht Wilks, daß "der Kosmos" Einfluß auf das Aussehen der jeweiligen "Atemtypen" nehmen würde (wodurch "Charakterabweichungen" hinsichtlich des Aussehens zustande kämen), wobei er deutlich zwischen jenem kosmischen Einfluß und der "Vererbung durch die Mendelschen Gesetze" unterscheidet[286] – dieser "Einfluß" kann also nicht in einem evolutionstheoretischen Sinne gemeint sein, so daß der Schluß nahe liegt, daß auch hier wieder 'bipolare Lebenskräfte' diesen Einfluß bewirken; darauf weist die Äußerung Wilks hin, Menschen, Tiere und Pflanzen einer "typischen" Landschaft seien miteinander verwandt, was kaum genetisch gemeint sein kann, sondern vielmehr auf eine vitalistisch gemeinte 'Wesensverwandtschaft' hinweist[287]. Ein vitalistischer Hintergrund und Ursprung der Terlusollogie läßt sich somit kaum bezweifeln.

Zudem enthält die Typenlehre Wilks auch eine eigene Paraanthropologie (ein Begriff, der hier übernommen wird von Wimmer & Prokop 2006: 251, da hier auch parasoziologische Bezüge ausgemacht werden können – gleichwohl sich aus einer rein wissenschaftstheoretischen Sichtweise heraus auch der Begriff 'Pseudoanthropologie'

---

[285] Ebd.: 57, zitiert nach Pezenburg 2012: 12.
[286] Vgl. die Ausführungen von Wilk (S. 36) in: Pezenburg 2012: 9.
[287] Vgl. ebd.: 6.

rechtfertigen ließe), da sich seine Ausführungen keineswegs nur auf "typenmäßiges" Verhalten beziehen, sondern auch auf "typengleiche Fortpflanzung" und das Leben in der "typgerechten" Landschaft, was wiederum in Wechselwirkung steht mit dem "typischen" Aussehen. Letzteres beschreibt Wilk recht phantasievoll für beide "Atemtypen" (jeweils in der Darstellung des von ihm ausgedachten Idealtyps) bis hin zur Beschaffenheit des Kopfhaars[288].

Und es fehlt auch nicht der Versuch der Ausbildung einer eingeweihten Elite, eines inneren Kreises von 'Befähigten':

> "Daß sich erst derjenige mit diesen Dingen befassen darf, der in einer Prüfung seine Fähigkeit unter Beweis gestellt hat, ist für die ganze Gemeinschaft von Wichtigkeit. Kurpfuscher und Geldmacher haben der Wissenschaft immer geschadet. Ich habe meine Heilungen aus dem Grund geheim durchgeführt und bin heute dazu imstande, jeden Arzt und Heilpraktiker, dem ich eine magnetische Veranlagung nachweisen kann, in die Geheimnisse der Magnetopathie einzuweihen."[289]

Selbstverständlich können nach Wilk *ausschließlich Intellektuelle* Magnetopathen sein (was wenig verwunderlich erscheint, sieht sich Wilk doch selbst als Magnetopath) da nur diese die entsprechende "Willenskraft" aufweisen würden[290], also eine Personengruppe, die nach Wilk keinesfalls körperlich arbeiten darf, will sie nicht das Risiko ernsthafter Erkrankungen wegen 'typwidrigen Verhaltens' eingehen und für deren Wohlbefinden zudem regelmäßig für sexuelle Betätigung gesorgt werden muß. Auch hier, wie in vielen anderen Bereichen der Esoterik, findet sich also elitäres (Anspruchs-)Denken, Ideen besonderer Befähigungen usw., aus denen wiederum eine besondere soziale Stellung oder andere Vorteile erwachsen, dies alles verbunden mit rassentheoretischen Aspekten.

Insgesamt gesehen ist die Einordnung der Terlusollogie sowohl in den Bereich der Privattheorien wie auch in den der Esoterik deshalb berechtigt.

---

[288] Vgl. dazu die entsprechenden Ausführungen von Wilk (S. 36, 47, 66) in: Pezenburg 2012: 9, 10, 13.
[289] Wilk 1949: 50 f, zitiert nach Pezenburg 2012: 10 f.
[290] Wilk 1949: 49 in: Pezenburg 2012: 10.

7. – Ökonomische Aspekte der Terlusollogie:

Die Frage, warum Hagena die Terlusollogie trotz all dieser offensichtlichen Mängel und ungeachtet seiner eigenen Ausbildung und Berufserfahrung dennoch als exakte Erfahrungswissenschaft bezeichnet, bedürfte einiger Spekulationen, was hier jedoch nicht geleistet werden muß, da Hagenas Behauptungen der Realität nicht standhalten – als ein möglicher Grund mag der Hinweis bei Lange (1999: 1) genügen, daß mit dem Begriff der "exakten Wissenschaft" zumindest unterschwellig immer auch eine Wertung verbunden ist. Der Verdacht liegt dabei nahe, daß jemand, der seine – mehr oder weniger – selbst entwickelte 'Wissenschaft', die im wissenschaftlichen Diskurs keine Rolle spielt und bis hierhin zumindest als wissenschaftlich fragwürdig gelten kann, dafür aber umso größere ökonomische Aspekte durch ihre 'Anwendung' aufweist, als 'exakt' definiert, von eben jener Wertung profitieren will. Daß es bei der Terlusollogie auch und vorwiegend um eine ökonomische Verwertung geht, zeigt sich nicht nur darin, daß Hagena den Begriff als Wort- und Wort-/Bildmarke hat schützen lassen, sondern auch, daß er sich die meisten Domain-Endungen in Verbindung mit dem Begriff 'Terlusollogie' gesichert hat[291]. Letzteres sichert im Internet direkt die Definitionsmacht (da für gewöhnlich der materiell Berechtigte an einer Domain auch über ihre Inhalte bestimmen kann), und über den Markenschutz kann verhindert werden, daß ein möglicher (unerwünschter bzw. nicht-autorisierter) Konkurrent ebenfalls z.B. Ausbildungskurse zur Terlusollogie (auch, aber nicht nur) über das Internet anbietet. Diese Kurse sind, sollen sie zu einem 'Ausbildungsabschluß' führen, nicht als preiswert zu bezeichnen – die reinen Kurskosten belaufen sich auf derzeit 2350,- EUR[292]; greift man auf die bereits erwähnten Angaben von Hagena zur

---

[291] terlusollogie.de, terlusollogie.com, terlusollogie.net, terlusollogie.org, terlusollogie.biz und terlusollogie.info (Abfrage über http://www.whois2.org, für die deutsche Domain über http://www.denic.de). terlusollogie.ch wird ebenfalls von Terlusollogen betrieben, beide Schüler Hagenas (vgl. Frautschi, F. [o. J.]: *Curriculum*. Unter: http://www.terlusollogie.ch/curriculum, 07.08.2014); terlusollogie.eu ist seit Februar 2010 unter einer österreichischen E-Mail-Adresse registriert, weist jedoch keinerlei Inhalte auf (Abfrage über http://www.eurid.eu) anhand dieser E-Mail-Adresse ließ sich als Inhaberin eine österreichische Flötistin und Yoga-Lehrerin ermitteln, die sich auch in der oben schon erwähnten Anbieter-Liste zur Terlusollogie findet (ebenso wie der Inhaber von terlusollogie.ch). Darüber hinaus existieren zusätzlich Domains, die von Terlusollogen betrieben werden und im Domainnamen bereits Schlüsselbegriffe der Terlusollogie führen, wie z.B. Atem, Stimme, Sol, Luna, Einatmer, Ausatmer usw. Daneben gibt es noch viele weitere Hagena-Schüler und andere an der Terlusollogie Interessierte, die entweder auf ihren eigenen Seiten oder in andrer Form terlusollogisch orientierte Kurse anbieten, jedoch zu zahlreich sind, um hier in ihren Verflechtungen umfassend untersucht zu werden.
[292] Die "Ausbildung" zum Terlusollogen umfaßt dabei insgesamt neun Kurse (sieben Grundkurse, ein Theoriekurs und ein Prüfungskurs). Der Prüfungskurs kostet 350,- EUR, alle anderen Kurse 250,- EUR (vgl. Hagena, Chr. [o. J.]: *Die Ausbildung zum Terlusollogen/in umfasst folgende Kurse.* Unter: http://s224198223.online.de/wsb4710187901/25.html, 02.08.2014 sowie Hagena, Chr. [o. J.]: *Über*

Anzahl "ausgebildeter Terlusollogen" zurück, so wurden allein mit diesen Kursen bereits 235000,- EUR umgesetzt (wie groß die Anzahl der Personen ist, die diese 'Ausbildung' abgebrochen oder nur zu dieser gehörende Grundkurse absolviert haben, ist nicht zu ermitteln. Der tatsächliche Umsatz dürfte also weit höher liegen). Hinzu kommen weitere Angebote, die sich auf Hagenas Webseiten finden lassen. So können z.B. auch Kurse am Wohnort des Kunden gebucht werden, die dann für zwei Tage mit 2000,- EUR und zusätzliche Kosten der Unterkunft zu Buche schlagen[293]. Für "Patienten und Gesunde" bietet Hagena auch die Möglichkeit der Behandlung oder des "Einzelunterrichts" an, wobei der Preis pro Sitzung (ca. 1 ½ Stunden Dauer) für Ehepaare 120,- EUR und für Einzelpersonen 100,- EUR beträgt, für die "Einzelarbeit mit Kindern" müssen 90,- EUR aufgebracht werden[294]. Eine "Familienanalyse" (hinsichtlich der Atemtypen usw.) mit entsprechender Beratung von ca. 2 ½ Stunden Dauer kostet 210,- EUR[295]. Weiterhin bietet Hagena "Einzelbehandlungen" an, die auf Personen mit Erkrankungen zielt, insbesondere auf solche mit "schwerwiegenden Krankheiten", für die er mindestens sieben bis zehn Einzelsitzungen zum Preis von jeweils 110,- EUR empfiehlt[296].

Es steht also ein massives wirtschaftliches Interesse hinter der Verbreitung der Terlusollogie, das auch von den beteiligten Verlagen, vor allem aber auch den Multiplikatoren, die selbst zunächst in eine terlusollogische 'Ausbildung' investiert haben, mitgetragen wird, woraus wiederum eine wirtschaftliche Interessengemeinschaft entsteht, deren Mitglieder, um eben ihren eigenen ökonomischen Interessen nicht zu schaden, an einem kritischen Diskurs untereinander, wie es in einer echten Wissenschaft üblich wäre, gar kein Interesse haben können.

Selbstverständlich sagt der ökonomische Aspekt selbst auch hier nichts über die Wissenschaftlichkeit einer Disziplin aus, sehr wohl jedoch darüber, ob eine *scientific community* im Sinne einer Gemeinschaft, die in einen wissenschaftlichen Diskurs tritt, vorliegt oder nicht vielmehr eine Interessengemeinschaft, deren Ambitionen sich vorrangig auf eine ökonomische Verwertung (verbunden mit expansivem Vorgehen)

---

den Inhalt der Kurse werden Sie auf den nebenstehenden Seiten informiert. Unter: http://s224198223.online.de/wsb4710187901/24.html, 02.08.2014).

[293] Vgl. Hagena, Chr. (o. J.): *Kurse an Ihrem Wohnort*. Unter: http://s224198223.online.de/wsb4710187901/26.html, 02.08.2014.

[294] Hagena, Christian (o. J.): *Einzelstunden*. Unter: http://s224198223.online.de/wsb4710187901/27.html, 02.08.2014.

[295] Ebd.

[296] Hagena, Chr. (o. J.): *Patienten*. Unter: http://s224198223.online.de/wsb4710187901/28.html, 02.08.2014.

richten, wovon an dieser Stelle ausgegangen wird, da auch ein ganz wesentlicher Aspekt einer *scientific community*, nämlich der wissenschaftliche Diskurs, fehlt, ebenso die spezifische Karrierestruktur im Rahmen einer institutionalisierten akademischen Ausbildung[297]. Diesbezüglich kann auch der Umgang mit Gegnern, der Bezug zu anderen Disziplinen und die Bereitschaft zur Eigenreflexion (also zur Selbstkritik) eine Rolle spielen.

8. – Umgang mit Gegnern:

Der Vorwurf der Voreingenommenheit wird meist von jenen erhoben, die Lehren wie die Terlusollogie und / oder eine behauptete Wissenschaft vertreten. Die vorgebrachten Argumente sind dabei fast immer die gleichen, so z.B., daß das zur Wissenschaft erklärte Gedankengebäude "vorbehaltlos", "offen" usw. geprüft werden müsse (also schon im Vorfeld eine unkritische Haltung verlangt wird). Erfolgen solche Prüfungen jedoch tatsächlich (wie z.B. bei der Parapsychologie oder der Homöopathie) und die Ergebnisse sind negativ, dann sind die Prüfer entweder voreingenommen und materialistisch oder intolerant, 'haben Scheuklappen auf' oder sind 'blind' (in der verschwörungstheoretischen Steigerung 'Systemlinge' oder 'Schlafschafe'), verweigern sich 'altem Menscheitswissen', sind 'wissenschaftsgläubig', sind bezahlte Agenten irgendeiner Interessengruppe (wahlweise die 'Pharmafia', 'jüdische Weltverschwörung', Illuminaten usw.), haben schlicht Angst vor 'neuen Erkenntnissen', die ihr 'zementiertes Weltbild' ins Wanken bringen könnte oder mißverstehen die als Wissenschaft dargestellte Sache als bedrohlich und reagieren deshalb irrational. Zumindest das letzte 'Argument' findet sich auch bei Terlusollogen:

"Die Atemtypen geben häufig Anlass zu teilweise auffallend heftigen Auseinandersetzungen. Ein Aspekt ist mir, neben fachlichen Auseinandersetzungen, dabei häufiger begegnet: In unserer Kultur ist eine tief verwurzelte Abneigung lebendig, festgelegt und einsortiert zu werden. Freiheit ist ein hohes Gut, ohne dass uns immer bewusst ist,

---

[297] Sowohl das Vorhandensein einer *scientific community*, also einer wissenschaftlichen Gemeinschaft, als Produzent und Zielgruppe wissenschaftlicher Diskurse wie die spezifische Karrierestruktur im Rahmen einer institutionalisierten akademischen Ausbildung (für gewöhnlich BA-Studium gefolgt von MA-Studium und Doktorat, vgl. Clark in: Weingart [Hrsg.] 1974: 115 f sowie Staub-Bernasconi 2012: 5) gehören nach Stichweh (1994: 17) zu den Kernmerkmalen einer wissenschaftlichen Disziplin. Vgl. dazu auch Janatzek 2017: 311 - 402.

welche Freiheit wir meinen. Diese nachvollziehbare Sorge führt leicht zu Diskussionen, in denen die Qualität des Erlebens in der Regel keinen Raum mehr hat."[298]

Daß Debatten zur Terlusollogie häufig heftig geführt werden, ist sicherlich richtig. So berichtet Pezenburg (2012: 1), daß ein von ihm in der Zeitschrift VOX HUMANA veröffentlichter und die Terlusollogie kritisierender Leserbrief umfangreiche Zuschriften, vorwiegend von Anhängern der Terlusollogie stammend, nach sich zog und in diesen ebenfalls auf "altes Wissen" etc. verwiesen wurde. Dies untermauert nicht nur die These von Koertge hinsichtlich der Belief Buddies insbesondere auch hinsichtlich der modernen Kommunikationsmöglichkeiten, sondern zeigt auch eine gewisse Durchgängigkeit der Argumentation.

(Diese These besagt u.a., daß der technische Fortschritt den Zusammenschluß von Akteuren und Anhängern aus dem Bereich der Para-, Pseudo- und Phantastischen Wissenschaft und somit auch die Organisation von Pseudowissenschaft usw. [aber selbstverständlich auch von berechtigter Wissenschaftskritik] wesentlich erleichtert hat. Die "belief buddies" stellen dabei eine Form von "informal collectives" dar, also im wesentlichen eine Unterstützergruppe, deren Mitglieder durch das Teilen gleicher Meinungen, Weltsichten und 'Feindbilder' geeint sind, dabei stets bereits sind, weitere Faktoren, die ihre Ansicht stützen, zu integrieren, allerdings auch Kritik abwehren bzw. erst gar nicht zulassen, um eine Zersplitterung der Gruppe zu verhindern. Zugleich unterstützt die Gruppe ihre Wortführer, und letztendlich geht es um das gemeinsame Handeln im Rahmen des favorisierten Weltbildes.[299])

Zugleich wird hier durch die Vertreter der Terlusollogie dieses 'alte Wissen' als überlegen dargestellt, gleichwohl sie selbst dieses Wissen nicht selbst gefunden, sondern nur aus wahrscheinlich eher nichtwissenschaftlichen Quellen erlesen haben, wobei hinsichtlich der Entstehung dieses 'Wissens' – anders als bei wissenschaftlich erlangten Erkenntnissen – wohl eher geringe Transparenz angenommen werden darf. Dieses 'Argument' darf darüber hinaus wohl als typisch für den Bereich der Esoterik, aber auch der Phantastischen und der Pseudowissenschaft angesehen werden. Doch finden sich auch Ablehnungen anderer Art aus ähnlichen Bereichen. So hat Zander z.B. Erfahrungen damit gemacht, daß ihm notwendiges Forschungsmaterial

---

[298] Seyd, M.: *Die Atemtypen*, in: Yoga Aktuell Spezial (Yoga & Atem), # 2 / 2012, S. 101 - 103.
[299] Vgl. Koertge in: Pigliucci & Boudry (Hrsg.) 2013: 169.

für sein zweibändiges Werk *Anthroposophie in Deutschland* aus Archiven unter anthroposophischer Leitung teilweise nicht zugänglich gemacht wurde[300].

Aufschlußreich ist auch das Rezensionsverhalten von Vertretern der Terlusollogie auf Amazon.de, wo auch die bereits erwähnte Studie von Beyer in Buchform online erworben werden kann. Dazu wurden insgesamt vier Rezensionen verfaßt, die auch mit dem bei Amazon typischen Sternchen-Bewertungssystem ausgewiesen sind[301]. Zwei der Rezensionen sind dabei positiv (Höchstwert fünf Sterne) und zwei negativ (Tiefstwert ein Stern). Eine Besonderheit der Amazon-Rezensionen besteht darin, daß angezeigt wird, ob der Rezensent das entsprechende Werk auch tatsächlich über Amazon erworben hat (die Rezension trägt dann die Kennzeichnung "Verifizierter Kauf"). Dies trifft nur auf eine (positive) der vier Rezensionen zu, in der allerdings nicht näher auf den Inhalt der Studie eingegangen wird. Die zweite positive Rezension hingegen ist nicht derart gekennzeichnet und geht inhaltlich ebenfalls nicht auf die Studie Beyers ein, sondern bringt nur die Ablehnung der Terlusollogie zum Ausdruck, so daß es sich eigentlich nicht um eine Rezension handelt. Anders hingegen bei den beiden negativen Rezensionen, die tatsächlich inhaltliche Kritik beinhalten. Interessant ist hierbei allerdings, mit welcher Wortwahl die Studie Beyers kritisiert wird. So schreibt der User 'Reh-Zehn-Cent' in seiner Rezension vom 21.07.2012:

"Die Initiative des Autors, die Terlusollogie-Lehre ein für allemal zu falsifizieren, liess sich nicht über die gewählte Abkürzung erreichen. Und auch dem hohen Anspruch, zu welchem er sich im Titel verpflichtet ('kritisch-rational') vermag er leider nicht wirklich gerecht zu werden.

[...]

Auffallend erscheint zuerst die Deutlichkeit, mit welcher der Autor seine Voreingenommenheit erkennen lässt, mit welcher er sich der interessierenden Thematik widmet. Die Auseinandersetzung erfolgt enttäuschend halbherzig und undifferenziert. Er bleibt dieser Haltung auch dann treu, wenn auftauchende Indizien sein Forschungsinteresse wecken müssten. Ich wähnte mich bei der Lektüre über weite Strecken mit einer etwas langatmigen Aneinanderreihung von Behauptungen und persönlichen Meinungsäuße-

---

[300] Vgl. Zander 2007b: S. 1718 ff (Nachwort).
[301] Amazon Europe Core S.à r.l. / Amazon.de (2013): *Lunar? Solar? Kritisch-rationale Untersuchung der Terlusollogie und deren Konsequenzen für die gesangspädagogische Praxis.* Unter: https://www.amazon.de/Kritisch-rationale-Untersuchung-Terlusollogie-Konsequenzen-ge-sangsp%C3%A4dagogische/dp/3656130205/ref=sr_1_1?ie=UTF8&qid=1473376234&sr=8-1, 08.08.2015.

rungen konfrontiert, und kaum mit einer seriösen wissenschaftlichen Arbeit. Dieser Umstand könnte durch die Qualität der Betreuung bedingt sein.

Die Lektüre empfand ich als sehr anstrengend. Beyers Statements erscheinen mir bisweilen hemmungslos anmaßend, seine Ableitungen und Folgerungen sehr gewagt, bisweilen fast schon phantasievoll. Manche Zitate isolierte Beyer aus ihrem originalen Sinnzusammenhang und verwendete sie im Dienste seiner eigenen 'Beweisführung' und Argumentation grob irreführend. Beyers Argumentation gewinnt damit aber nicht etwa an Konsistenz, sondern weist mehrfach logische Brüche auf.

Zentrales Element von Beyers DA bildet die 'Quantitative Untersuchung', die er als Online-Befragung durchführte. Aus den so erhobenen Daten leitet er seine Folgerungen ab. Doch leider wurde diese Erhebung für die Generierung valider Daten viel zu unsorgfältig und unkritisch geplant, vorbereitet, durchgeführt und ausgewertet. Hier gesellte sich zu Beyers Voreingenommenheit mangelnde Sachkenntnis und ungenügende Auseinandersetzung mit der Materie, fehlende forschungspraktische Erfahrung, aber vermutlich auch ungenügende Hilfestellung seitens der Studierenden-Betreuung.

Fazit: Beyers Folgerungen entbehren leider einer validen Grundlage und erheben sich damit nicht weiter über den Status von Behauptungen als es die Lehre der Terlusollogie tut. Mit dem kleinen Unterschied, dass die Anhängerschaft der Terlusollogie auf Erfahrungswerte zurückgreifen kann.

Selbst zähle ich mich nicht zu dieser Anhängerschaft."

Kritisch betrachtet, handelt es sich hier allerdings nicht um eine objektive Rezension, sondern um Eristik bzw. Rabulistik. Auffällig ist, daß keiner der Hauptkritikpunkte belegt wird, so z.B. die angeblich aus dem Zusammenhang gerissenen Zitate. Auch findet sich das *argumentum ad examinatores*, das hier einen Vorwurf der Pflichtvergessenheit gegenüber dem Prüfer enthält und andererseits den unterschwelligen Hinweis, daß bei einer 'korrekten' Betreuung das Ergebnis der Arbeit anders ausgefallen wäre. Die zweite negative Rezension vom User 'Reisender' vom 09.04.2014 kann als weitaus differenzierter bezeichnet werden, enthält (gleichwohl unbelegte, also nur meinungsäußernde) Gegenargumente und fordert sogar zu weiterer Forschung auf. Andererseits aber weist sie ein geschickt eingeflochtenes eristisches Element auf, nämlich den Versuch, das Kritisierte gegen den Kritiker zu richten:

"Wenn man sich die Arbeit genau vornimmt, stellt man zudem fest, dass Herr Beyer eindeutig der Meinung ist, nur die Einatmumg könne der aktive Vorgang sein. Aus seiner Sicht ist das durchaus verständlich, er gehört höchstwahrscheinlich zum Typ Einatmer."

Zugleich kann dieses 'Argument' auch als Immunisierungsstrategie zugunsten der terlusollogischen Lehre verstanden werden. Aber auch verschwörungstheoretische Anklänge finden sich. So kommentiert der User 'buecherschwan' (in dessen eigener Rezensionsliste sich wohlwollende Besprechungen zu Büchern finden, die Themen wie Hormon-Yoga für Frauen, Mantras, Ayurveda und Terlusollogie behandeln) am 26.06.2015 eine negative Rezension von 'Johannes Farcimus' (24.01.2014) zu dem Buch *Terlusollogie. Atmen nach Mond und Sonne* mit den Worten:

"Ich halte diesen Kommentar eher für diffamierend. Da scheint jemand dem Autor bewußt schaden zu wollen. Warum?"[302]

(Wobei anzumerken ist, daß sich auch in den Rezensionslisten von 'Reh-Zehn-Cent' und 'Reisender' positive Besprechungen esoterischer Werke finden. Insofern kann bei aller Vorsicht doch der Schluß gezogen werden, daß Personen, die Beyers Werk kritisieren, zugleich aber esoterischen Themen positiv gegenüberstehen, in näherem oder weiterem Sinne als "Belief Buddies" angesehen werden können, die zudem die moderne IKT dazu nutzen, ihr Weltbild zu verteidigen und zu verbreiten.)

Selbstverständlich lassen sich diese wenigen Beispiele nicht in zulässiger Form verallgemeinern. Jedoch darf darauf hingewiesen werden, daß Anhänger der Terlusollogie (ähnlich wie jene der Phantastischen Wissenschaft) im Umgang mit Gegnern auch vor Polemik nicht scheuen und rabulistische Argumentationsweisen verwenden. Beides mag darauf verweisen, daß Kritik an der Terlusollogie eher als Kritik am eigenen Weltbild, oder deutlicher, am eigenen *Glaubenssystem* empfunden wird, zumindest aber darauf, daß bei derartigen Reaktionen auch eine hohe emotionale Beteiligung gegeben sein könnte, auch wenn diese sich bisweilen hinter sachlich vorgetragenen Worten verbirgt.

---

[302] Amazon Europe Core S.à r.l. / Amazon.de (2014): *Kundenrezension*. Unter: http://www.amazon.de/review/RAWGV2PAJFQFJ, 08.08.2015.

9. – Immunisierungsaspekte der Terlusollogie:

Wie Lau (2013: 94) schreibt, sei nichts besser geeignet zur Vorspiegelung exakter Wissenschaftlichkeit als mathematische Formeln. Dem ist wohl zweifellos zuzustimmen. Auch die Terlusollogie versucht, Wissenschaftlichkeit durch mathematische Konstrukte vorzugaukeln als Teil einer Immunisierungsstrategie, die sich auch in anderen Pseudowissenschaften finden läßt, wie z.b. in der Astrologie oder der Namenspsychologie (nicht zu verwechseln mit der Namens- und der Namenswirkungsforschung)[303].

Ein weiterer Aspekt terlusollogischer Immunisierungsstrategie besteht darin, die 'theoretische' Basis (also das Satzsystem terlusollogischer Behauptungen) unangreifbar zu gestalten. Vollmer (1993: 137) weist deshalb völlig richtig darauf hin, daß Mißtrauen angebracht sei, wenn eine Theorie zuviel erkläre, insbesondere, wenn sie jeden denkbaren empirischen Befund oder wenn sie jeden tatsächlichen Befund erklärt – der erste Fall stellt keine erfahrungswissenschaftliche Theorie dar, da sie nicht empirisch prüfbar, also durch die methodisch und systematisiert erfolgte Erfahrung widerlegbar ist, im zweiten Fall handelt es sich um eine universelle Theorie, also eine Art 'Weltformel', wobei es jedoch hochgradig unwahrscheinlich ist, daß eine solche Theorie gefunden wurde. Die theoretische Basis der Terlusollogie wird jedoch für praktisch jeden Lebensbereich als Erklärung für Krankheit, 'Fehlverhalten', soziale Phänomene und Probleme usw. herangezogen und zugleich als 'Heilmittel' propagiert. Sie empfiehlt sich damit also selbst zur Lösung von Problemen, die sie selbst als solche definiert. Darüber hinaus ist sie auch geeignet, jede Kritik abzuwehren – tritt ein Kritiker auf, so kann seine Kritik dadurch erklärt werden, daß er z.B. 'typwidrigen Einflüssen' ausgesetzt sei – würde er hingegen terlusollogisch 'typrichtig' leben, würde er keine Kritik äußern, womit die Terlusollogie sich selbst bestätigt. Die Immu-

---

[303] Vgl. zur Namenspsychologie (eine Privattheorie von Angelika Hoefler, die in äußerst wirrer Weise auf Basis eines kabbalistischen Zahlenschlüssels den Buchstaben eines Namens bestimmte "Energien", die wie in der Astrologie "Häusern" zugeordnet sind, zuschreibt, die das Wesen des Namensträgers bestimmen sollen) Kanning 2010: 155 ff; interessanterweise finden sich, glaubt man der Website des Verlags, der die entsprechenden Bücher zur Namenspsychologie vertreibt, hier eine Verbindung zum Sozialmanagement, zumindest aber zur Sozialen Arbeit, was folgendes Zitat belegt:
"Angelika Hoefler ist Begründerin der karmischen Biographiearbeit (Karma-Kabbalistik) und der Namenspsychologie. Ihre zentralen Aufgaben liegen in Beratung, Forschung und Lehre.
Die Autorin, deren Bücher in zur Zeit zwölf Ländern gelesen werden, leitet ihr Institut fur Namenspsychologie und gibt berufsbegleitende Seminare für die Fachgebiete Psychologie und Therapie, Pädagogik und Soziale Arbeit, Personalführung und Supervision."
(WINDPFERD Verlagsgesellschaft mbH [2014]: *Angelika Hoefler - H – K - Autoren*. Unter: http://www.windpferd.de/angelika-hoefler.html, 04.08.2014.)

nisierungsstrategie liegt also insbesondere darin, die Realität in ihrem Real-Sein zu leugnen und sie statt dessen der Theorie anzupassen.

Das wohl plausibelste Argument, daß Terlusollogen eine Immunisierungsstrategie verfolgen, dürfte aber die Behauptung einer bisher unbekannten physikalischen Wirkkraft sein. Dies zeigt sich deutlich, wenn diese Begründung einfach ausgetauscht wird gegen das Wirken von Geistern oder Psi-Kräften. Obwohl es keinerlei relevante Hinweise für die Existenz solcher Kräfte oder die Einwirkung geistiger Entitäten gibt, so läßt sich erkenntnistheoretisch ihre Nichtexistenz und damit auch ihre 'Wirkohnmächtigkeit' dennoch nicht wirksam belegen – sie bleiben also prinzipiell als Erklärung für alle möglichen real existierenden oder nicht existierenden Phänomene, wenn auch mit minimalster Wahrscheinlichkeit, 'denkbar' und können so auch zu 'Denkbar-Theorien' führen[304]. Diese minimalste Wahrscheinlichkeit reicht jedoch als Immunisierungsaspekt aus, was sich auch in der Anthroposophie, der Parapsychologie, der Astrologie usw. zeigt und entsprechende Verteidiger dieser minimalsten Möglichkeit, womöglich weil sie zum eigenen Weltbild paßt, auf den Plan ruft.

Die obigen Ausführungen zeigen aber vor allem, wie schwierig es sein kann, einfach in die Welt gesetzte, ohne irgendwelche Evidenz ausgestatte Behauptungen zu belegen, vor allem aber zu *widerlegen*, denn Argumente für die Richtigkeit dieser Behauptungen lassen sich beinahe endlos 'produzieren', wohingegen der Nachweis einer absolut sicheren Nichtexistenz aus erkenntnistheoretischen Gründen praktisch unmöglich ist. Dies kann durchaus als eine weitere Form der Immunisierung außerhalb der eigentlichen Theorie interpretiert werden, denn, wie Lambeck (2003: 49) schreibt, sei eine Behauptung ohne eine gegebene Möglichkeit der Überprüfung zwar unwissenschaftlich, da nicht falsifizierbar, jedoch könne so auch jede beliebige Behauptung aufgestellt werden (vgl. die weiter oben ausgeführten 'Denkbarkeiten' zum Gewebetropismus usw.). Der Pseudowissenschaftler ist zur Stützung seiner Thesen also frei darin, eine quasi unendliche Kette auch nicht-evidenter, ja sogar widersprüchlicher Behauptungen aufzustellen (was dem sog. Gish-Galopp als Mittel der Eristik nicht unähnlich ist[305]), wohingegen ein tatsächlich wissenschaftlich Tätiger

---

[304] Vgl. dazu auch Park 2002: 203.

[305] "Neukamm [in: Ders. {Hrsg.} 2009: 318 f.] bezeichnet den Gish-Galopp (benannt nach dem amerikanischen Kreationisten *Duane T. Gish*, der diese Technik häufig anwendete) als kreationistische Diskussionstechnik, die darin besteht, in schneller Reihenfolge die Argumentationspunkte zu wechseln und den 'Gegner' dabei mit einer großen Anzahl von Fragen oder fragwürdigen Behauptungen einzudecken, was diesen unter ständigem Erklärungszwang hält. Gelingt es, ein Argument des Gish-Galopp-Anwenders zu entkräften, antwortet dieser einfach mit der Behauptung, das Gegenargument

an bestimmte Standards, Normen und Methoden hinsichtlich der Widerlegung usw. gebunden ist, will er einen wissenschaftlichen Standpunkt ernsthaft vertreten. Dies verschafft dem Pseudowissenschaftler zweifellos einen gewissen unfairen Vorteil, z.B. da er durchaus polemisieren darf, dies bei einer wissenschaftlichen Argumentationsweise jedoch unterbleiben sollte.

(Bedrängt durch immer neue Ad-hoc-Annahmen und Behauptungen seitens der Pseudo- und Parawissenschaftler greifen Kritiker – insbesondere aus der 'Skeptiker-Szene' – immer wieder gern zu *Ockhams Rasiermesser* in der Annahme, daß dies dabei helfen könnte, dem Wust an Zusatzannahmen usw. Herr zu werden. Dem liegt jedoch meist ein falsches Verständnis von Ockhams[306] *razor* zugrunde. Wie Beckmann [2010: 42] darlegt, wurde das Denkwerkzeug, das als "Rasiermesser" bekannt geworden ist, stets im Sinne von "Seiendes darf nicht ohne Not vervielfacht werden" weitergegeben, womit gemeint sei, alle "überflüssigen Entitäten" zu vermeiden oder, falls sie doch vorhanden seien, sie einfach "wegzurasieren". Allerdings, so Beckmann [ebd.] weiter, habe Ockham ein solches Prinzip nie vertreten, da dies bedeute, "die Welt und alle Dinge in ihr seien nichts anderes als eine Projektion des menschlichen Geistes, dergestalt, daß sich ihr Umfang nach Belieben erweitern oder vermindern ließe." Letztendlich sei Ockhams Rasiermesser keineswegs ein Instrument zur Leugnung oder zur Bestreitung von Dingen, sondern vielmehr ein ökonomisches Prinzip zur Reduktion der Hypothesen- und Theorienvielfalt, eine erkenntnisleitende Maxime und Grundregel wissenschaftlichen Erklärens, bei wissenschaftlichen Erklärungen von Phänomenen möglichst sparsam umzugehen[307]. Jedoch komme diesem Ökonomieprinzip der Sparsamkeit und Sachangemessenheit keineswegs eine epi-

---

entspreche nicht der Wahrheit, was wiederum viel Zeit erfordert, um zu erklären, warum das Gegenargument doch stimmig sei [ebd.: 319]. Bei dieser Technik geht es also letztendlich darum, den 'Gegner' ressourcenbezogen (Zeit, Geduld usw.) zu zermürben und gleichzeitig zu verhindern, daß dieser eine größere Anzahl Gegenargumente vorbringen kann, was die eigene Position in der Wahrnehmung der Rezipienten festigen soll – diese nehmen lediglich eine große Menge vorgebrachter Kritik seitens des Gish-Galopp-Anwenders wahr, aber nur wenige Gegenargumente seines Gegenübers, was jedoch nicht an dessen Unfähigkeit zur Widerlegung liegt, sondern an seiner wissenschaftlich ausgerichteten 'Diskussionskultur'. Auch wenn der Gish-Galopp wohl eher auf verbal geführte Diskurse angewendet werden soll, so läßt er sich doch auch auf Textformen übertragen. Bei einer Rezension z.B. können dann so viele tatsächliche oder vermeintliche Schwächen des Textes (die oftmals mit der Definition einer wissenschaftlichen Rezension, wie Umlauf sie vorgelegt hat, nur wenig zu tun haben) aufgezählt werden, daß dem Leser der nachhaltige Eindruck entsteht, das Gesamtwerk sei mehr als kritikwürdig (besonders dann, wenn Seitenangaben zu Textstellen, auf die sich Kritik bezieht, fehlen), obwohl ein[e] ganze Reihe von Kritikpunkten gar nicht auf das eigentliche Ergebnis der Arbeit eingehen." (Janatzek 2017: 417 f.).
[306] Gemeint ist *Wilhelm von Ockham* (1287? – 1349), Franziskanermönch, Theologe, Logiker, Sprachphilosoph und Metaphysikkritiker (Beckmann 2010: 13, 19).
[307] Beckmann 2010: 45.

stemologische oder ontologische Relevanz zu, da eine Theorie nicht deshalb richtig ist, weil sie einfach aufgebaut ist, ebensowenig wie ein komplizierte Theorie zwangsläufig falsch sein muß – es sollen also durchaus, falls es nötig ist, auch sehr viele Annahmen zur Erklärung gemacht werden, aber nicht mehr als nötig[308].

Dementsprechend bleibt Kritikern auch weiterhin nichts anderes übrig, als jedes einzelne vorgebrachte Argument und jede einzelne Annahme gewissenhaft zu prüfen, gegebenenfalls zu widerlegen oder sie auch je nach Fall anzuerkennen, was insofern einen offenen Diskurs abseits von Dogmen erfordert – ein einfaches 'Wegrasieren' von Argumenten und Annahmen durch einfache Setzung ihrer Überflüssigkeit oder auch Unsinnigkeit ohne weitere Begründung ist so jedenfalls nicht möglich.)

10. – Terlusollogisches Wissenschaftsverständnis und Verhältnisse der terlusollogischen Eigenkritik:

Wissenschaftliche Tätigkeit beinhaltet stets auch Kritik, dies auch und vor allem den eigenen Ergebnissen gegenüber, aber auch gegenüber den theoretischen Grundlagen, den eigenen Methoden und auch gegenüber dem Entstehungszusammenhang von Theorien und der jeweiligen Disziplin selbst (und gerade die Soziale Arbeit hat hier durch den Umbruch, der durch die Methodenkritik ausgelöst wurde, einige Erfahrung, steht aber auch durch die forcierten ökonomischen Einflüsse gerade wieder vor neuen derartigen Herausforderungen).

Was die Terlusollogie in dieser Hinsicht betrifft, muß allerdings festgestellt werden, daß anhand der vorliegenden Quellen diesbezüglich wohl eher ein Manko festzustellen ist.

So wird z.B., trotz der Hinweise auf die Kriegsgefangenschaft Wilks, seitens der Terlusollogen gar nicht danach gefragt, wie diese Erfahrung im Zusammenhang mit den Ideen Wilks auf der psychologischen Ebene gewirkt haben könnte. Daß Kriegsgefangenschaft ebenso wie die vorhergehende Kriegserfahrung (aber auch Katastrophen, erzwungene Migration oder andere lebensbedrohliche Situationen[309]), noch dazu unter den damaligen Umständen, eine traumatische Erfahrung sein kann, dürfte außer Zweifel stehen, wie die Forschungen zur Posttraumatischen Belastungsstörung (PTBS) zeigen (so z.B. eine Studie von Engdahl et al. [1993], in der Kriegsgefangene untersucht wurden und von denen die Hälfte ein Jahr nach ihrer Entlassung

---

[308] Ebd.: 46.
[309] Vgl. Butcher et al. 2009[13]: 206.

111

aus der Gefangenschaft die Standarddiagnose für eine PTBS erfüllten – auf ein Drittel der Probanden traf dies sogar noch vierzig bis fünfzig Jahre nach ihren Kriegserlebnissen zu[310]). Geraten Menschen in solche oder ähnliche Situationen, greifen sie zu vielerlei Methoden, um eine unerträgliche und / oder sehr belastende Situation psychisch zu kompensieren. Die Ausarbeitung einer solchen 'Theorie', wie sie Wilk vorgelegt hat, und die auch eine Flucht vor der Realität (oder der Vergangenheit) in die eigene Gedankenwelt bedeuten kann, könnte eine solche Kompensation darstellen, insbesondere auch deshalb, weil Wilk, wie zu sehen war, bereits zuvor in großem Umfang esoterische Vorstellungen in sein Denken integriert hatte. Andererseits gibt es auch viele Beispiele für 'Erfinder' und 'Entdecker' oder Vertreter von pseudowissenschaftlichen oder pseudotechnischen Theorien, Methoden oder Apparaturen, bei denen sicherlich keine wie auch immer gearteten psychischen Beeinträchtigungen oder traumatische Erlebnisse eine Rolle spielten. Zudem kann aus den vorliegenden Angaben zur Person Wilks, die ausschließlich aus terlusollogischen Quellen stammen, kein weiterer Hinweis auf eine durch die Gefangenschaft ausgelöste psychische Beeinträchtigung gewonnen werden, so daß deutlich festgehalten werden muß, daß die Vermutung eines solchen Hintergrunds rein spekulativ ist und keineswegs als Tatsache unterstellt wird. Dennoch zeigt sich das unkritische Verhältnis der Terlusollogen hinsichtlich ihrer eigenen 'Disziplin' daran, daß derlei nicht einmal in Erwägung gezogen wird (ja noch nicht einmal aus Eigeninteresse oder einfacher Erkenntnissuche heraus ein solch möglicher Zusammenhang thematisiert wird), sondern im Gegenteil die Kriegsgefangenschaft Wilks offenbar dahingehend instrumentalisiert wird, diesen als herausragenden Menschen zu stilisieren, der trotz widrigster Umstände der Erkenntnissuche verpflichtet blieb und schließlich als eine Art verkanntes Genie starb. So schreibt Hagena auf einer seiner Webseiten[311]:

"Erich Wilk gab für seine großartigen Entdeckungen eine große Geigenzukunft auf. Leider wurde er bis zu seinem Tode nur angegriffen und die große Anerkennung seiner einzigartigen Leistung blieb ihm verwehrt. Umso mehr möchten wir ihm sein Andenken bewahren und ihm die Ehre zuteil werden lassen, die ihm gebührt."

---

[310] Ebd.
[311] Hagena, Chr. (o. J.): *Erich Wilk*. Unter:
http://s224198223.online.de/wsb4710187902/3.html, 05.08.2014.

Besonders bedauerlich erscheint auch, daß viele der Erfahrungen, die Hagena immerhin dazu veranlassen, von einer Erfahrungswissenschaft zu sprechen, von Charlotte Hagena in ihrer Eigenschaft als Ärztin in drei Kinderheimen gesammelt wurden[312]. Genauer: Eine völlig evidenzlose Methodik wurde auf kindliche Patienten angewendet. Ob es sich dabei 'nur' um den Bereich der Ernährung handelte oder nicht, ist dabei unerheblich und heute auch nicht mehr überprüfbar. Da Hagena selbst die "vierzigjährige Erfahrung" mit der Terlusollogie (wenn auch unzutreffend) als "Experiment" bezeichnet und ihm als Mediziner klar sein muß, daß nicht als Standard bzw. üblich anerkannte, sozusagen 'experimentelle' Verfahren nicht einfach auf Patienten – schon gar nicht auf Kinder – angewendet werden können und dürfen, stellt sich die Frage, wie dieses zumindest ethische Problem behandelt wird, denn auch wenn es spitzfindig erscheinen mag, könnte hier letztendlich von Menschenexperimenten gesprochen werden, zumindest dann, wenn keine Einwilligung der Personensorgeberechtigten vorlag (wobei explizit erwähnt werden muß, daß hier keine derartige Behauptung aufgestellt wird). In den Schriften Hagenas findet dazu allerdings keine Auseinandersetzung statt, eher scheint es so, als daß Hagena hier überhaupt kein Problem erkennt – genausowenig, wie er überhaupt kein Problem darin zu sehen scheint, die terlusollogische Lehre bei Krankheiten oder psycho-sozialen Problemstellungen als Lösung zu empfehlen, was m.E. auf mehr als nur mangelnde Selbstkritik hindeutet.

Was die willkürlich gewählten Werte, die der Berechnung des "Atemtyps" zugrunde liegen, angeht, so wurde schon erwähnt, daß Hagena durchaus zugibt, daß diese Werte eben willkürlich gewählt sind. Diese Erkenntnis führt aber nicht etwa dazu, daß zumindest versucht wird, 'objektivere' Werte zu finden oder, was die korrekte Vorgehensweise wäre, die gesamte Berechnungsmethode, deren Hintergrund sowieso nur auf nichtevidenten esoterischen Annahmen beruht, zu verwerfen – ganz im Gegenteil wird im Bewußtsein der Willkürlichkeit der Zahlenwerte und ihrer Entstehung (bzw. der Nachweiserbringung ihrer 'Richtigkeit') *durch Auspendeln* gerade eben jene Berechnungsmethodik als *Nachweis von Wissenschaftlichkeit* und Abgrenzung von Esoterik gewertet und nach außen auch so vertreten:

---

[312] Vgl. Hagena, Chr. (o. J.): *Dr. med. Charlotte Hagena*. Unter:
http://s224198223.online.de/wsb4710187902/10.html, 07.08.2014; die Seite wurde als PDF-Dokument gesichert.

"Da sich die Terlusollogie® mit den Wirkungen von Sonne und Mond auf die entsprechenden Konstitutionstypen beschäftigt, glauben einige, dass es sich um Esoterik handelt. In manchen Kreisen wird dies als Makel empfunden und deshalb abgelehnt. Die
Terlusollogie hat jedoch mit Esoterik nichts zu tun. Im Gegenteil, denn der Atemtyp ist
berechenbar."[313]

Erstaunlicherweise distanzieren sich die Terlusollogen – trotz der behaupteten 'unbekannten Energie' und ausgependelten Nachweisen – also von der Esoterik, diese
unterscheide sich fundamental von der terlusollogischen Lehre, da sich die Esoterik
eben nicht als Naturwissenschaft verstehe, wohingegen sich die Terlusollogie "strikt
an die Vorgaben der Naturwissenschaftler"[314] (welche?) halte – was sich auch so
verstehen läßt, daß die Terlusollogie (auch) einen naturwissenschaftlichen Anspruch
erhebt[315].

Dies ist nicht nur ein Zeichen von mangelnder Selbstkritikfähigkeit, Wunschdenken
und, deutlich gesagt, auch von intellektueller Unredlichkeit, sondern auch in wissenschaftstheoretischer und ontologischer Hinsicht eine mehr als gewagte Behauptung.
Wie bereits an anderer Stelle dargelegt, reicht der Einsatz einer Methode (sofern Mathematik als Methode der Berechenbarkeit überhaupt so verstanden werden kann),
die aus einer anerkannten Wissenschaft stammt, keineswegs aus, um das Feld, in
dem sie angewendet wird, selbst zu einer Wissenschaft werden zu lassen – die Eigenschaft 'Wissenschaft' bzw. 'wissenschaftlich' läßt sich nicht einfach übertragen
(da wissenschaftliche Methoden nun einmal keine genetischen Grundlagen besitzen,
die sich in irgendeiner Weise 'vererben'), sondern muß sich aus der Gesamtschau
auf dieses Feld ergeben[316]. Hinzu kommen zwei weitere Einwände. Erstens ist die
Mathematik als Formalwissenschaft einzuordnen, die 'Werkzeuge' für andere Wissenschaften bereitstellt und genau genommen keinen eigenen Gegenstand hat, eine
Voraussetzung, die alle anderen Wissenschaften außerhalb der Formalwissenschaf-
ten (also die Realwissenschaften) erfüllen müssen[317]. Selbst wenn eine (durchaus
magisch anmutende) Übertragung von Eigenschaften durch eine Methodenüber-
nahme möglich wäre, so würde die Terlusollogie zu einer Formalwissenschaft trans-

[313] Hagena, Chr. (o. J.): *Dr. med. Charlotte Hagena*. Unter:
http://s224198223.online.de/wsb4710187902/10.html, 07.08.2014.
[314] Hagena 2003: 16 f.
[315] Vgl. ebd.
[316] Vgl. dazu Janatzek 2017: 516 - 522.
[317] Vgl. ebd.: 180 - 194.

formiert werden, ohne jedoch die Aufgaben einer Formalwissenschaft erfüllen zu können und zudem auch einen Gegenstand aufweisend, was sie jedoch nicht zur Realwissenschaft werden läßt, da ihr Gegenstand keine Evidenz aufweist. Dies soll jedoch nur der Vollständigkeit halber erwähnt sein, da die Idee einer solchen 'Eigenschaftsübertragung' mit der Folge der Mutation von Terlusollogie zu einer Wissenschaft geradezu absurd erscheint. Zweitens ist die in der Terlusollogie angewandte Berechnung keine aus der Mathematik heraus entstandene Rechenmethode, ein Theorem, ein mathematischer Beweis o.ä., sondern nichts weiter als eine Formel (die auf ausgedachten Werten beruht) und nicht etwa eine wissenschaftliche Methode – würde jedoch jeder Bereich, in dem es etwas zu berechnen gibt, gleich eine Wissenschaft sein und die Rechnung selbst als wissenschaftliche Methode angesehen werden, so müßte auch schon das eigenhändige Tapezieren des heimischen Wohnzimmers, der Eigenbau eines Regals, zumindest aber die Programmierung einer Software mit Rechenfunktionen o.ä. eine Wissenschaft darstellen, da auch bei diesen Tätigkeiten gerechnet oder mit Formeln gearbeitet werden muß. Der Hinweis auf die angebliche "Berechenbarkeit" des "Atemtyps" kann jedenfalls kein ausreichender Grund sein, die Terlusollogie nicht als Esoterik oder eventuell auch als Pseudowissenschaft zu bezeichnen.

Offenbar liegt also bei den Vertretern der Terlusollogie entweder ein recht eigener Wissenschaftsbegriff bzw. eine sehr eigene Vorstellung (oder auch einfach nur Uninformiertheit) darüber vor, was eine Wissenschaft auszeichnet, oder es wird ein recht unkritisches Verständnis von Wissenschaft bemüht, das annimmt, etwas sei schon dann wissenschaftlich oder gar ganz eine Wissenschaft, sofern nur irgendein Aspekt berechenbar sei. Das hier festgestellte, recht eigene Wissenschaftsverständnis der Terlusollogen findet sich auch in der Nachweis- und Erkenntnisbasis der terlusollogischen Lehre, was nachfolgend näher besprochen wird.

11. – Nachweis- und Erkenntnisbasis der terlusollogischen Lehre sowie wissenschaftliche Arbeitsweise terlusollogischer Autoren:

In welcher Form aber belegen die Terlusollogen nun ihre weitgehenden Behauptungen und Schlüsse bzw., welche Nachweise gibt es für das terlusollogische Gedankengebäude?

Daß der Begründer der Terlusollogie, Erich Wilk, völlig berechtigt als Esoteriker bezeichnet werden darf und seine 'Erkenntnisse' in ideengeschichtlicher Hinsicht auf dem alternativmedizinischen Heilmagnetismus und somit dem Vitalismus, teils auch auf parapsychologischen Vorstellungen, dem Lunatismus sowie Blutmystizismus und rassenideologischen Gedanken fußen, wurde bereits dargelegt, ebenso die "Überprüfung" seiner "Erkenntnisse" durch den Einsatz eines siderischen Pendels. Wilk bezeichnet diesbezüglich seine Vorstellungen sogar selbst als "erdacht":

"Ich ging bei meiner Forschung von dem Prinzip aus, daß sich alles Erdachte auch praktisch beweisen müßte."[318]

Es darf wohl festgestellt werden, daß die heutigen Terlusollogen durchaus in dieser Tradition stehen (also zuerst ein Ideensystem zu schaffen, um anschließend alles dafür zu tun, festgestellte Tatbestände diesem Ideensystem entsprechend zu interpretieren, ohne dies zu hinterfragen; dazu gehört auch die Verwendung von Begriffen aus der Wissenschaft und ihre systematische Umdeutung). Denn beschäftigt man sich mit den Büchern von Hagena / Hagena und anderen Autoren der Terlusollogie, so werden dort, insbesondere bezogen auf medizinische Probleme (aber auch auf solche der Lebensführung), stets 'Fälle aus der Praxis' aufgeführt. Im medizinischen Bereich ist es indes nicht ganz unüblich, Kasuistiken darzustellen, wobei unter einer Kasuistik in der Medizin "[...] sorgfältige und ausführliche Beschreibungen einzelner Krankheitsfälle, z.B. deren Diagnose, Therapie und Beobachtungen des weiteren Verlaufs"[319] verstanden werden. Derlei "[...] Einzelfallbeschreibungen haben historisch eine große Bedeutung, werden jedoch auch heute noch in hochrangigen medizinischen Zeitschriften publiziert, um auf Fehler, besondere Umstände oder Auffälligkeiten bei einem Fall aufmerksam zu machen. K[asuistiken] haben auch für die Generierung von Hypothesen eine gewisse Bedeutung. So waren z.B. die ersten Berichte über AIDS-Kranke Anlaß, sich mit dieser neuen Erkrankung zu beschäftigen"[320]. Hinsichtlich verallgemeinerungsfähiger Aussagen, insbesondere Aussagen zur Wirksamkeit (einer Therapie, Methode usw.) seien Kasuistiken jedoch nicht geeignet[321].

Ausschlaggebend ist hier, daß derlei Kasuistiken nicht verallgemeinerungsfähig bezüglich einer Wirksamkeit sind – sie sind also keineswegs als irgendeine Form des

---

[318] Wilk 1949: 48, zitiert nach Pezenburg 2012: 10.
[319] Oepen et al. (Hrsg.) 1999: 151 s.v. *Kasuistik*.
[320] Ebd.
[321] Ebd.

wissenschaftlichen Nachweises zu verstehen, sondern sind rein deskriptiv. Zudem stellt sich die Frage, ob es sich bei den Beispielen, die in den entsprechenden Quellen dargestellt werden, überhaupt um Kasuistiken handelt. Nachfolgend werden einige dieser Einzelfallbeschreibungen dargestellt.

"*Eine lunare Mutter ruft an: ihr 6 Wochen altes lunares Kind habe bisher das Stillen bestens vertragen. Seit drei Tagen aber habe das Baby zunehmend Blähungen, es schreie mehr und mehr und jetzt sei der Stuhlgang auch noch grünlich. Sie sei ganz verzweifelt, sie hätte sich doch an alles gehalten und nichts Typenwidriges gemacht. Nun, es war Mitte Mai, als sie anrief. Von einer Ahnung getrieben – es war ja Spargelzeit – fragten wir sie, ob sie Spargel gegessen hätte. Die Antwort kam prompt, ja, die letzten drei Tage. Spargel ist ausgesprochen solar. Der Mutter war er gut bekommen, aber das Baby hatte sofort reagiert. Die Mutter ließ den Spargel weg, und bereits zwei Tage später war alles wieder in Ordnung.*"[322]

Charlotte Hagena versteht dabei auch ihre eigenen, höchst subjektiven Eindrücke als Nachweismöglichkeit:

"*Zunächst brachten Bohnenkaffee und Digitalispräparate meinen Gesamtzustand so weit herunter, dass ich mit meinem Blutdruck von 80/60 nicht mehr arbeitsfähig war und in ein Sanatorium ging. In diesem Sanatorium erfuhr ich erstmals von dieser Typenlehre. Ich wurde dort ausschließlich mit lunaren Übungen behandelt. Diese drei Wochen Sanatoriumsaufenthalt machten mich voll arbeitsfähig für Jahre. Ich behielt die erlernten täglichen Übungen bei und begann nun meinerseits, mich mit dieser Lehre zu beschäftigen und in meiner Praxis forschend und beobachtend Erfahrungen zu sammeln, danach zu behandeln und den Hintergründen nachzugehen.*"[323]

Selbstverständlich gibt es auch umgekehrte Beispiele, die aufzeigen, wie böse es enden kann, hält man sich nicht an die Erkenntnisse der Terlusollogie, wie bei Hagena (2009[3]: 155) dargestellt:

"Ein solarer Patient war mit einer lunaren Frau verheiratet. Er war beim Maximum der Sonne im Juni bei Neumond geboren und sie bei Vollmond im Dezember. Die Ge-

---

[322] Hagena & Hagena 2006: 68.
[323] Ebd.: 66.

gensätze der beiden Atemtypen waren also extrem groß. Die Ehe lief ausgesprochen harmonisch, da er zur See fuhr und die Zeit der Gemeinsamkeit begrenzt war. Beide erholten sich in seiner Abwesenheit gut. So ging es viele Jahre, doch die Liebe war so groß, dass er sich ihr zuliebe entschloss, den Seemannsberuf aufzugeben. Es dauerte nur ein Jahr, und die Ehe brach auseinander. Beide hatten nicht beachtet, dass es zwingend notwendig ist, sich gegenseitig genügend Spielraum zu lassen, um sich vom anderen erholen zu können, wie zum Beispiel getrennte Schlafzimmer."

Es kam hier, wie es nach der Logik der Terlusollogie kommen mußte – denn unterschiedliche Atemtypen scheinen eben nicht 'kompatibel' zu sein und können sich auf Dauer nicht ertragen, ohne daß es zum Zerwürfnis kommt (die nach terlusollogischer Logik daraus erwachsende Folge wäre auf lange Sicht eine geographische Trennung von 'Solaren' und 'Lunaren' – ganz in der Tradition Wilks, hier zu erinnern an das bereits oben belegte Zitat: "In eine nordische Eichenlandschaft passen keine schwarzen Gesichter und in einen afrikanischen Urwald keine Weißen"). Andere mögliche psychosoziale Gründe werden hier noch nicht einmal vermutet – was schlicht eine geradezu naive Reduktion komplexen menschlichen Verhaltens darstellt.

Die Drohung bei Nichtbefolgung der terlusollogischen 'Erkenntnisse' wird häufig verwendet – gesundheitliche, aber auch Partnerschafts-, Erziehungs- und Schulprobleme usw. Als reiche dies noch nicht aus, schreibt Hagena auf seiner Website speziell für Musiker:

"Gerade der Berufsmusiker kann sich ständig typenwidrige Körperhaltungen nicht erlauben, da diese unweigerlich ins berufliche Aus führen. Besonders gravierend sind die Auswirkungen typenwidrigen Verhaltens bei Sängern, da diese Instrument und Musiker in Einem sind."[324]

Es drohen also nicht nur Problematiken aller Art, sondern auch das "berufliche Aus", was durchaus als existentielle Bedrohung aufgefaßt werden kann.

Die oben dargestellten Beispiele sind also keineswegs als Kasuistiken zu verstehen – es fehlt ihnen dafür an der sorgfältigen und ausführlichen Beschreibung; auch wird mit der Darstellungen derlei 'Fälle' durch Terlusollogen nicht der Zweck des Aufmerksammachens auf Fehler, besondere Umstände oder Auffälligkeiten des Einzelfalls

---

[324] Hagena, Chr. (o. J.): *Für Musiker*. Unter:
http://s224198223.online.de/wsb4710187901/18.html, 07.08.2014.

verfolgt, sondern die Überzeugung des Lesers von der Richtigkeit terlusollogischer 'Erkenntnisse' (es geht also nicht darum, z.B. stillende Mütter vor Spargelverzehr zu warnen – wenn auch auf Basis unsinnigster Argumente –, sondern vor allem darum, die eigenen diagnostischen Fähigkeiten unter Rückgriff auf die Terlusollogie positiv darzustellen).

Der gesamte Stil erinnert dabei mehr an Anekdoten – eine Anekdote dient der "Beschreibung eines einzelnen Ereignisses, das in irgendeiner Weise auffällig ist. Eine Anekdote dient häufig als Beispiel einem bestimmten Zweck, etwa zur Belehrung, zur Erheiterung oder auch zur Warnung. Sie hat nicht den Anspruch auf Genauigkeit und Sorgfalt der Dokumentation wie eine gute Kasuistik"[325].

Der sprachliche Duktus dieser Erzählungen erinnert aber auch an naive Heiligenberichte und nimmt bisweilen märchenhafte Züge an. So z.B. in der Erzählung über Hubertus P., ein 1965 geborener "lunarer Typ", der an Muskeldystrophie, Brechanfällen und einem insgesamt wahrhaft desaströsen körperlichen Zustand litt, und dem selbst angesehene Kapazitäten des Fachgebiets (welchem?) angeblich nicht helfen konnten. Eine Umstellung der Ernährung nach terlusollogischen Gesichtspunkten (z.B. keine Milchprodukte mehr, statt dessen rohes Fleisch und Kartoffeln) für das 5 ½ jährige Kind zusammen mit den "Übungsbehandlungen" brachten dann schon nach vier Monaten den ersten ersehnten Erfolg – nach einem Jahr wurde Hubertus dann in eine "Normalschule" aufgenommen und avancierte dort gar zum Klassensprecher[326] (interessant ist hier die Wortwahl "Normalschule", gleichwohl der kleine Hubertus sowieso im regulären Einschulungsalter war und deshalb vorher sicherlich nicht eine Sonderschule irgendeiner Art besucht hat).

Andere Behauptungen der Terlusollogie erinnern hingegen an Bedienungsanleitungen oder an Informationszettel, die beim Kauf eines Kleintieres im Zoofachhandel ausgehändigt werden:

"Die klimatisch günstigsten Bedingungen für den lunaren Atemtyp sind aufgrund der überwiegenden Dehnungszonen seines Körpers feuchtwarme Zonen, z.B. in Meeresnähe, an Seen und Flüssen oder in Niederungen mit Laubwald. Bei warmer Bekleidung wird feuchtkaltes Klima ebenfalls gut vertragen."[327]

---

[325] Oepen et al. (Hrsg.) 1999: 16 s.v. *Anekdote*.
[326] Hagena 2009[3]: 152.
[327] Hagena 2005[2]: 53.

Solcherlei 'Nachweise' ziehen sich durch alle Schriften der Autoren Hagena / Hagena. Und bei derlei anekdotenhaften Einschüben bleibt es auch. Es gibt keinerlei nachprüfbare Daten, keinerlei Statistiken, keine Vergleichstabellen oder Kontrollgruppen, keine auswertbaren Fragebögen, kein Bildmaterial das eine Besserung oder auch nur die Existenz der beschriebenen Fälle belegen könnte wie Röntgenaufnahmen, Videos oder Fotos usw., nichts, was die geschilderten Erfolge in irgendeiner Form nachweisen könnte, was (und dies erscheint noch wichtiger) auch für die grundlegenden behaupteten Phänomene gilt, nämlich a.) einen Einfluß von Sonne und / oder Mond bei der Geburt und b.) die darauf fußende Einteilung der Menschheit in zwei verschiedene, gegensätzliche Atemtypen (ein Umstand, auf den auch Pezenburg [2012: 2] hinweist). Daß es sich bei den terlusollogischen 'Erkenntnissen' keineswegs um ein in wissenschaftlich korrekter Weise generiertes bzw. methodisch-systematisch erworbenes Wissen, also Empirie, handelt, gibt das nachfolgende Beispiel von Hagena (2003: 98) deutlich wieder:

"Anfangs haben wir für unsere lunaren Kinder gern Karottengläschen gekauft, wenn wir an Wochenenden zu Freunden gefahren sind. Das war recht praktisch, weil wir die Gläschen nur zu erwärmen brauchten. Doch leider bekamen unsere lunaren Kinder davon rasch Blähungen. Schließlich bemerkten wird, das dem Karottenbrei Öl beigemengt war und Öl wird von lunaren Kindern bekanntermaßen schlecht vertragen. Für die solaren Kinder wird die Karotte durch die Ölzugabe scheinbar bekömmlich.
Eine ähnliche Erfahrung haben wir mit Pfirsichsaft gemacht. Der Saft war sehr süß und schmeckte unserem solaren hautempfindlichen Sohn sehr gut. Zu dieser Zeit wurde seine Haut schlechter und schlechter. Wir erkannten den Zusammenhang erst, als ich zufällig auf dem Etikett der Flasche entdeckte, dass die Süße durch Zyclamat hervorgerufen wurde."

"Schließlich bemerkten wir", "scheinbar", "bekanntermaßen" (wem sollte dies schon bekannt sein außer Terlusollogen?) vor allem aber "zufällig" sind Formulierungen, die in einer wissenschaftlichen Auswertung bei Studien oder Experimenten wohl eher selten verwendet werden dürften. Im Rahmen der 'Entdeckungen' der Terlusollogie hingegen lassen sich Behauptungen und weitreichende Aussagen auf der Basis solch unkontrollierter und willkürlicher Beobachtungen oder Schlußfolgerungen als geradezu symptomatisch bezeichnen. Für derlei Schlußfolgerungen und Behauptungen wird also keinerlei methodisch korrekter Beleg erbracht, ja noch nicht einmal ein nachvollziehbares Indiz – was damit zusammenhängen mag, daß die Terlusollogie ganz eindeutig eine visuell orientierte Grundlage besitzt.

Wie oben dargestellt, werden in der Terlusollogie Erde, Mond und Sonne als "die drei Säulen unseres unmittelbaren Weltalls"[328] angesehen. Dies ist sachlich falsch. Sonne und Mond mögen wegen ihrer Sichtbarkeit zwar mehr im Alltagsbewußtsein verankert sein, jedoch ist zumindest die Sonne (schon aufgrund der Entfernung) alles andere als 'unmittelbar' – der nächste Nachbar der Erde in Sonnenrichtung ist tatsächlich die Venus, gefolgt vom Merkur, und dann erst gefolgt von der Sonne – in Richtung äußeres Sonnensystem ist der nächste Nachbar der Erde der Mars (als letzter der vier inneren Planeten), dann folgen Jupiter, Saturn, Uranus, Neptun und schließlich der Planetoid Pluto. Sowohl die Venus wie auch der Mars sind zeitweise der Erde sehr viel näher als diese der Sonne (erdnächste Entfernung der Venus ca. 38,9 Mio. Kilometer, Mars ca. 55,4 Mio. Kilometer), also viel 'unmittelbarer' zur Erde. Jedoch auch dann weit weniger ins Auge fallend. Irgendwelche Einflüsse dieser Planeten werden von Terlusollogen allerdings nicht geltend gemacht, was zeigt, daß die gesamte Grundidee der Terlusollogie nicht etwa anhand nachvollziehbarer Daten oder tatsächlich existenter Phänomene inspiriert ist, sondern durch rein subjektive, visuelle Eindrücke mit entsprechenden Assoziationen. Dies geht auch aus den (auch schon weiter oben bereits zitierten) Äußerungen Wilks (1949: 5 f) hervor:

"Das Bewegungsprinzip war offensichtlich [...]. Also prägte ich für die Mondkraft das Wort Dynamik. In meinen philosophischen Betrachtungen hatte ich schon das Vorhandensein einer Dynamik und einer Statik erkannt. Dynamik stellte ich gleich Bewegung planenden Geist und Statik gleich Festigkeit planenden Verstand.
[...]
Der Begriff Dynamik hat also einen Erzeuger gefunden. Für die Statik wählte ich mutig die Sonne, denn nichts schien mir offensichtlicher, als die Polarität dieser beiden kosmischen Kräfte."[329]

Die Polarität war also "offensichtlich", was hier tatsächlich wörtlich als 'sichtbar' verstanden werden kann. Dies zeigt ebenfalls die willkürliche visuelle Orientierung in der

---

[328] Hagena 2009[3]: 13.
[329] Zitiert nach Pezenburg 2012: 5.

Grundidee der Terlusollogie – und genausogut könnte eine 'Polarität' auch zwischen dem Sonnenaufgang und dem Sonnenuntergang hergestellt werden oder zwischen den winterlichen und sommerlichen Durchschnittstemperaturen, Nord und Süd, West und Ost, zwischen Breiten- und Längengraden usw. Und aus all diesen 'Bipolaritäten' (gleichwohl bei der Konstellation Erde, Mond, Sonne eigentlich von *Tripolarität* die Rede sein müßte) ließe sich im Rückgriff auf esoterische Vorstellungen, ausreichend viel Phantasie und einigen mathematischen Grundkenntnissen leicht eine völlig beliebige Konkurrenzlehre zur Terlusollogie konstruieren, und dies sogar auf einer besseren Nachweisbasis.

Der einzige 'Nachweis' jedoch, der (abgesehen von Anekdoten) in den terlusollogischen Grundlagen zu finden ist, ist eine Sammlung von Bestätigungen, die Kunden o.ä. in einem Notizbuch von Wilk eingetragen haben, also eine Form des *Testimonial*.

Fotografien dieser 'Erfolgsbestätigungen' werden auf einer Webseite von Hagena veröffentlicht[330]. Darin findet sich eine ganze Reihe von Einträgen wie z.B. die folgenden:

"Auch ich will Herrn Wilk gern bestätigen, daß er tatsächlich nach Angabe meines Geburtsdatums meine wesentlichsten Charakterzüge erkannte u. mir auch geholfen hat.
Bad Godesberg   Frau (Unleserlich)-Gabriele (Unleserlich)
21. Juli 1949"[331]

"Ich bestätige Herrn Wilk, dass er meine Mannschaftskameraden und mich spielerisch in jeder Weise, nur in Kenntnis des Geburtsdatums, richtig beurteilt hat.
(Unleserlich) den 5.3.49
Deutscher (Unleserlich)   (Unterschrift unleserlich)
1949.   EV. Füssen"[332]

"Ich bestätige Herrn Wilk, dass er meinen Charakter, meine gesundheitliche Veranlagung sowie meine spezielle sportliche Begabung mir nach dem Geburtsdatum richtig beurteilt hat.

---

[330] Vgl. Hagena, Chr. (o. J.): *Aufzeichnungen von Erich Wilk*. Unter:
http://s224198223.online.de/wsb4710187902/5.html, 05.08.2014.
[331] Bild-URL:
http://s224198223.online.de/wsb4710187902/resources/WilkreferenzBuch+3_Seite_08.jpg.
[332] Bild-URL:
http://s224198223.online.de/wsb4710187902/resources/WilkreferenzBuch+3_Seite_06.jpg.

Bonn d. 30.7.49 (Unterschrift unleserlich)"[333]

Interessanterweise geht aus diesen Einträgen auch hervor, daß Wilk seine Typenlehre nicht nur auf Menschen, sondern auch auf Pferde angewendet hat. Einige
Beispiele:

"Herr Wilk hat meine Pferde nach Geburtsdaten sehr gut charakterisiert.
Trainer K. Heim
Mch.-Riem."[334]

"Ich darf Herrn E. Wilk gerne bestätigen, daß er verschiedene Pferde der mäßigen,
sowie der Spitzenklasse aufgrund der von mir gegebenen Geburtsdaten sehr gut beurteilt hat.
16.2.49 R. (Unleserlich)mann
Sekretär der CVB München-Riem"[335]

"Ich bestätige Herrn Wilk daß seine Charakterisierung auch in Bezug meiner Turnier-
pferde sehr treffend war.
Bad Godesberg
den 24.7.49
Willi (Unleserlich)
Dressurreiter"[336]

Was genau Wilk "richtig beurteilt" hat und in welchem Umfang, geht aus diesen kurzen Einträgen selbstverständlich nicht hervor. Auch wird nicht deutlich, wie oft ihm
ein Eintrag verweigert wurde bzw. Wilk mit seinen Charakterisierungen daneben lag,
so daß sich also nur Positivwertungen finden, was sicherlich als recht einseitig bezeichnet werden darf. Doch auch diese Einträge können kein Beleg für die Richtigkeit
der Terlusollogie sein, denn selbst wenn einige der Charakterisierungen zutreffen
sollten, so läßt sich dies mit Beobachtungsgabe, Selbsttäuschungen, dem Barnum-

---

[333] Bild-URL:
  http://s224198223.online.de/wsb4710187902/resources/WilkreferenzBuch+3_Seite_11.jpg.
[334] Bild-URL:
  http://s224198223.online.de/wsb4710187902/resources/WilkreferenzBuch+4.jpg.
[335] Bild-URL:
  http://s224198223.online.de/wsb4710187902/resources/WilkreferenzBuch+3_Seite_06.jpg.
[336] Bild-URL:
  http://s224198223.online.de/wsb4710187902/resources/WilkreferenzBuch+3_Seite_09.jpg.

bzw. Brunnen-Effekt[337] oder auch einfach *Cold Reading*[338] (in einigen Fällen auch mit *Hot Reading*[339]) genausogut bzw. besser erklären, abgesehen davon, daß die Au-

---

[337] Der Begriff Barnum-Effekt geht zurück auf die Vorstellungen des Circus Barnum, dessen Vorstellungen so konzipiert waren, daß für jede Interessenslage der Zuschauer etwas dabei war, wodurch sich die große Masse der Zuschauer angesprochen fühlte und so den Erfolg der Vorstellungen begründete. Der "Barnum-Effekt der Sozialwissenschaften", auch Brunnen-Effekt oder Forer-Effekt bezieht sich auf ein ähnliches Schema – Aussagen (meist positiv formuliert) werden so allgemein gehalten, daß sie im Prinzip auf eine sehr große Anzahl von Menschen zutreffen, wobei empirisch belegt ist, daß die Überzeugungskraft vager und allgemein gehaltener Aussagen sehr hoch ist (Charpak & Broch 2003: 27 ff, 234 Fn 1 zu Kap. 2; vgl. zum Forer-Effekt auch Kanning 2010: 228). Die Wilk'sche Atemtyplehre bzw. die Terlusollogie erscheint geradezu prädestiniert, diese Effekte zur Anwendung zu bringen, zum einen durch ihre 'Zuständigkeit' für so gut wie alle Bereiche des menschlichen Lebens inklusive medizinischer Aspekte und zum anderen durch die Zuschreibung aller denkbaren menschlichen Eigenschaften und Fähigkeiten auf nur zwei 'Menschentypen' in allgemeiner Form, so daß auch hier eine hohe 'Trefferquote' erwartet werden darf, die aufgrund der Vagheit dann auch vom Zielpublikum akzeptiert wird.

[338] *Cold Reading* bezeichnet eine Technik, die von Wahrsagern, Hellsehern, Medien usw. eingesetzt wird, um bei ihnen Unbekannten (z.B. Personen aus dem Publikum) den Eindruck zu erwecken, daß sie in der Lage wäre, Informationen zur Vergangenheit, gegenwärtigen Lebensumständen oder der Zukunft des ihnen Unbekannten auf okkultem Wege zu erlangen. Die dabei getroffenen Aussagen bleiben (zumindest anfangs) so vage und allgemein, daß sie auf so gut wie jeden in irgendeiner Form passen können, sie erhöhen also die Treffergenauigkeit. Dabei spielt die genaue Beobachtung der Zielperson eine wichtige Rolle, da das Medium o.ä. aus den bewußten oder unbewußten Reaktionen der Zielperson Schlüsse dahingehend zieht, ob ihre Aussage kritisch aufgenommen wird oder nicht – ist letzteres der Fall, wird sofort relativiert oder Unzutreffendes durch schnelles Weitersprechen überspielt, so daß diese Fehlleistung möglichst wenig im Gedächtnis der Zielperson verankert wird. Eine dabei verwendete Technik (z.B. beim Handlesen) ist dabei das Muskellesen, das sich auf den bereits an anderer Stelle erwähnten Carpenter-Effekt (unbewußte Muskelzuckungen bzw. ideomotorische Bewegungen) zurückführen läßt. Hinzu tritt die oft vorhandene Bereitschaft der Zielperson, bei finanziell honorierten Leistungen des Hellsehers mitzuarbeiten, der Rückgriff des Mediums auf zuvor gemachte verbale Äußerungen der Zielperson, die sodann als gerade auf okkultem Wege erlangt präsentiert werden sowie andere bestätigende Reaktionen (Kopfnicken o.ä.). Das Muskellesen, auch als Cumberlandismus bekannt, war in früheren Zeiten als Gesellschaftsspiel bekannt, wobei einer Person die Augen verbunden wurde, nachdem z.B. ein Gegenstand versteckt wurde, ohne daß die Person das Versteck kannte. Diese wurde nun von einer anderen Person, der das Versteck bekannt war, durch den Raum geführt; anhand der muskulären Reaktionen sollte nun die Person mit den verbundenen Augen auf den Ort des Verstecks schließen (Oepen et al. (Hrsg.) 1999: 61 ff s.v. *Cold Reading*; ebd.: 191 s.v. *Muskellesen*). Vgl. zum Muskellesen auch die Ausführungen zum Hellsehen bei Wimmer & Prokop 2006: 164 ff. Ein Beispiel für die Anwendung des *Cold Reading* durch einen Astrologen vor laufender Kamera an einer Zuschauerin aus dem Studiopublikum in einer Unterhaltungssendung findet sich bei Kanning (2010: 143).

[339] *Hot Reading* bezeichnet ebenfalls ein Betrugsverfahren im Rahmen des Okkultismus usw. zur Vorgaukelung spiritistischer Fähigkeiten o.ä. Das Verfahren ist dabei recht einfach – vorher erlangte zutreffende Informationen werden der Zielperson als gerade erst auf okkultem Wege erlangt präsentiert. Dabei kann die 'Erkenntnisgewinnung' von der Zusammenarbeit mit Privatdetektiven bis hin zum Durchstöbern von Manteltaschen oder dem Notieren von Automarken, Kennzeichen usw. durch Assistenten reichen, die diese Informationen dann an das Medium o.ä. unbemerkt weitergeben (Oepen et al. [Hrsg.] 1999: 61 ff s.v. *Cold Reading*). Vom in den 1920er/30er Jahren in Deutschland prominenten und auch von Hitler wertgeschätzten Hellseher Hanussen (richtig: Herrmann Chajm Steinschneider) ist bekannt, daß er nicht nur solche Zetteltricks, sondern noch weitergehende Mittel einsetzte, wie z.B. Abhöranlagen in seiner 14-räumigen Privatwohnung (Prokop & Wimmer 2006: 166 f, 257 f). Hierzu ist zu beachten, daß einige Einträge in Wilks Notizbuch (Authentizität vorausgesetzt) von damals (noch) bekannten Sportlern stammen. Auch wenn es zur damaligen Zeit sicherlich schwieriger war, ohne Internet Informationen über Personen zu erlangen, so waren Olympia-Sportler usw. doch auch damals Personen öffentlichen Interesses, über die auch in den Klatschspalten der Boulevard-Presse oder im Radio berichtet wurde, so daß zumindest vermutet werden darf, daß Wilk seine 'Expertisen' hinsichtlich dieser Personen keineswegs nur anhand von Beobachtungen erstellt haben könnte.

thentizität dieser Einträge zunächst einmal überprüft werden müßte. Doch kann wohl kaum davon ausgegangen werden, daß die heutigen Terlusollogen so viel Engagement hinsichtlich eines Vorgehens aufbringen dürften, mit dem sicheres Wissen geschaffen wird, bedenkt man die terlusollogisch sehr eigene Umdeutung wissenschaftlicher Begriffe (Empirie, Experiment, Hypothese, Naturgesetz) und damit auch wissenschaftlicher Methodik. Bei diesen Einträgen handelt es sich also offensichtlich um Scheinbeweise, deren Richtigkeit sich lediglich aus der subjektiven Behauptung der Richtigkeit durch Kunden Wilks ergibt – was als richtig dargestellt und behauptet wird, muß deshalb auch richtig sein[340].

Die Erkenntnisbasis der Terlusollogen beinhalte, wie Hagena (2009[3]: 12) schreibt, zum einen Erfahrung und zum anderen das Experiment. Dies beschreibt Hagena (ebd.) wie folgt:

"Wissenschaftlich können wir die Terlusollogie zunächst als Hypothese betrachten, also Vorhersagen formulieren und beobachten, ob sie eintreffen bzw. vorhanden sind. Und das ist geschehen: 40 Jahre Experiment haben die Richtigkeit unserer Hypothese klar bestätigt. Die auch bei uns anfänglich bestehenden Zweifel wurden vollständig beseitigt.

Die dargestellten Erkenntnisse sind keineswegs neu. In vielen Kulturen sind ähnliche bzw. dieselben Phänomene beschrieben und über Generationen hin überliefert. Neu ist die Berechenbarkeit der von der Natur festgelegten Anlagen und die hierdurch möglichen Vorhersagen."

Davon abgesehen, daß jeglicher Nachweis über das angebliche Vorhandensein terlusollogieähnlicher "Erkenntnisse" in anderen bzw. früheren Kulturen bei Hagena fehlt und die Berechenbarkeit, wie gezeigt werden konnte, völlig abstrus und zudem fehlerhaft ist, erscheint hier zunächst der Begriff des Experiments hinterfragungs- und klärungsbedürftig (ein Kritikpunkt, den auch Pezenburg anspricht[341]). Experimente werden nach Westermann (2000: 270) durchgeführt, "[...] um wissenschaftliche Kausalhypothesen empirisch zu prüfen. Dazu müssen die angenommenen Ursachenfaktoren variiert und andere mögliche Einflussfaktoren kontrolliert werden. Dies ist nur möglich, wenn jeweils mehrere Untersuchungseinheiten (Tiere, Menschen,

---

[340] Vgl. dazu Kanning 2010: 143.
[341] Vgl. Pezenburg, M.: *Terlusollogie - Naturgesetz oder Humbug?*, in: vox humana, # 3 / 2011, S. 50 - 55.

Gruppen) einer Bedingung ausgesetzt werden. Da die Störvariablen nie vollständig bekannt sind, erfordert ihre Kontrolle immer die zufällige Zuordnung der Untersuchungseinheiten zu den Untersuchungsbedingungen." Dabei stelle die Randomisierung das definierende Kriterium dar (ebd.).

Da es in der Terlusollogie auch um Verhalten und Verhaltensänderungen geht (sie insofern auch pädagogische bzw. agogische Aspekte aufweist oder aufweisen könnte), könnte es sich bei der Vorgehensweise der Terlusollogen eventuell um eine 'Mischung' aus physikalisch-medizinischem und psychologischem 'Experiment' handeln?

Westermann (2000: 268 ff) legt für psychologisch konnotierte Experimente vier Kennzeichen zur Charakterisierung ebensolcher vor:

1. Absichtliche Herstellung oder Auswahl der Untersuchungsbedingungen:
   – Experimentelle Bedingungen sind zwar frei wählbar, dürfen jedoch nicht unbegründet oder zufällig sein.

2. Systematische Variation der Bedingungen:
   – Dies ist notwendig um die Auswirkungen z.B. einer experimentellen Behandlung systematisch zu untersuchen, es handelt sich um eine notwendige Eigenschaft eines solchen Experiments. Voraussetzung ist die schematische Niederlegung der Experimentalbedingungen in einem Versuchsplan, also dem Forschungsdesign.

3. Betrachtung der Auswirkungen der Bedingungsvariationen:
   – Um die Auswirkungen betrachten zu können, ist die Festlegungen mindestens einer, bei der Planung eines multivariaten Experiments mindestens zwei unabhängiger Variablen unumgänglich, um deren Ausprägungen unter verschiedenen Bedingungen ermitteln und vergleichen zu können.

4. Kontrolle anderer möglicher Einflußfaktoren:
   – Falls unter Experimentalbedingungen unterschiedlich hohe Werte unabhängiger Variablen auftreten, so sind diese Differenzen nur dann als eindeutig durch die unterschiedlichen Behandlungen anzusehen, wenn es keine weiteren relevanten und systematischen Unterschiede zwischen den Experimentalbedingungen und den in ihnen untersuchten Personen gibt, die über die gezielt hergestellte Variation der Bedingungen hinaus gehen, was es nötig macht, eine mögliche Wirkung anderen ergebnis-

relevanter Einflußfaktoren auszuschalten. Sollte doch ein solcher Einflußfaktor (z.B. unterschiedliche Kompetenzen oder Persönlichkeitsmerkmale von Versuchsleitern, aber auch Zuwendung und Lob der Vp), so muß dieser Einflußfaktor konstant gehalten oder gleichmäßig verteilt werden (z.B. nur ein einziger Versuchsleiter [konstant], oder gleiche Verteilung von Lob und Zuspruch). Durch eine Zufallszuordnung, also einer Randomisierung, können unbekannte Einflußfaktoren kontrolliert werden, wobei die Zufallszuordnung der Vp zu den Untersuchungsbedingungen von besonderer Wichtigkeit ist, da so zumindest auf lange Sicht alle möglichen Personenmerkmale gleichmäßig auf die Bedingungen verteilt werden.

In der Physik wiederum stellen Experimente *die* Erkenntnismethode schlechthin dar, wobei zwischen induktiver und deduktiver Methodik unterschieden werden kann – bei ersterer steht (in einer sehr vereinfachten Darstellung) die Beobachtung eines Phänomens am Anfang einer Untersuchung, woraus wiederum Hypothesen, also wissenschaftlich begründete Vermutungen über einen gesetzmäßigen Zusammenhang entwickelt werden, die dann geplant in einem Experiment verifiziert oder falsifiziert werden; bei der deduktiven Methodik hingegen wird versucht, aus bereits bekannten Zusammenhängen auf neue Gesetzmäßigkeiten zu schließen, die dann wiederum in einem Experiment überprüft werden.[342]

Doch werden auch in der Physik selbstverständlich erhebliche Ansprüche an das Forschungsdesign bzw. den Forschungsplan, also dem Konzept des Forschungsprojektes hinsichtlich Planung, Kontrolle usw. gestellt. Denn entscheidend für die Wahl eines bestimmten Forschungsdesigns "[...] ist die möglichst adäquate Umsetzung der Forschungsfrage in dem gewählten theoretischen Bezugsrahmen und im Hinblick auf das festgelegte Forschungsziel im Rahmen der verfügbaren personellen, zeitlichen und finanziellen Ressourcen. Hierzu gehören u.a. die Entscheidungen für den Forschungsansatz, die Methode bzw. die Kombination der Methoden der Datenerhebung, die Festlegung des Auswahlplanes, das heißt des Stichprobenmodells und -umfangs, ferner ein Zeit- und Kostenplan. Der Forschungsplan beinhaltet viele einzelne Entscheidungen, die die Forschungsergebnisse erheblich beeinflussen können; es bedarf deshalb einer gründlichen Prüfung ihrer Vor- und Nachteile."[343]

Ein solcher Forschungsplan ist hinsichtlich der Terlusollogie schlicht nicht festzustellen. Zudem wird auch keines der genannten Merkmale eines Experiments in irgend-

---

[342] Handbuch Naturwissenschaften 2005: 12.
[343] Engelke 2003: 225.

einer Form durch die Terlusollogie erfüllt (zudem zeigt sich, daß die der Terlusollogie zugrundeliegenden Beobachtungen weder der induktiven noch der deduktiven Methodik zugeordnet werden können, da die dazugehörige experimentelle Überprüfung fehlt, da nichts experimentell überprüft werden kann). Es gibt also keinerlei Forschungsdesign, entsprechend auch keine in einem Versuchsplan festgelegten Bedingungen, unabhängige Variable, *keinerlei Kontrollen*, keine Versuchsleiter und noch nicht einmal Versuchspersonen, die überhaupt wissen, daß sie Versuchspersonen sind und an einem "Experiment" teilnehmen. Zwar gibt es auch noch andere Formen des Experiments (Feldexperiment, Quasi-Experiment oder auch eine Untersuchung, die dann als Experiment bezeichnet werden kann, wenn die Untersuchungseinheiten zufällig den Untersuchungsbedingungen zugeordnet werden können[344]) – doch grundlegend ist auch bei diesen Experimentformen Planung und Systematik der Erkenntnisgewinnung, also die Verwendung einer rationalen *Methodik*. Da diese aber fehlt, erübrigt es sich, hier ernsthaft zu prüfen, ob hinsichtlich der Terlusollogie tatsächlich von einem Experiment (ein Begriff, den Pezenburg im Zusammenhang mit der Terlusollogie als irreführend bezeichnet[345]) oder auch von einer Langzeitstudie (die ebenfalls ein Forschungsdesign benötigt) gesprochen werden kann.

Offensichtlich ist auch, daß es sich hier nicht um die in den Naturwissenschaften, aber auch der Psychologie usw. üblichen Laborexperimente handelt. Die vielfachen Behauptungen, die von den Terlusollogen z.B. hinsichtlich bestimmter Lebensmittel erhoben werden, sind in dieser Hinsicht allesamt ohne experimentellen Befund (zu erinnern an die weiter oben angeführte Anekdote, die sich auf die spargelessende Mutter eines Säuglings bezieht).

Aus einer medizinischen Perspektive heraus könnte die Terlusollogie der Epidemiologie (und damit der Public Health) zugerechnet werden, da auch sie in gewissem Sinne nach den Determinanten von Gesundheit und Krankheit wie z.B. Risikofaktoren fragt oder besser, sich (wenn auch nicht ausschließlich) inhaltlich damit beschäftigt[346].

Gerade jedoch in der Epidemiologie (wie im gesamten medizinischen Bereich, insbesondere auch in der Wirkungs- und Vergleichsforschung) gelten randomisierte kon-

---

[344] Vgl. dazu Westermann 2000: 270.
[345] Vgl. Pezenburg, M.: *Terlusollogie - Naturgesetz oder Humbug?*, in: vox humana, # 3 / 2011, S. 50 - 55.
[346] Vgl. dazu die Definition von Epidemiologie bei Klemperer 2014: 103.

trollierte Studien (RCT) sowie die Doppelverblindung sowohl als die fairste Form des Vergleichs als auch als wirksames Instrument zu Vermeidung von Bias und somit als wichtige Voraussetzungen für die Verläßlichkeit der Studienergebnisse[347]. Die weiteren genauen Bedingungen solcher Studien müssen hier jedoch nicht weiter erörtert werden, da es RCTs bzw. Doppelblindstudien im Rahmen der Terlusollogie nicht gibt, was insofern die äußerst weitreichenden terlusollogischen Aussagen und Schlußfolgerungen bereits hochgradig fragwürdig erscheinen läßt.

Dennoch bliebe zu fragen, ob nicht eine andere, in diesen Bereichen angewendete Studienmethodik die spezielle Form der terlusollogischen Erkenntnisgewinnung abdecken könnte.

Nach Klemperer (2014: 116 f) zählen dazu:

- Explorative Untersuchungen, also solche, mit denen ein Bereich erkundet wird, über den noch wenig bekannt ist (meist durch Befragungen und Interviews), woraus dann Hypothesen entwickelt werden, die in einem weiteren Schritt mittels geeigneter Methoden zu überprüfen sind.

- Beobachtungsstudien (z.B. Kohortenstudien, Fall-Kontroll-Studien) in der die Probanden hinsichtlich interessierender Expositionen (also [schädigende] Faktoren oder Einflüsse[348]) und Outcomes beobachtet und erfaßt, jedoch nicht beeinflußt werden.

- Querschnittsstudien, die deskriptiven Charakter aufweisen und in denen Populationen zu einem bestimmten Zeitpunkt untersucht werden, z.B. um Häufigkeitswerte für bestimmte Erkrankungen zu erhalten, ohne jedoch Kausalbeziehungen zwischen eventuellen Korrelationen herzustellen.

- Längsschnittstudien, in denen Daten in zeitlichen Abständen erhoben werden (z.B. durch Kohortenstudien oder Wiederholungsbefragungen) und die durch die so gewonnen zusätzlichen Daten dann auch Hinweise auf Kausalitätsbeziehungen liefern können.

- Retrospektive Studien, bei der Daten aus der Vergangenheit erhoben werden (z.B. durch Krankenaktenauswertung oder Patientenbefragungen bezüglich vergangener Sachverhalte), die Krankheit während der Studie also bereits aufgetreten ist und rückblickend nach möglichen Ursachen gesucht wird.

---

[347] Ebd.: 64, 117 ff.
[348] Vgl. Wörterbuch medizinischer Fachausdrücke 1992: 254 s.v. *Exposition*, Sp. 1.

- Prospektive Studien, in denen das interessierende Ereignis (z.b. das Auftreten einer bestimmten Krankheit) bei Studienbeginn noch nicht vorliegt, die aber die Möglichkeit bieten, vorab Ereignisse, die gemessen werden sollen sowie Einflußgrößen präzise zu definieren.
- Experimentelle Studien, in denen der Untersucher aktiv eingreift, indem er Expositionen festlegt wie z.B. bei Untersuchungen hinsichtlich einer Arzneimittelwirksamkeit, wobei als methodisches Beispiel die bereits erwähnte randomisierte und kontrollierte Studie genannt werden kann.

Es ist offensichtlich, daß die Methode der terlusollogischen Erkenntnisgewinnung keiner der genannten Studienformen entspricht – denn als eine explorative Untersuchung kann diese kaum bezeichnet werden, da ja die Terlusollogie behauptet, bereits im Besitz der Wahrheit über Krankheitsursachen (atypisches Verhalten) und Gesundheitsprävention und Rehabilitation ('typgerechtes' Verhalten) zu sein; zwar weisen Terlusollogen darauf hin, daß sie ihre Erkenntnisse durch Beobachtung erlangen würden, jedoch kann dieses Vorgehen auch nicht als Beobachtungsstudien angesehen werden, da im Rahmen von Studien erhobene Primärdaten gezielt, systematisch und bezogen auf spezifische Fragestellungen gewonnen werden müssen[349] (also in geplanter und begründeter Art und Weise) – vielmehr handelt es sich bei den terlusollogischen Beobachtungen um äußerst theoriebeladene (um nicht zu sagen, ideologisch belastete) *Gelegenheitsbeobachtungen des Alltags*. Auch handelt es sich nicht um eine Quer-, Längsschnitt-, retrospektive oder prospektive Studie. Ebenso kann es sich nicht um eine experimentelle Studie handeln, da auch für diese (sogar in besonders strenger Weise) geplante Beobachtung notwendig ist und eben nicht Alltagsbeobachtung im Rahmen ärztlicher oder sonstiger Praxis.

Insgesamt kann hier wohl die Ansicht vertreten werden, daß es sich bei dem angeblich bereits seit vierzig Jahren andauernden "Experiment" der Terlusollogie auch um keine andere, methodisch adäquate Form medizinischer Forschung handelt. Ebensowenig überhaupt um eine wissenschaftliche Forschungsmethode, die, wie Engelke (2003: 224) anmerkt, sich gerade dadurch als *wissenschaftlich* auszeichnet, daß sie Forschenden erlaubt, "[…] neue Erkenntnisse zu gewinnen, diese zu überprüfen und einen Konsens darüber zu gewinnen, ob jeweils neue Forschungsergebnisse im Zu-

---

[349] Vgl. Klemperer 2014: 115.

sammenhang des empirisch-theoretischen Prozesses einen Fortschritt des menschlichen Wissens, verglichen mit dem jeweils vorangehenden Wissensstand, darstellen
oder nicht."

Der Begriff "Experiment", den Hagena verwendet, kann deshalb entweder nur im alltagssprachlichen Sinne gemeint sein und besitzt dann in erkenntnistheoretischer
Hinsicht selbstverständlich keinerlei Relevanz, oder er wird euphemistisch verwendet, um eben genau Wissenschaftlichkeit vorzuspiegeln, ohne jedoch die Kriterien,
wie sie für gewöhnlich an wissenschaftliche Experimente, Studien, Untersuchungen
etc. gestellt werden, zu erfüllen. Bei den weitreichenden medizinischen und psycho-
sozialen Aussagen von Terlusollogen fehlt zudem jede Differentialdiagnostik.

Selbstverständlich stellt sich die Frage, *warum* es keine brauchbare Forschung mit
entsprechenden Ergebnissen gibt.

Hagena (2003: 8) kündigte die Durchführung einer Doppelblindstudie an und äußerte
dabei die feste "[...] Überzeugung, dass es uns gelingen wird, [...] die Terlusollogie
auf das wissenschaftliche Podest heben zu können." (Was insofern einen von Hagena wohl nicht bemerkten Widerspruch darstellt, da er an anderer Stelle auch ohne
vorliegende Doppelblindstudien behauptet, daß es sich bei der Terlusollogie um eine
bereits bestehende Wissenschaft handelt.) Zugleich (ebd.: 9) weist er darauf hin, daß
die Anwendung "klassischer" wissenschaftlicher Methoden in der "alternativen Medizin" oder der Naturheilkunde i.d.R. nicht möglich sei – dennoch würden die Terlusollogen den "naturwissenschaftlichen Weg" keineswegs scheuen. Weiterhin weist Hagena (ebd.) darauf hin, für wissenschaftliche Untersuchungen seien "[...] große finanzielle Anstrengungen nötig, die wir als Einzelpersonen leider nicht aufbringen können. Wir hoffen daher, dass dieses Buch zur Verbreitung der Terlusollogie in der Öffentlichkeit beitragen wird und wir über den Weg Unterstützung erhalten. Je bekann-
ter eine Methode in der Öffentlichkeit ist, desto leichter ist es, entsprechende Mittel
zu erhalten und somit wissenschaftliche Untersuchungen zu ermöglichen."

Abgesehen von dieser offensichtlichen Suche nach Sponsoren, Spendern, Mäzenen
o.ä. benennt Hagena hier gleich zwei Gründe, warum es keine brauchbaren Studien
zur Wirksamkeit oder auch nur zum Nachweis der behaupteten Phänomene gibt,
nämlich erstens die Schwierigkeit, korrekte wissenschaftliche Methodik auf andere
Felder zu übertragen und zum anderen finanzielle Aspekte. Diese Argumentation
findet sich auch z.B. im Bereich der Homöopathie usw. und ist letztendlich als eine
Form der Verzögerungstaktik und der Schuldübertragung (nicht die Terlusollogie ist

schuld, daß sie nicht mit gängigen wissenschaftlichen Methoden erforscht werden kann, sondern die wissenschaftlichen Methoden sind unbrauchbar) gewertet werden kann; die angekündigte Doppelblindstudie liegt übrigens bis dato, also dreizehn Jahre später, nicht vor. Was das finanzielle Argument angeht, so kann auch dieses nicht gelten, denn wie die 2011 vorgenommene empirische Studie von Beyer zeigt, ist es sehr wohl möglich, die Behauptungen der Terlusollogie auch mit geringen Mitteln und engen Rahmenbedingungen, wie sie Diplomanden i.d.R. zur Verfügung stehen, empirisch zu untersuchen. Statt dessen verlangen die Terlusollogen, daß andere sowohl die Nachweispflicht als auch die finanziellen Belastungen, die damit einhergehen, übernehmen, wie folgende Aussagen von Hagena belegen (und die zugleich einen Nachweis für den schon angesprochenen expansiven Charakter der Terlusollogie darstellen):

"Nicht gelungen ist es bis jetzt, die Naturwissenschaften und die Medizin für die Terlussologie zu interessieren. Wir sind aber fest davon überzeugt, dass es nur eine Frage der Zeit ist, bis auch dieses Ziel erreicht ist. Unser Hauptaugenmerk liegt auf der Medizin, denn die Terlusollogie würde sich hier sehr segensreich auswirken und enorme Kostenersparnis bringen. Um dieses Ziel zu erreichen, benötigen wir die Unterstützung von Hochschulen. Diese sollten die Richtigkeit der Terlusollogie in Studien beweisen und natürlich auch ihre Grenzen. Hier täte sich ein großes Forschungsgebiet auf."[350]

Doch ebenso wie für jede echte Wissenschaft gilt auch für die Terlusollogie, daß ihre Vertreter *selbst* dafür verantwortlich sind, ihre Behauptung, es handele sich um Wissenschaft, zu belegen, Nachweise (auch zur Wirksamkeit oder überhaupt zur Existenz behaupteter Phänomene) zu erbringen und eigene Theorie- und Methodenentwicklung zu betreiben und dies nicht einfach an andere zu delegieren. Zugleich zeigt sich hier ein recht seltsam antiquiertes Verständnis, nämlich ein positivistisches, von Wissenschaft – denn gefordert wird *insgesamt* (also über die Ebene der Hypothesen hinausgehend) eine Verifikation des gesamten Bereiches, nicht etwa eine Falsifikation bzw. der Versuch einer solchen. Als besonders erstaunlich kann dabei angesehen werden, daß Hagena nach eigenen Angaben nicht nur ein Medizinstudium absolviert hat, sondern u.a. auch 17 Jahre lang in der Pharmaforschung

---

[350] Hagena 2005²: 1.

tätig gewesen sein will[351]. Aufgrund dieser Laufbahn steht zu vermuten, daß Hagena (auch ohne Inhaber eines 'Dr. med.' zu sein) mit der Durchführung von Experimenten, der Anfertigung von Studien usw. vertraut ist, ebenso allgemein mit der Erhebung von Daten und ihrer Analyse. Auch müßte ihm der Unterschied zwischen einer "exakten Erfahrungswissenschaft" und Esoterik geläufig sein. Der Verzicht auf Nachweise muß deshalb als willentlich und als Versuch der Immunisierung eingestuft werden und läßt sich nicht etwa auf ein laienhaftes Verständnis von Wissenschaft bzw. wissenschaftlicher Methodik und Terminologie zurückführen, wie etwa bei Wilk, der hinsichtlich der Terlusollogie bzw. seiner Typenlehre auf ein "Naturgesetz" verweist. Wenn Hagena also den Begriff des Naturgesetzes übernimmt, so muß hinsichtlich dieser Übernahme genauer geschaut werden, wie dies zu verstehen ist.

Dabei ist zunächst einmal festzustellen, daß Hagena entweder die wissenschaftshistorische Entwicklung des Begriffs des Naturgesetzes nicht bekannt ist, oder er diese unterschlägt, wenn er recht euphemistisch schreibt, daß man "[s]chon vor Jahrtausenden [...] in Asien um die Polarität des Atems in Abhängigkeit von Naturgesetzen, die von Sonne und Mond ausgehen"[352] wußte, gleichwohl der Begriff des Naturgesetzes sich erst auf der Grundlage der exakten Naturwissenschaften im 17. und 18. Jahrhundert gefestigt hat[353], also vor allem in der europäischen Wissenschaftsgeschichte zu verorten ist. Dies könnte darauf hindeuten, daß das von den Terlusollogen gemeinte Naturgesetz etwas anderes meinen könnte, als den in der Wissenschaft üblichen Naturgesetzbegriff.

Im günstigsten Falle meint der Begriff 'Naturgesetz' "[...] die mathematische Formulierung eines unter bestimmten Umständen jederzeit und überall mit gleicher Notwendigkeit verlaufenden Naturgeschehens. Sofern N[aturgesetze] rein empirisch (induktiv) abgeleitet werden, können sie keine absolute Gültigkeit beanspruchen. Der Begriff N[aturgesetz] wird oft im wissenschaftsideologischen Sinne gebraucht sofern man in unerforschten Bereichen gerne N[aturgesetze] entdecken würde, wozu der Forschung jedoch jeder empirische Anhaltspunkt fehlt, so daß man im voraus dogmatisch das Vorhandensein von Gesetzen behauptet. Ein Beispiel dafür ist die Behauptung des Marxismus, daß Welt und Geschichte nach *dialektischen*

---

[351] Vgl. Hagena, Chr. (o. J.): *Christian Hagena / Zur Person*. Unter: http://s224198223.online.de/wsb4710187901/29.html, 02.08.2014.
[352] Hagena, Chr. (o. J.): *Home - Terlusollogie*. Unter: http://www.hagena.info/1.html, 02.08.2014.
[353] Schmidt 1978[20]: 462 s.v. *Naturgesetz*, Sp. 2.

N[aturgesetzen] verlaufen, daß auch Revolutionen mit dialektischer 'Notwendigkeit' auftreten müßten."[354]

Auf die mathematische Fundierung von Naturgesetzen weist auch Feynman (2012 [1967]: 19 ff) hin, der allerdings auch "Naturgesetz" synonym zu "fundamentales Gesetz" und "physikalisches Gesetz" versteht, was eine exakte Definition nicht erleichtert. Dennoch muß darauf hingewiesen werden, daß "jederzeit und überall" sich nicht etwa nur auf die Erde beziehen darf, sondern auf das gesamte Universum, so daß das terlusollogische "Naturgesetz" auch bei Lebensformen auf anderen Planeten, so diese denn existieren sollten, ebenfalls Auswirkungen zeigen müßte, obgleich nichts darüber bekannt ist und eine unbekannte Anzahl von Parametern völlig anders sein kann als in unserem Sonnensystem bezüglich Planet, Trabant(en) und Sonne(n). Allein dieser Einwand zeigt bereits die Unsinnigkeit der Behauptung, der Terlusollogie läge ein Naturgesetz zugrunde, auch deshalb, weil die 'Komponenten' dieses 'Gesetzes' (Erde, Sonne, Mond) keineswegs selbst oder in ihrer Beziehung untereinander unveränderlich und insbesondere auch die Erde und die auf ihr herrschenden Lebensbedingungen einem steten Wandel unterworfen sind – ein Naturgesetz jedoch ist invariant und unabhängig vom jeweiligen Bezugssystem[355] (eine mathematische Beschreibung wäre dann auch unmöglich – doch besitzt die Terlusollogie tatsächlich keine rationale mathematische Grundlage, trotz [oder gerade wegen] des 'Berechnungssystems' von Wilk). Naturgesetze sind insofern deskriptiv, jedoch müssen sie sich, um dem Teilbegriff 'Natur' gerecht werden zu können, auf diese oder zumindest einen realen bzw. real möglichen (dann mit empirisch / mathematischen Bezug hinsichtlich der vorliegenden Wahrscheinlichkeit) Gegenstand beziehen. Ein Nachweis, daß die terlusollogischen Behauptungen der Realität entsprechen, steht jedoch aus, weshalb die Terlusollogen auch kein Naturgesetz postulieren können, auch nicht auf der Ebene der Vermutung, da hierfür nach rationalen Kriterien zumindest in korrekter Weise gewonnene empirische Hinweise gegeben sein müßten. Durch das Insistieren der Terlusollogen darauf, eine exakte Erfahrungswissenschaft zu vertreten, muß geschlossen werden, daß es sich beim terlusollogischen 'Naturgesetz' um ein physikalisches Gesetz, also bezogen auf einen real existierenden, der Materie bzw. dem Materiellen zugeordneten gleichförmigen Ablauf handeln soll oder das, wenn der Begriff der Exaktheit ernst genommen wird, sich mathematisch nach-

---

[354] Ebd.
[355] Pauli 1984 (1961): 4.

weisen bzw. formulieren lassen muß, womit die terlusollogische 'Berechnung' allerdings nicht zu tun hat. Entsprechend müssen an das terlusollogische 'Naturgesetz' auch die gleichen epistemologischen und ontologischen Anforderungen gestellt werden, wie an physikalische bzw. mathematisch formulierbare Gesetze. Da jedoch auch hier die Terlusollogen wiederum in der Nachweispflicht sind, müssen weitere Diskussionen zum Begriff des Naturgesetzes (oder zu dem möglichen Einwand, es handele sich dabei um ein reines Konstrukt oder um eine verfeinerte Formulierung von Alltagserfahrungen[356]) hier nicht geführt werden. Abschließend bleibt noch anzumerken, daß Naturgesetze nach Pauli (1984: 64) an die Existenz bestimmter *Naturkonstanten* (z.B. Lichtgeschwindigkeit, Gravitationskonstante, Plancksche Konstante bzw. Wirkungsquantum) geknüpft sind[357]. Doch sind Naturgesetze nicht gleichzusetzen mit Naturkonstanten, vielmehr sind letztere (allesamt mathematisch exakt beschreibbar) als eine grundlegende Bedingung für die Formulierung von Naturgesetzen in einem naturwissenschaftlichen Sinne aufzufassen oder umgekehrt als mathematisch basierter Nachweis für die Existenz eines behaupteten Naturgesetzes (je nachdem, ob zuerst die Konstante oder das Gesetz in den Diskurs eingebracht wird). Der Terlusollogie fehlt es jedoch offensichtlich an einer mathematisch exakt beschreibbaren Naturkonstante, und eingedenk der Unwahrscheinlichkeit einer weiteren, der Physik bisher unbekannten Kraft scheint dies auch so zu bleiben, so daß es auch aus diesem Grunde schwerfällt, hier den Begriff des Naturgesetzes gelten zu lassen.

Weiterhin verwendet Hagena den Begriff der Erfahrung und den der Erfahrungswissenschaft, verweist in diesem Zusammenhang jedoch nicht etwa auf Daten, sondern auf Anekdoten, von denen oben bereits einige Beispiele gegeben wurden. Wilk verwendet zwar den Begriff "empirisch", bezieht dies jedoch auf allgemeine Handlungen und Planungen[358]. Eine explizite Definition dessen, was Wilk und heutige Terlusollogen unter 'Erfahrung' und (auch in Abgrenzung zur) 'Empirie' verstehen, liegt also nicht vor. Aus den terlusollogischen Schriften ergibt sich jedoch, daß damit *Alltagserfahrungen* (meist aus der beruflichen Praxis) bzw. *unsystematisch und unkontrolliert gemachte Beobachtungen* gemeint sind, woraus sich weiter ergibt, daß hier der eher

---

[356] Vgl. ebd.
[357] Weiterhin gehören zu den Naturkonstanten die Elektronenladung und die Elektronenmasse sowie die Boltzmann-Konstante und die Avogadro-Konstante (Oepen et al. [Hrsg.] 1999: 195 f s.v. *Naturkonstanten*).
[358] Vgl. Wilk 1949: 16 in: Pezenburg 2012: 6.

wissenschaftlich konnotierte Begriff der Empirie gleichgesetzt wird mit dem Begriff der Alltagserfahrung. Zwar läßt sich Empirie mit Erfahrung übersetzen, doch wird zumindest im wissenschaftlichen Bereich mit Empirie für gewöhnlich etwas anderes bezeichnet als einfach 'nur' Erfahrung, nämlich Erfahrung, die auf besondere methodische Weise und unter kontrollierbaren Bedingungen systematisch gewonnen wird, angefangen bei der Definition dessen, was überhaupt erfahren werden soll bzw. über was Erfahrungen gesammelt werden sollen (Beobachtungsgegenstand, Forschungsobjekt), über die Planung, Methodik, das Setting und die Kontrolle des Prozesses der Erfahrungsgewinnung (beispielsweise durch Kontrollvariablen, aber auch durch technische Hilfsmittel usw.) bis hin zur abschließenden Kontrolle der so gewonnenen Erfahrungen bzw. Ergebnisse auf Widerspruchsfreiheit, logische Konsistenz usw. und (im Idealfall) die unabhängige Überprüfung der Ergebnisse durch Wiederholung und das Einbringen in den wissenschaftlichen Diskurs; wird von 'wissenschaftlicher Erfahrung' gesprochen, so ist für gewöhnlich die Empirie im vorstehenden Sinne empirisch gewonnener und kritisch geprüfter Ergebnisse gemeint. All diese Anforderungen werden an Alltagserfahrungen nicht gestellt. In den aktuellen terlusollogischen Schriften jedoch wird offensichtlich der Erfahrungsbegriff einfach als wissenschaftsadäquate Empirie umgedeutet, was notwendig ist, um die Terlusollogie als Erfahrungswissenschaft bezeichnen zu können. Wie Pezenburg (2012: 2) völlig richtig schreibt, ist Erfahrung jedoch nicht gleichzusetzen mit Erfahrungswissenschaft. Denn eine Erfahrungswissenschaft bzw. eine empirische Wissenschaft (zu denen Natur-, Sozial- und Kulturwissenschaften zählen) ist eine wissenschaftliche Disziplin, deren Gegenstand (also das Erfahrungsobjekt[359]) aus in der Realität existierenden 'Objekten' bestehen muß, was neben der Überprüfung auf logische Wahrheit auch die Kontrolle der faktischen Wahrheit durch Tatsachenforschung erforderlich macht – Erfahrungswissenschaft ist demnach Realwissenschaft[360]. Daß jedoch unter Terlusollogen ein recht eigenes Wissenschaftsverständnis zu herrschen scheint, wurde bereits dargelegt und wird hier noch einmal bestätigt, insbesondere auch dadurch, daß die Behauptung der Terlusollogen, eine Erfahrungs- und damit Realwissenschaft zu betreiben, nicht in Deckung mit der Forderung nach einem real existierenden Ge-

---

[359] Kornmeier 2007: 13.
[360] Woll & Thommen in: Gabler Wirtschaftslexikon s.v. *Realwissenschaft*, unter: http://wirtschaftslexikon.gabler.de/Archiv/1841/realwissenschaft-v8.html, 28.08.2014.

genstand zu bringen ist bzw. überhaupt keine adäquate Forschung in einem wissenschaftlichen Sinne existiert.

Zur Erkenntnis- und Nachweisbasis eines wissenschaftlichen Bereichs gehört auch die Kenntnisnahme und Einbeziehung nicht nur der in den Diskurs eingebrachten Beiträge des eigenen Fachs, sondern auch angrenzender oder auch völlig andersartiger Gebiete, sofern deren Erkenntnisse relevant sein können. Da die Terlusollogie, zumindest was ihre Reichweite (also ihre Erstreckung auf praktisch alle Aspekte menschlichen Daseins bzw. ihre diesbezüglichen Aussagen) betrifft, könnte sie durchaus als interdisziplinär bezeichnet werden, und zwar in einem solchen Sinne, daß beinahe alle anderen Wissenschaften mit ihr in Verbindung gebracht werden können, insbesondere jedoch die Medizin und – wegen der 'unbekannten Kraft' – die Physik und als Teilbereich besonders die Astrophysik (darüber hinaus aber auch die Erziehungs-, Kognitions- und Gesundheitswissenschaften usw.). Dementsprechend wäre zu erwarten, daß sich insbesondere in den von Hagena verfaßten Grundlagenbüchern zur Terlusollogie entsprechend belegte medizinische, physikalische usw. Aussagen und Erkenntnisse finden, die zur Stützung der Terlusollogie dienen oder mit denen sich kritisch auseinandergesetzt wird, vor allem auch deshalb, weil Hagena durchaus deutlich einen naturwissenschaftlichen Anspruch vertritt[361]. Dies ist jedoch, wie noch zu sehen sein wird, nicht der Fall.

Weiterhin spielt auch die Quellenarbeit in einer Disziplin als Teil der wissenschaftlichen Arbeitsweise eine wichtige Rolle und erlaubt es sogar, eine Differenzierung hin zur Pseudowissenschaft zu treffen (bei Quellenverschleierung, -unterschlagung usw.). Möglicherweise erweist sich die Terlusollogie zumindest in diesem Punkt als Disziplin, die eine wissenschaftliche Arbeitsweise akzeptiert. Eine Überprüfung dahingehend kann vor allem über die Analyse von Referenzierungen innerhalb der terlusollogischen Texte in Verbindung mit der Quellenarbeit erfolgen. Sinnvoll dafür scheint das Werk von Christian Hagena *Grundlagen der Terlusollogie. Praktische Anwendung eines bipolaren Konstitutionsmodells* (2009³) zu sein, da es sich ja, wie der Titel bereits verrät, um ein *Grundlagenwerk* handelt, so daß zu erwarten wäre, daß gerade dort besonders genaue Nachweise etc. geführt werden. Dieses Werk umfaßt insgesamt 169 Seiten, abzüglich des Anhangs, des Stichwort- und Literaturverzeichnisses sowie des Vorworts zur dritten Auflage 149 Seiten thematisch rele-

---

[361] Vgl. Hagena 2003: 16 f.

vanter Text. Betrachtet man jedoch das Quellenverzeichnis, so finden sich nur dermaßen wenige Einträge, daß diese hier in voller Gänze wiedergegeben werden können:

Zitierte Literatur:

[1] Alavi Kia R, Schulze-Schindler R.: Sonne, Mond und Stimme. Atemtypen in der Stimmbildung. 4. Aufl. Bielefeld: J. Kamphausen; 2002.

[2] Hagena Ch, Hagena Chr: Konstitution und Bipolarität. Erfahrungen mit einer neuen Typenlehre. 4. Aufl. Stuttgart: Haug; 2006.

[3] Hoppeler H: Trainingsformen und deren Auswirkungen auf die Muskelstruktur, Therapeutische Umschau 1987; 44 (11): 844–849.

[4] Norris I: Are We All the Same? East Perth, W. Australia: Alpha Print Pty Ltd. 175 Hay Street; 1983.

[5] Schaefer-Schulmeyer A: Die Lateralitätsveranlagung beim Menschen als Naturgesetz und dessen phänomenale Auswirkungen durch einen hierdurch bewirkten individuellen Rhythmus. Erfahrungsheilkunde 1977; 26 (1): 844–849.

[6] Springer SP, Deutsch G: Linkes Gehirn, rechtes Gehirn. 3. Aufl. Heidelberg: Spektrum; 1995.

[7] Wilk E: Typenlehre, Magnetismus. Charakter und Gesundheit. Minden/Westf.: Verlag Dr. Francis Ising; 1949.

[8] Seidler-Winkler B: "Im Atemholen sind zweierlei Gnaden". Bipolarität und Stimme. 3. Aufl. Saarbrücken: Pfau; 2006.

Weitere Literatur:

[9] Bek K. Buhrow M: Atempolarität: Neuer Aspekt eines alten Themas. Rohrblatt (Schondorf) 1998; 13 (3): 106–108

[10] Hagena Ch: Neue Aspekte in der Medizin. Erfahrungsheilkunde 1993; 42 (2): 70–75

[11] Hagena Ch: Die Terlusollogie. Fallbeschreibungen im Blickwinkel einer neuen Typenlehre. Erfahrungsheilkunde 1996; 45 (11): 878–882.

[12] Hagena Chr: Terlusollogie. Durch typgerechtes Atmen zu mehr Körpergefühl und Gesundheit. Stuttgart: Haug; 2003.

[13] Konter J: Die typenpolare Atemlehre nach Wilk/Hagena in der Flötendidaktik. Flöte Aktuell 1997; 3: 29–32.

[14] Loschky E: Die Bedeutung typenpolarer Atmung für die Stimme. Forum Logopädie 1998; 6: 18–20.

[15] Rabe J: Atemtypen – Was für den Einen gut, ist für den Anderen schlecht. Üben und Musizieren 1999; 1: 83–84

Auffällig ist zunächst die eher unübliche Numerierung, die in dieser Form eher auf eine Form des British Standard-Zitiersystem[362] verweist, jedoch ohne, daß in dem Werk Hagenas Referenzierungen für die insgesamt fünfzehn in eckige Klammern gesetzten Angaben vorkommen. Es darf also vermutet werden, daß hier ein Zitiersystem mit der Gliederungsform von Quellenverzeichnissen verwechselt wurde, zumindest kann aber angemerkt werden, daß eine solche Angabeform nicht der wissenschaftlichen Arbeitsweise entspricht. Weiterhin fällt die geringe Anzahl genannter Quellen auf. Wie zu sehen, umfaßt die Liste der tatsächlich verwendeten Quellen lediglich acht Einträge, was bei 149 Seiten thematisch relevanten Textes *eine* Quelle auf (gerundet) 19 Seiten bedeutet. Doch obwohl dieser Durchschnitt äußerst gering erscheint, reicht dies allein nicht aus, die Qualität der wissenschaftlichen Arbeitsweise beurteilen zu können (gleichwohl eine studentische Arbeit vom gleichen Umfang, die lediglich acht tatsächlich verwendete Quellen aufweist, sicherlich berechtigt das Mißtrauen jedes Prüfers wecken und Fragen diesbezüglich nach sich ziehen würde). Relevant ist weiterhin auch die Qualität der genannten Quellen. Dabei ist zunächst auffällig, daß der Großteil der Quellen, nämlich **6 = 75 %** auf andere Bücher bzw. Beiträge verweisen, deren Autoren ebenfalls zu den Terlusollogen gerechnet werden können[363] (wobei die unter "Weitere Literatur" genannten Quellen durchweg dem terlusollogischen Themenkreis zuzurechnen sind). Als tatsächlich zitierwürdige wissenschaftliche bzw. populärwissenschaftliche Quellen bleiben lediglich der Zeitschriftenbeitrag von Hoppeler [3] sowie das Buch von Springer & Deutsch [6] übrig, wobei zu letzterem anzumerken ist, daß erstens auch eine neuere Auflage (4.) von 1998 verfügbar ist, daß aber zweitens auch diese, bedenkt man die seit damals erfolgten Fortschritte in der Neurowissenschaft, mit einem Alter von 17 Jahren sicherlich als veraltet angesehen werden kann (ob dies auch auf den Beitrag von Hoppeler zutrifft, der immerhin aus dem Jahr 1987 stammt, kann ohne Inaugenscheinnahme des Beitrags selbst wohl nicht beurteilt werden).

Nun ließe sich einwenden, daß es in einem Grundlagenbuch einer Disziplin keineswegs unüblich ist, vorwiegend Autoren eben jener Disziplin als Quellen anzugeben – so wären wohl ein einem Grundlagenwerk der Physik Verweise auf andere Physiker

---

[362] Vgl. dazu P. Maier et al. 2011: 318.
[363] Die Quellen [1], [2], [4], [5], [7], [8].

bzw. ihre Arbeiten zu finden, in einem der Soziologie eben auf Soziologen usw. Dieser Einwand wäre sicherlich berechtigt. Jedoch muß er am Anspruch der Terlusollogen scheitern. So schreibt Hagena (2009[3]: 149):

> "Kaum ein Lebensbereich bleibt von der Terlusollogie unberührt. Allein in der Medizin muss vieles neu überdacht und geordnet werden. [...] Die Geburtsstunde liefert zunächst das Naturgesetzliche und die daraus folgenden eindeutigen Regeln."

In einem (von der Seitenzahl her recht mageren) Grundlagenwerk einer so umfassenden angeblich wissenschaftlichen Disziplin, die praktisch für alle Lebensbereiche, insbesondere aber (auch) für den Gesundheitsbereich zuständig sein will (was in wissenschaftstheoretischer Hinsicht als nicht unproblematisch erscheint, da sich so gar kein Gegenstandsbereich ergeben kann), wäre zu erwarten, daß die Behauptungen der terlusollogischen Lehre mit entsprechenden Quellen aus der Physik, der Medizin, der Anthropologie, Psychologie usw. belegt würden, Widersprüche diskutiert würden, sich statistische Nachweise oder Hinweise auf unabhängige (tatsächliche) Studien fänden usw. In dem hier untersuchten Werk von Hagena findet sich jedoch nichts davon, zudem fehlen brauchbare Quellenangaben für die vielfältigen Behauptungen im Text. Aussagen (gleich welcher Art) werden nicht belegt, eine kritische Auseinandersetzung mit der Terlusollogie widersprechenden Theorien, gesicherten Erkenntnissen usw. findet nicht statt. Auch wird in keiner Weise auf bereits vorhandenes Wissen anderer Disziplinen zurückgegriffen. Statt dessen umfaßt ein Großteil des Buches Anleitungen zu terlusollogischen Körperübungen und Fallbeschreibungen bzw. anekdotenhafte Fallbeispiele, die lediglich den angeblichen Nutzen der Terlusollogie belegen sollen. Dieses Werk Hagenas kann deshalb sicherlich nicht als wissenschaftliches Werk angesehen werden, da es jedwede wissenschaftliche Arbeitsweise vermissen läßt, weshalb es – ein durchaus trivialer Schluß – auch kein Grundlagenwerk einer wissenschaftlichen Disziplin sein kann.

In den anderen Schriften der Autoren Hagena / Hagena verhält es sich nicht besser – so kommt das Buch von Christian Hagena *Terlusollogie. Durch typgerechtes Atmen zu mehr Körpergefühl und Gesundheit* (2003) mit gerade einmal sieben Quellenangaben (von denen eine gar nicht zitierfähig ist[364]) aus, darunter ausschließlich Befür-

---

[364] Auffällig ist, daß die Literaturliste des genannten Werks folgenden Eintrag enthält:

worter der Terlusollogie, der Autor selbst nennt sich gleich mehrfach. Dies kann als deutlicher Hinweis darauf verstanden werden, daß die Vertreter der Terlusollogie – trotz ihrer Behauptung, eine Wissenschaft zu vertreten – tatsächlich keine wissenschaftliche Auseinandersetzung wünschen bzw. diese vermeiden und hinsichtlich ihrer Aussagen so gut wie ausschließlich selbstbezüglich sind, ein tatsächlicher Diskurs nicht stattfindet und damit auch keine *scientific community* festgestellt werden kann.

Problematisch scheint auch das Erfahrungsobjekt bzw. der Gegenstand der Terlusollogie zu sein. Denn es bleibt doch recht unklar, welchen Gegenstand sie eigentlich behandelt, da es eine wie auch immer geartete Forschung gar nicht gibt (das einfache Aufstellen weiterer unbelegter Behauptungen, die Beobachtungen usw. über ad-hoc-Theorien mit der Ideenwelt der Terlusollogie verbinden, kann weder als Forschung noch als Weiterentwicklung angesehen werden), die Lehre ist in sich abgeschlossen (insofern statisch), da es keinerlei Grundlagenforschung gibt – zumal auch, wie Birgmeier & Mührel (2011: 19 f) schreiben, sich die Auswahl wissenschaftlicher Methoden im Rahmen von Forschung am Gegenstand der Erkenntnis orientieren muß, wobei sich in der terlusollogischen Literatur allerdings keinerlei angemessene Forschungsmethodik finden läßt. Die Terlusollogie begnügt sich mit der Anwendung der selbst erdachten, jedoch durch nichts belegten 'Erkenntnisse', so daß ihr Gegenstand höchstens in der eigenen Anwendung selbst liegen könnte – dies aber ist lediglich eine Frage der Praxismethodik, was keineswegs ausreicht, um von einer Erfahrungswissenschaft oder überhaupt einer Wissenschaft zu sprechen. Und dies vor allem deshalb, weil eine Erfahrungswissenschaft nun einmal einen relativ klar definierten Gegenstandsbereich benötigt und dieser bei der Terlusollogie nicht

---

Christian Hagena/Roswitha Wetzel: *Normale Entwicklung und ADS-Syndrom (Aufmerksamkeitsdefizitsyndrom) aus Sicht der Terlusollogie - Hyperaktivität und Legasthenie heilbar* Haug Verlag, 1. Auflage April 2003

Zu diesem Buch schreibt Hagena im mit dem Datum "Dezember 2004" versehenen Vorwort zur 2. Auflage von *Grundlagen der Terlusollogie* (2005: 1):
"Wir selber haben das Manuskript 'Normale Entwicklung und ADS-Syndrom (Aufmerksamkeitsdefizitsyndrom) aus Sicht der Terlusollogie - Hyperaktivität und Legasthenie heilbar' fertig geschrieben und arbeiten jetzt an einem Ernährungsbuch."
Es stellt sich die Frage, wieso ein "Manuskript", das offensichtlich erst vor kurzem fertiggestellt wurde, bereits ein Jahr früher komplett mit Verlagsangabe, also als Buch, in der Literaturliste genannt wird - insbesondere auch deshalb, weil dieses Buch weder über den Buchhandel zu beziehen ist, noch sich über die Online-Katalog-Abfrage der Deutschen Nationalbibliothek finden läßt. Ein Manuskript mag also eventuell existieren, ein Buch mit diesem Titel aber sicherlich nicht. Insofern handelt es sich um eine nichtzitierfähige Quelle, mithin um schlechte Quellenarbeit.

vorliegt. Doch selbst ein solcher vorliegen würde – z.B. 'Gesundheit', also ein Teilge-
genstand der Medizin – so würde sich hier das Problem der Doppelzuständigkeit ergeben. Als ein Kriterium zur Feststellung einer Wissenschaft identifiziert Sommerfeld[365] dabei die innerhalb der disziplinären Arbeitsteilung sinnvolle Bearbeitung eines *eigenen Gegenstandes* der Disziplin, womit gemeint ist, daß die Bearbeitung des
Gegenstandes keine Verdoppelung darstellt, also nicht unter verschiedenen Etiketten
dasselbe gemacht wird. Gemeint ist also nicht, daß eine Wissenschaft für mehrere
Gegenstände 'zuständig' wäre, sondern mehrere Disziplinen für einen Gegenstandsbereich[366]. Und dies wäre bei der Terlusollogie zweifellos gegeben, nicht nur hinsichtlich der Medizin, sondern auch vieler weiterer Wissenschaften.

Terlusollogen dürften all dies naturgemäß anders sehen. Würde man der Terlusollogie jedoch einen wissenschaftlichen Status zugestehen, würde sich die Frage stellen,
ob es sich tatsächlich, wie Hagena (2009[3]: 12) behauptet, dabei lediglich um eine
Hypothese oder nicht doch um eine Theorie handelt (wobei klar ist, daß die Aufstel-
lung einer Hypothese allein noch keine Wissenschaft, schon gar keine "exakte", generiert).

12. – Terlusollogie – Hypothese oder Theorie?

Für den hier vorliegenden Teil soll folgende Definition der Hypothese Verwendung
finden:

Eine Hypothese (von griech.: 'Grundlage', 'Unterlage') stellt eine wohlerwogene, be-
grifflich-wissenschaftliche Annahme dar, welche die lückenhafte empirische Erkenntnis an einer bestimmten Stelle ergänzt oder verschiedene empirische Erkenntnisse
zu einem Ganzen verbindet oder eine vorläufige Erklärung einer Tatsache oder Tat-
sachengruppe darstellen soll. Als wissenschaftlich kann eine Hypothese nur dann
angesehen werden, wenn sie durch die *Tatsachen* herausgefordert wird, und sie ist
nur so lange haltbar, wie sie mit sicheren Erfahrungstatsachen nicht in Widerspruch
steht, da sie sonst zur bloßen Fiktion wird. Mit dem Charakter der Wahrheit versehen
wird eine Hypothese durch Erfahrungstatsachen, die ihr entsprechen, also durch Verifikation (z.B. durch Experimente) – als heuristische oder Arbeitshypothese ist sie
dann fruchtbar, wenn sie der Forschung zu neuen Erkenntnissen und zu neuen Wegen der Erkenntnis verhelfen kann. Die wesentliche Funktion von Hypothesen be-

---

[365] In: Mühlum (Hrsg.) 2004: 182.
[366] Janatzek 2017: 510.

steht darin, daß sie zu neuen Beobachtungen und Versuchen führen, wodurch Vermutungen bestätigt, widerlegt oder modifiziert werden bzw. die Erfahrung erweitert wird. Erfahrungstatsachen eines beschränkten Wissensgebiets inklusive durchgeführter, entweder streng bewiesener Hypothesen oder verbindenden, einzig möglichen Hypothesen bilden eine Theorie.[367]

Diese Definition bietet m.E. einige Vorteile. So ist sie zum einen weitgehend frei von Relativismus, bietet aber dennoch unterschiedliche Sichtweisen auf den Begriff der Hypothese an, deren Sinnhaftigkeit gegeneinander geprüft werden kann. Die Definition bezieht sich zudem auf die in den Wissenschaften unzweifelhaft wichtigen Begriffe wie Erfahrung, Tatsache und Wahrheit und stellt diese in eine logische Verbindung miteinander. Sie weist der Hypothese einen klaren Bereich zu und widerspricht zudem auch nicht den in der wissenschaftstheoretischen Fachliteratur zu findenden divergierenden Hypothesendefinitionen. Deshalb erscheint die obige Definition als Arbeitsdefinition an dieser Stelle als brauchbar und sinnvoll.

Aufgrund dieser Definition muß jedoch davon ausgegangen werden, daß es sich beim terlusollogischen Gedankengebäude nicht um eine Hypothese handelt, sondern um eine Theorie (wobei auch Hagena [2003: 16] selbst von "Theorie" schreibt und sich damit erneut widerspricht), wofür gleich mehrere Gründe sprechen.

So nimmt die Terlusollogie für sich in Anspruch, weitreichende *Erklärungen* zu liefern, z.B. Begründungen für Erkrankungen, Partnerschafts- und Erziehungsprobleme oder für mangelnden Sangeserfolg (die Frage des notwendigen Talents wird dabei allerdings nicht berührt), also Erklärungen, die weit über eine reine Hypothese hinausgehen. Zudem wollen Terlusollogen auch *Aussagen für die Zukunft* machen, so z.B., daß 'typwidriges Verhalten' zu Krankheiten führt, vor allem aber, ob ein Mensch zu einem bestimmten Zeitpunkt als 'solarer' oder 'lunarer' Typ geboren wird[368]. Dies wird von einfachen Hypothesen nicht erwartet, sehr wohl jedoch von Theorien (wenn auch nicht von jeder Theorieform).

Wie Seiffert (1973: 115) schreibt, macht das Aufstellen einer Hypothese nur dann überhaupt einen Sinn, wenn davon ausgegangen wird, daß die Wahrheit eben noch nicht bekannt ist bzw. die Wahrheit noch nicht gewußt werden kann, weil sie noch nicht entdeckt wurde. Die Terlusollogen jedoch behaupten, bereits im Besitz einer

---

[367] Schmidt 1978: 189 s.v. *Hypothese*, Sp. 1.
[368] Der von Hagena zur Verfügung gestellte Online-Rechner läßt auch die Eingabe zukünftiger Daten zu - prinzipiell wäre aber auch eine rein rechnerische "Zuordnung" ohne Unterstützung durch informatische Hilfsmittel möglich.

'Wahrheit' in Form eines 'Naturgesetzes' zu sein und entwickeln auf dieser Grundlage eine umfassende, höchst detaillierte, mechanistisch anmutende Lebensführungsanleitung, die bis zur Festlegung der Sitz- und Schlafposition und der Ernährung und darüber hinaus reicht. Aufgrund einer einfachen Hypothese würden solch weitreichenden Schlüsse und Verhaltensanweisungen in einer tatsächlichen Wissenschaft sicherlich niemals postuliert werden. Dies zeigt deutlich, daß es sich bei der Terlusollogie, entgegen der Behauptung Hagenas, tatsächlich eher um eine Theorie handelt.

Ein weiterer Hinweis darauf ist, daß sich die Aussagen, Schlußfolgerungen, Handlungsanweisungen usw. der Terlusollogie als miteinander verknüpftes und aufeinander aufbauendes Satzsystem darstellen lassen. Dies führt zur Frage, worin sich eine wissenschaftliche Theorie von 'Alltagstheorie' oder 'Denkbar-Theorien' unterscheidet. Betrachten wir zunächst die Alltagstheorie bzw. naive, subjektive oder auch implizite Theorie[369]. Bei impliziten Theorien geht es darum, Vorgänge einer komplexen Welt zu interpretieren und möglichst simpel darzustellen, um daraus wiederum eine Art Anleitung für eine (bessere) Gestaltung des Lebens abzuleiten[370] oder auch einfach Handlungssicherheit zu gewinnen. Das Problem daran sind nicht nur die häufig vorkommenden Verkürzungen, also das Weglassen relevanter Sachverhalten, wie z.B. die Entstehungsgeschichte der Theorie ("Das hat schon mein Oma so gesagt, und sie lag damit immer richtig!"), sondern auch die rein subjektive Basis persönlicher Empfindungen usw. die nie kritisch hinterfragt wurden[371] und häufig auch gar nicht nachprüfbar sind, insbesondere dann, wenn Glaubensgrundsätze mit im Spiel sind, z.B. der Glauben an den Vitalismus, da es sich dabei um außerhalb einer möglichen wissenschaftlichen Fragestellung stehende Metaphysik handelt. Insofern besitzen implizite Theorien nur eine Bedeutung in einem engen subjektiven Bezugsfeld. Für andere Personen außerhalb dieses Bezugsfeldes sind derartige Theorien nicht nachvollziehbar und darum nicht kritisierbar (falsifizierbar), wohingegen eine wissenschaftliche Theorie jedoch intersubjektiv nachvollziehbar sein muß. Ein gelungenes Beispiel für eine Alltagstheorie bzw. implizite Theorie findet sich bei Häder (2015³: 17):

---

[369] Synonymauflistung nach Merz-Atalik 2001: 138.
[370] Häder 2015³: 18.
[371] Vgl. ebd.: 17 f.

"Die Hausfrau, die viel Liebe und Mühe in die Zubereitung eines Festmahles investiert hat, verkündet bei der Präsentation ihrer Kochkünste (aus impliziten Theorien abgeleitete) Einsichten wie etwa: 'Liebe Gäste, esst nur recht langsam, denn dann schafft ihr mehr von diesem köstlichen Essen!' Und auf Nachfrage: 'Das hat schon meine Mutter immer gesagt.' Diese Theorie wurde also von Generation zu Generation vererbt – schließlich ist langsames Essen eine Frage des Genusses und es stellt ein Lob für die Köchin dar, wenn alles aufgegessen wird. Auch scheint langsames Essen kaum jemandom geschadet zu haben. Diese implizite Theorie mag somit sogar in sich widerspruchsfrei sein [...]. Weiterhin erklärt sie bestimmte Tatbestände beziehungsweise sagt voraus, welche (erwünschten) Folgen langsames Essen hat."

Alltagstheorien stellen also eine Form von Welterklärungsmustern dar, die auf subjektiven Erfahrungen basieren. Diese Erfahrung ist jedoch unsystematisch und unmethodisch gewonnen worden.

Noch weiter von wissenschaftlicher Empirie, je nach Fall sogar von jeder Art der Erfahrung, können Denkbar-Theorien sein. Sie können, wenn man so will, hochgradig phantastisch-konstruktivistisch sein. Denkbar-Theorien greifen dabei auch auf Phantasmen zurück, sofern dies der Aufrechterhaltung oder Rechtfertigung der Theorie dient. In diese Art von Theorie kann alles einfließen, was denkbar ist, unabhängig von seinem Wahrscheinlichkeitsgrad in der Realität. Derlei Theorien, die sich auch in der Phantastischen Wissenschaft finden, erklären z.B. den Bau der Pyramiden, bestimmte Legenden und Sagen etc. mit dem Eingreifen von Außerirdischen. Ohne Frage sind Außerirdische im Sinne von Bewohnern anderer Planeten denkbar, wobei sich zu dieser Thematik sogar eine eigene, ernstzunehmende Protowissenschaft, die Exobiologie[372], herausgebildet hat. Die Wahrscheinlichkeit jedoch, daß tatsächlich einmal vor Jahrtausenden trotz aller technischen Widrigkeiten (vom Sinn eines solchen Unterfangens einmal abgesehen) Außerirdische die Erde besucht haben, um den damaligen Menschen als Götter oder göttliche Baumeister zu erscheinen, tendiert tatsächlich praktisch (doch wegen des erkenntnistheoretisch notwendigen Restzweifels nicht vollständig) gegen Null. Wird jedoch das hochgradig Unwahrscheinliche, das denkbar ist, als Ausgangsprämisse akzeptiert, kann daraus ein durchaus in sich konsistentes Satzsystem konstruiert werden, da die logische Folge sein muß, daß auch alles Nachfolgende als denkbar und damit auch real möglich akzeptiert

---

[372] Vgl. zur Exobiologie Untersteiner 2006, wobei anzumerken ist, daß die Einordnung der Exobiologie nicht durch Untersteiner, sondern durch den Autor des vorliegenden Textes vorgenommen wurde.

werden muß. Zu einer Theorie wird das Satzsystem dann, wenn mit seiner Hilfe etwas erklärt (Bau der Pyramiden), beschrieben (Darstellungen von Aztekengöttern zeigen in Wirklichkeit Raumfahrer, biblische Texte beschreiben symbolhaft Raumschiffe) oder vorausgesagt werden soll (z.b. der Weltuntergang im Jahr 2012 durch eine entsprechende Interpretation des sog. Maya-Kalenders), wobei verschiedene Denkbar-Theorien sich gegenseitig stützen oder auch zu einer umfassenderen Denkbar-Theorie zusammengefaßt werden können (z.b. stützt die Theorie der biblischen Texte die Theorie des Pyramidenbaus und damit auch die Theorie der Aztekengötter-Darstellung vice versa, was in der Zusammenfassung eine integrative oder synthetische Denkbar-Theorie aus dem Bereich des Paläo-SETI mit hohem Immunisierungsgrad ergibt – Denkbar-Theorien müssen also keinen kausalen Zusammenhang der einzelnen Elemente nachweisen, sondern lediglich Korrelationen, die zu Kausalzusammenhängen umgedeutet werden können).

Wissenschaftliche Theorien wiederum entstehen im Rahmen der Theoriearbeit. Die Theoriearbeit stellt eines der Merkmale zur Feststellung und zugleich ein Kernkriterium von Wissenschaft bzw. Wissenschaftlichkeit dar[373]. Woraus sich die Frage ergibt, was eigentlich eine wissenschaftliche Theorie und Theoriearbeit kennzeichnet. Eine Definition zur Theoriearbeit findet sich bei Janatzek (2017: 180; Zitation inkl. Fn):

"'Theoriearbeit' ganz allgemein wird [...] definiert als die Arbeit an, mit oder durch Theorien initiiert, die weitere Theoriearbeit nach sich zieht. Theoriearbeit kann dabei auf unterschiedlichen Ebenen geleistet werden:

- Erstens auf der Ebene der Fundamentaltheorieentwicklung, die eine ganze Disziplin neu begründen oder aus dem Zustand der Proto-, eventuell sogar der Pseudowissenschaftlichkeit herausheben kann.

- Zweitens auf der Ebene der Theorieintegration (Integration von Theorien aus verwandten Fächern oder Bezugswissenschaften mit entsprechenden fachspezifischen Anpassungen).

- Drittens auf der Ebene der Theorieanpassung (Erweiterung oder Einschränkung ihrer Reichweite oder Theoriereduktion, also Auflösung einer Theorie in eine ande-

---

[373] Vgl. Janatzek 2017: 172.

re oder auch eine Zusammenführung von Theorien oder Theorieteilen oder -ansätzen[374]).

- Damit zusammenhängend viertens auf der Ebene der Theoriefalsifikation, sofern dies möglich ist und nicht nur zum dritten Punkt führt[375].

Diese sehr grobe Zusammenfassung soll dabei weder als apodiktisch noch als abschließend gelten, sondern im Gegenteil als eher offener Bezugsrahmen für Theoriearbeit, da durchaus noch weitere Formen von Theoriearbeit denken sind."

Wissenschaftliche Theorien sind also veränderbar und vor allem verwerfbar. Daraus ergibt sich, daß sie nicht dogmatisch aufzufassen sind, was bei impliziten oder Denkbar-Theorien jedoch durchaus der Fall sein kann. Die nun nachfolgenden, näheren Ausführungen (eingerückt) zu wissenschaftlichen Theorien wurden inklusive Fußnoten entnommen bei Janatzek 2016: 172 – 179:

Auch Bunge & Ardila (1990: 55) beschreiben wissenschaftliche Theorien sowohl als bestes Mittel zur Voraussage, Erklärung und Beschreibung sowie als wissenschaftliches Konstrukt, basierend auf Aussagensystemen (genauer: auf *hypothetisch deduktiven Systemen*), wobei jede Aussage eine Eingangshypothese, ein Axiom oder eine unmittelbare oder mittelbare deduktive Folgerung aus einem oder mehreren Axiomen sei – aus derlei Aussagensysteme inklusive der dazugehörigen Referenten (also den zu beschreibenden Dingen oder Gegenständen) und Prädikaten (Bezeichnung von Eigenschaften oder Beziehungen) lasse sich eine Theorie konstruieren. Die Vorteile eines solchen, den Regeln formaler Logik entsprechenden Vorgehens, so Bunge & Ardila (ebd.) weiter, würden darin liegen, daß es sich den in der Realität vorgefundenen Eigenschaften anpassen lasse, die Möglichkeit bestünde, Vorstellungen unterschiedlicher Herkunft zusammenzuführen, die Anzahl direkter oder indirekter empirischer Stützen für die im System enthaltenen Vorstellungen zu erhöhen (im Umkehrschluß scheint es dann aber auch möglich, aufzuzeigen, daß es keine wei-

---

[374] Als Theorieansatz (oder Theoriekern) kann mit Engelke (2003: 231) hier ein "[…] Aspekt (oder ein Ordnungsprinzip), von dem aus die Theorie 'angesetzt' werden soll [und das] deutlich herausgestellt worden ist" verstanden werden, wobei die Theorie selbst als Aussagensatzsystem in ihrer Gesamtheit noch nicht (völlig) ausgearbeitet ist.
[375] Diese Zusammenfassung von Theoriearbeit wurde bereits dargestellt bei Janatzek, U.: *Sozialinformatik - eine wissenschaftstheoretische Verortung*, in: standpunkt : sozial # 3 / 2013, S. 36 - 45.

teren oder überhaupt keine empirischen Stützen gibt), Schlußfolgerungen zu erleichtern und die Zahl der im Gedächtnis zu behaltenden Vorstellungen zu verringern (was dann selbstverständlich eine systematische Verschriftlichung des Aussagensatzsystems erfordert). Auch Mühlum[376] versteht unter 'Theorie' ein Begriffs- und Aussagensystem "[...] das die Erkenntnis über einen Bereich von Sachverhalten ordnen, Tatbestände erklären und vorhersagen soll". Ähnlich definiert auch Koller (2012: 20) den Begriff der Theorie. Engelke (2003: 229) definiert 'Theorie' ebenfalls als Aussagensystem, dessen kleinste Aussageeinheiten Lehrsätze bzw. Theoreme seien, die jedoch – ebenso wie Einzelerkenntnisse – niemals für sich allein eine Theorie ausmachen können, sondern immer nur durch einen Verbund von Aussagen und Erkenntnissen, die in diesem nach einem gemeinsamen Ordnungsprinzip eingebracht sind und einen gewissen Grad der Geschlossenheit erreicht haben müssen, eine Theorie bilden können. Darüber hinaus bietet Engelke (2003: 231 f) auch einen 'Eigenschaftskatalog' an, den eine *wissenschaftliche* Theorie erfüllen sollte:

- Unerläßlich sei eine exakte Definition des Gegenstands, auf den sich eine Theorie bezieht.
- Die jeweils gewählten und angewandten Erkenntnis- und Forschungsmethoden müssen benannt, also in der Metatheorie[377] zusammengestellt worden sein.
- Eine Mehrzahl begründeter Aussagen, welche mit den benannten Erkenntnis- und Forschungsmethoden hervorgebracht worden sind, werden zum Gegenstand gemacht.
- Diese begründeten Aussagen sind miteinander verbunden.
- Dieser Aussagenverbund weist einen gewissen Grad an Abgeschlossenheit auf, so daß die Objekttheorie[378] entwickelt ist.

---

[376] In: Ders. (Hrsg.) 2004: 129.
[377] "In *Metatheorien* werden Aussagen über die Wege ('Erkenntnismethoden'), die zum Gegenstand der Disziplin hinführen sollen/können, zusammengestellt und begründet. Metatheoretische Aussagen sind das Ergebnis methodologischer Reflexionen über die Voraussetzungen, Bedingungen, Möglichkeiten und Grenzen des Erkennens und Forschens in einer Disziplin." (Engelke 2003:230).
[378] "In *Objekttheorien* werden Aussagen, die sich auf den Gegenstand der Wissenschaft selbst beziehen, zusammengefasst; sie sind Systeme von inhaltlichen Aussagen einer Wissenschaft über ihren Gegenstand. Objekttheorien sind von Metatheorien abhängig, da Metatheorien den Objekttheorien jeweils vorangehen." (Engelke 2003: 231).

Ebenfalls speziell für erfahrungs-, also realwissenschaftliche Theorien legt Vollmer (1993: 20 ff) zudem einen Katalog von Kriterien vor, der zur Feststellung einer solchen Theorie dienen soll und den er in notwendige und wünschenswerte Merkmale aufteilt. Zu den notwendigen Merkmalen gehören dabei:

- Zirkelfreiheit, also keine vitiösen Zirkel (Freiheit der Theorie von Zirkeldefinitionen und zirkulären Argumenten, Beweisen und Begründungen).

- Innere Widerspruchsfreiheit, also interne Konsistenz, frei von logischen Widersprüchen – beide Merkmale sollen dabei auch für mathematische bzw. allgemein für strukturwissenschaftliche Theorien gelten, wobei dann noch Axiomatisierbarkeit, Unabhängigkeit und Vollständigkeit der Axiome wünschbar wären.

- Äußere Widerspruchsfreiheit bzw. externe Konsistenz, also Vereinbarkeit mit dem akzeptierten Hintergrundwissen; dies meint nicht das Verwerfen jeder Theorie, die nicht mit dem übereinstimmt, von dem aktuell geglaubt wird, daß es gesichertes Wissen sei, sondern ist vielmehr als Aufforderung zu verstehen, daß bei auftretenden Widersprüchen durch weitere Forschung nach einer Auflösung der Widersprüche gesucht wird[379].

---

[379] Interessanterweise findet sich hier explizit ein modaler Modus, der eigentlich eher in den Bereich der Handlungstheorien verweist – doch genau genommen trifft dies auch auf die anderen genannten Merkmale zu, so daß sich Vollmers Kriterienkatalog als modallogisch begründet erweist. Insgesamt erinnert dieser Punkt zudem auch an die von Stegmüller (1979: 168) postulierten "Zwischentheorien", die sowohl Züge der alten wie auch der neuen Theorie aufweisen, später aber als unhaltbar oder inkonsistent verworfen und erst dann endgültig durch neue Theorien ersetzt werden würden. Theorien stehen also nicht von Anfang an als 'fertige Gebilde' im Raum, sondern durchlaufen einen gewissen Entwicklungsprozeß. Darauf weisen (bezogen auf die Psychologie) auch Bunge & Ardila (1990:56) hin: " Dabei müssen wir uns freilich im Anfang mit bescheidenen Theorien begnügen, die erst im weiteren Verlauf der Forschung durch allgemeinere und genauere sowie tiefere und wahrere ersetzt werden können." Erst so entstehende "wirklich leistungsfähige Theorien" seien in der Lage, Beschreibungen, Erklärungen und Voraussagen tiefgreifend zu verbessern, und die "zunehmend einflußreichere Rolle der Theoriebildung auf solchen Gebieten wie Kernphysik, Astronomie, Chemie, Genetik, Physiologie oder Soziologie" zeige den Wert fortschreitender theoretischer Durchdringung (ebd.). Selbstverständlich wurden auch bereits (weitere) Versuche vorgelegt, verschiedene Ebenen der Theoriebildung zu beschreiben. Ein Beispiel hierzu legen Osterloh & Grand (1995; 1994) vor, das von Goeken (2003: 18 ff) besprochen wird. Danach lassen sich fünf Ebenen der Theoriebildung unterscheiden, nämlich ersten Ad-hoc-Erklärungen (unsystematische Generalisierungen von Erfahrungen, geringer Beitrag zur Erkenntnisgewinnung), zweitens Konzepte (induktive Ableitung aus Alltagserfahrungen, Interpretation von Erfahrungen bezüglich generalisierter Begriffe, explizit formuliertes, jedoch nicht auf Modelle gestütztes Handlungswissen), drittens Frameworks (Kombination von Modellen und Konzepten bezüglich spezifischer Fragestellungen zur Eruierung der Einflußfaktoren eines sich in der Praxis stellenden Problems mittels Identifikation und Analyse relevanter Variablen und Fragestellungen sowie umfassender Beschreibung der Problemstellung und Entwurf von Strukturierungsinstrumenten, auch interdisziplinäre Forschungsmethode der Wirtschaftsinformatik), viertens Modelle (meist auf fachwissenschaftlichen Frage- und Problemstellungen basierende abstrahierte Darstellung der Realität unter bestimmten, strengen Annahmen und auf wenige Hauptzusammenhänge bzw. Schlüsselvariablen

- Eine erfahrungswissenschaftliche Theorie soll einen Erklärungswert aufweisen.

- Weiterhin soll sie empirisch überprüfbar sein. Erklärungswert und Überprüfbarkeit bilden dabei den empirischen Gehalt der Theorie.

- Weiterhin soll eine empirisch prüfbare Theorie Tests, denen sie ausgesetzt wird, bestehen (was nicht im Sinne eines Beweises gemeint ist, Vollmer vertritt a.a.O. ganz eindeutig den Standpunkt, daß Theorien nur falsifizierbar sein können; leider geht Vollmer nicht näher darauf ein, was genau er unter "Test" versteht oder wie ein Prüfung vor sich gehen soll. Denn genau genommen läßt sich eine Theorie an sich nicht testen, da sie in ihrer Gesamtheit keinen experimentellen oder variablen Bedingungen ausgesetzt werden kann, auch wäre der Gedanke an ein Art 'Funktionstest' höchstens als Gedankenexperiment durchführbar. 'Testen' im eigentlichen Sinne ["nach einer genau durchdachten Methode vorgenommener Versuch, Prüfung zur Feststellung der Eignung, der Eigenschaften, der Leistung o. Ä. einer Person oder Sache"[380]] lassen sich nur Hypothesen, die der Theorie zugrunde liegen, diese erst hervorgebracht haben, aus ihr neu abgeleitet wurden bzw. Teil des die Theorie konstituierenden Satzsystems sind oder dieses stützen

verkürzt zum Zweck der Erstellung von stringenten Aussagen über logische und / oder konkrete kausale Zusammenhänge unter bestimmten Anwendungsbedingungen) und fünftens Formale Systeme (diese befassen sich auf Axiomen beruhend - also ohne empirischen Gehalt - mit Zeichen und logisch-analytischen Operationen zwischen diesen). Ohne diese Ebenen der Theoriebildung im einzelnen besprechen zu wollen, zeigen sie jedoch auch den Entstehungszusammenhang von Theorien auf, nämlich zum einen durch Alltagsproblematiken (z.B. Ad-hoc-Erklärungen), als Versuch, komplexe Zusammenhänge zusammenzuführen und zu überblicken (Konzepte), durch fachwissenschaftliche Problemstellungen (z.B. Modelle), durch einen Forschungskontext (z.B. Frameworks) oder durch logisch-analytische Problemstellungen (Formale Systeme). Wenn Bammé also schreibt, wissenschaftliche Theorien würden i.d.R. aus zwei Wurzeln entstehen, nämlich zum einen als Reaktion auf reale gesellschaftliche Probleme und zum anderen als Reaktion auf vorgängige Theorien (vgl. Bammé 2004), so ist letzterem wohl zuzustimmen, während ersteres (weil simplifizierend) fraglich sein kann, und zwar erstens, weil Theoriebildung durchaus auch 'der Sache an sich', getragen vom persönlichen Erkenntnisinteresse des Theoretikers, geschuldet sein kann und zweitens hier die historische Dimension bzw. die historische Überformung übersehen wird. Stegmüller (1979: 162 f) weist diesbezüglich auf einen retrospektiven Prozeß der Entsubjektivierung hin. Gemeint ist damit, daß Intuitionen oder Werturteile, die bei der Genese erfolgreicher Theorien anfangs eine Rolle gespielt haben, mit anwachsendem Erfolg als "provisorisch" angesehen werden. Diese Einlassung ist durchaus nachvollziehbar – in wissenschaftshistorischen Darstellungen finden sich tatsächlich häufig keinerlei Hinweise auf subjektive Beweggründe des Theoretikers, so daß ein (meist unzutreffendes) Bild kontinuierlichen Fortschritts auf rein rationaler Grundlage entsteht – "Zwischentheorien" oder die von Bunge & Ardila angesprochenen, anfangs nur wenig tiefen usw. Theorien, bleiben dabei meist unerwähnt. Ebenso allerdings meist auch die vergeblichen Versuche, leistungsfähigere Theorien einzuführen, was Stegmüller (1979: 163) den Schluß ziehen läßt, daß Mißerfolge in dieser Hinsicht weitaus häufiger zu verzeichnen sind als Erfolge.
[380] Bibliographisches Institut GmbH / Dudenverlag (o. J.): *Test* [Lemma]. Unter: http://www.duden.de/rechtschreibung/Test, 03.03.2013.

können. Vereinfacht gesagt: Bestehen die Hypothesen den Test nicht, scheitern sie also an der Erfahrung, verliert die Theorie an empirischem Gehalt bis hin zur Falsifizierung, zumindest aber an innerem Zusammenhang).

Da die Aussagen eines Aussagensatzsystems wie zu sehen bestimmte Kriterien erfüllen müssen (ebenso wie das Aussagensatzsystem selbst), liegt es nahe, anhand dieser Kriterien die einzelnen Aussagen bzw. Sätze dahingehend zu überprüfen, ob sie in ihrer Gesamtheit als wissenschaftliche Theorie angesehen werden können. Dies scheint auf vier verschiedene Weisen möglich:

- Erstens eine Überprüfung der Metatheorie bzw. das Vorhandensein der einzelnen Punkte, die in einer Metatheorie zusammenfaßt sein sollten (Gegenstandsdefinition, Benennung der Vorgehensweise).
- Zweitens eine Analyse des Aussagensatzsystems dahingehend, ob die einzelnen Sätze tatsächlich eine Eingangshypothese, ein Axiom oder eine unmittelbare oder mittelbare deduktive Folgerung aus einem oder mehreren Axiomen darstellen, ob die dazugehörenden Referenten logisch nachvollziehbar vom Aussagensatzsystem erfaßt werden oder überhaupt in der behaupteten Form existieren und ob die behaupteten Relationen empirisch-logisch nachvollziehbar und anderen, gesicherten Erkenntnissen nicht widersprechend sind.
- Drittens in einer Abwandlung der unter zweitens genannten Analyseform, wobei die (als offen, also erweiterbar zu verstehende) Klassifikation von Sätzen spezifischer in Annahmen, unbelegte Behauptungen, gesicherte Aussagen, Prämissen, Folgerungen, metaphysische Aussagen und Axiome vorgenommen werden kann; die Spezifizierung eines Satzes als Annahme, Behauptung, Prämisse usw. ist dabei nicht unveränderlich, da sich diese in ihrer Beziehung zu vorhergehenden, insbesondere aber nachfolgenden Sätzen verändern kann. So kann ein Satz für sich genommen z.B. als (unbelegte) Behauptung angesehen werden, für den nachfolgenden Satz jedoch eine Prämisse darstellen. Es kommt hinsichtlich der Spezifikation also auf den Stand des Satzes innerhalb des Satzsystems und seine Beziehung (bzw. die Bedeutung derselben) bezüglich der anderen Sätze an. Eine solche Zusammenstellung und Analyse von Sätzen kann zudem zur Unter-

scheidung von Hypothesen und Theorien dienen – denn Hypothesen lassen sich nicht (oder nur sehr bedingt) zu derlei Satzsystemen zusammenstellen, ohne ihren Status als Hypothese zu verändern. Zur Feststellung von Theorie ist dabei insbesondere auf den Gehalt an gesicherten Aussagen (Empirie im wissenschaftlichen Sinne) im Verhältnis zu unbelegten Behauptungen usw. abzustellen, insbesondere aber auch auf das Vorhandensein von metaphysischen Aussagen zu prüfen.

– Viertens als Test auf Immunisierung, Zirkel- und Widerspruchsfreiheit, der jedoch auch schon in den vorgenannten Analyseformen enthalten sein kann, jedoch auch für sich allein vorgenommen werden könnte, z.B. dahingehend, ob in einer Theorie metaphysische Elemente enthalten sind oder die Theorie das Kriterium der Falsifizierbarkeit erfüllt, denn, wie Knoll (2010: 39) völlig richtig schreibt, kann eine Theorie nur dann als wissenschaftlich gelten, wenn sie grundsätzlich widerlegt werden kann.

Hier wird also explizit die Ansicht vertreten, daß es durchaus möglich ist, analytisch festzustellen, ob eine Theorie als solche und speziell eine wissenschaftliche Theorie vorliegt.

Wie bereits angemerkt, können Theorien erklärend, voraussagend oder deskriptiv sein (wobei die letztgenannte Eigenschaft dem Verstehen eines Sachverhalts zugeordnet werden kann, im weitesten Sinne handelt es sich dann also um 'Verständnis-Theorien'), gleichwohl eine Theorie auch alle dieser Merkmale aufweisen kann. Der Status eines Aussagensatzsystems als Theorie läßt sich also nicht allein dadurch anzweifeln, daß auf einen eventuell fehlenden Erklärungs-, Voraussage- oder Beschreibungsaspekt verwiesen wird, Zweifel sind erst dann angebracht, wenn keiner dieser Aspekte auf eine Theorie zutrifft. Wie Knoll (2010: 39) weiter schreibt, seien Theorien das Ergebnis wissenschaftlicher Forschung, wobei ein möglichst klar eingegrenzter Gegenstand mittels nachvollziehbarer und überprüfbarer Forschungsmethoden erkundet und beschrieben werde sowie die erzielten Ergebnisse hinterfragbar, kritisierbar und verwerfbar sein müssen (und wobei die Methoden, mit denen besagter Gegenstand erforscht wird, sich eine Überprüfung durch andere Wissenschaftler gefallen lassen müssen[381]). Auch dies bietet eine Möglichkeit zur Überprüfung, ob eine wissenschaftliche Theorie vorliegt, wobei insbesondere auf das Zustandekommen der Ergebnisse abzustellen ist, nämlich durch wissenschaftsadäquate Forschung (was sich noch einmal genauer spezifizieren läßt in Auftrags-, angewandte und Grundlagenforschung[382]).

Bis hierher läßt sich also zusammenfassend festhalten, daß wissenschaftliche Theorien als Aussagensatzsysteme bzw. auf diesen basierend verstanden werden können, wobei die einzelnen Sätze bestimmte Kriterien hinsichtlich ihres logischen Zusammenhangs und ihres empirischen Gehalts erfüllen und zudem in ihrer Gesamtheit (als Theorie formuliert) dem Kriterium der Falsifizierbarkeit gerecht werden müssen, wobei für Mühlum[383] Aussagensysteme gar mit Wissenschaft an sich gleichzustellen sind:

"Unter dem Begriff 'Wissenschaft' kann sowohl eine Institution zur Organisation von Erkenntnisprozessen als auch ein Aussagensystem von begründbaren und überprüfbaren Erkenntnissen verstanden werden."

Versteht man unter Aussagensysteme eben Theorien, so liegen hier übereinstimmende Aussagen zur Gleichstellung von Wissenschaft und Theorie sowohl von Mühlum wie auch (wie bereits angemerkt wurde) von Engelke vor.

Selbstverständlich gibt es davon abweichende, modifizierte und auch völlig anders konzipierte Verständnisweisen hinsichtlich des Theoriebegriffs. So versteht Klemperer (2014: 41) unter Theorien "[…] vereinfachte Abbildungen der Wirklichkeit, sie reduzieren also Komplexität. Dadurch wird die Sicht von Teilaspekten geschärft und die Erkennung, Erklärung und Lösung von Problemen erleichtert. Sie dienen der Ordnung und Strukturierung von Wissen und Erkenntnissen. Eine Theorie bietet eine von mehreren möglichen Perspektiven auf einen Gegenstandsbereich. Die eingenommene Perspektive soll diejenigen Merkmale des Untersuchungsgegenstandes ins Blickfeld bringen, die für den Wissensgewinn und die Problemlösung erforderlich sind." Der zweite Satz dieser Aussa-

---

[381] Ähnlich argumentiert auch Engelke (2003).
[382] Hier wird also die Ansicht vertreten, daß angewandte Forschung nicht gleichzusetzen ist mit (vorerst zweckfreier) Grundlagenforschung an sich. Anzumerken ist, daß es hierzu auch andere Ansichten gibt, so z.B. bei Engelke (2003: 224), der die Ansicht stützt, Grundlagenforschung könne sowohl erkenntnis- wie auch anwendungsbezogen sein.
[383] In: Ders. (Hrsg.) 2004: 129.

gen zielt recht eindeutig auf erklärende Theorien. Der dritte Satz ließe sich durchaus als Bestätigung des Aussagensystems interpretieren, da Ordnung und Strukturierung von Wissen und Erkenntnissen durch sprachliche Mittel generiert werden, die, systematisch angewendet, ein entsprechendes Satzsystem ergeben können. Insgesamt jedoch erscheint dieses Theorieverständnis eher auf Theorie als Wirklichkeits*modell* zu zielen.

Wie zu sehen, lassen sich je nach Verständnisweise durchaus unterschiedliche Kriterien hinsichtlich der Wissenschaftlichkeit einer Theorie bilden. Dies sagt jedoch nichts über eine vergleichende Wertigkeit von Theorien aus, die diese Kriterien erfüllen, ein Aspekt, auf den Bunge & Ardila (1990: 55 f) hinweisen:

"Natürlich haben nicht alle Theorien den gleichen Wert. Am leistungsfähigsten sind solche, die maximale Stärke und Allgemeinheit mit größtmöglicher Genauigkeit, Tiefe und Wahrheit vereinen. Eine Theorie A ist *stärker* als eine Theorie B, wenn die Referenzklasse von A wenigstens die von B mitumfaßt. (Das bedeutet, daß A nicht nur alle Objekte von B enthält, sondern unter Umständen noch zusätzliche.) A ist *genauer* als B, wenn A alles erklärt, was auch B erklärt, aber nicht umgekehrt. Und A hat einen größeren *Wahrheitsgehalt* als B, wenn A mehr richtige Voraussagen und Retrodiktionen[384] macht als B (zu Einzelheiten s. Bunge 1983b.)

So ist zum Beispiel eine Theorie, die den Prozeß der Gewöhnung für alle Organismen erklärt, allgemeiner als eine, die das gleiche nur für die Wirbellosen leistet. Ein mathematisches Modell, das ein Aggregat von Zellen beschreibt, ist genauer, als ein entsprechendes, das nur umgangssprachlich formuliert ist. Ein neurophysiologisches Modell für Problemlösungsverhalten (was noch zu entwickeln wäre) wird tiefer sein als eine rein phänomenologische (oder *Black-box-*)

---

[384] Ein Beispiel für Retrodiktion und ihre Bedeutung stellen Bunge & Ardila (1990: 55) wie folgt anhand der Psychologie dar:
"Die gleichen Gesetze und Daten, die zur Erklärung psychologischer Sachverhalte benutzt werden, können auch zu deren Voraussage oder deren Retrodiktion dienen. Wenn wir etwa wissen, daß eine proteinarme Ernährung irreversible Defizite bei der Entwicklung des Neokortex verursacht, dann können wir mit Sicherheit voraussagen, daß alle Kinder einer bestimmten sozialen Schicht, die ausschließlich mit (proteinarmen) Getreide ernährt wurden, intellektuelle Defizite aufweisen werden, wenn sie erwachsen werden. Und wenn wir umgekehrt auf eine Gruppe von Erwachsenen mit solchen Defiziten stoßen, dann können wir die Hypothese wagen, sie seien während ihrer Kindheit Opfer einer proteinarmen Ernährung gewesen - ein Beispiel für eine Retrodiktion. Natürlich bedürfen sie beide, Voraussage wie Retrodiktion, einer Prüfung, und man erkennt ohne weiteres deren Bedeutung, erlauben sie es doch, unsere Hypothesen auf ihren Wahrheitsgehalt zu überprüfen. Ihre Bedeutung für die Praxis ist nicht weniger offensichtlich, weil sie die Voraussage bestimmter Ereignisse beziehungsweise deren Verhinderung ermöglichen."

Theorie für diese Leistung. Und zweifellos dürfte eine Theorie der Fortbewegung, die nicht nur das äußere Erscheinungsbild, sondern auch innere Zustände berücksichtigt, über eine größere prognostische Leistung verfügen. Im Sinne des oben Gesagten benötigen wir also Theorien über alle möglichen Leistungen, neben allgemeinen insbesondere spezielle (gemeint sind konzeptionelle Modelle), weil es sowohl allgemeine als auch spezielle Zusammenhänge gibt."

Auch Vollmer (1993: 137) äußert sich hinsichtlich der Wertigkeit von Theorien, sieht dabei aber erklärende Theorien als wertiger an, da er die Ansicht vertritt, daß Erklärungen "[...] zu den vornehmsten Zielen der Wissenschaft" gehören würden und ein hoher Erklärungswert deshalb ein wichtiges Qualitätsmerkmal wissenschaftlicher Theorien sei, wohingegen beschreibende bzw. phänomenologische Theorien "nur den Positivisten, den Behavioristen, den Instrumentalisten" befriedigen würden, nicht aber den Realisten – gleichwohl Vollmer ebenfalls darauf hinweist, daß derlei Theorien nicht nur legitim, sondern bisweilen auch eine "unvermeidliche" Zwischenstufe zu einem befriedigenden Weltverständnis darstellen würden[385].

Theorien lassen sich also nicht einfach nur in eher quantitativer Hinsicht (Erfüllung bestimmter Kriterien insgesamt oder nur teilweise) bestimmen, sondern auch in qualitativer Hinsicht, unabhängig davon, ob es sich um natur- oder sozialwissenschaftliche Theorien usw. handelt (und auch dann, wenn den Ansichten Vollmers nicht gefolgt wird, da 'Qualität' eben kein objektives, sondern je nach Präferenz zu interpretierendes bzw. definierendes Merkmal darstellt).

Es wird demnach deutlich, daß es neben den sog. Alltagstheorien [...] verschiedene Arten von wissenschaftlichen Theorien gibt, nämlich erklärende, voraussagende und deskriptive Theorien. Hinzu treten "Black-Box-Theorien". Letztere bezeichnet Bunge (1973: 32 ff) auch als *stuff-free theories*, womit "postmoderne", gemeinhin als wissenschaftlich anerkannte, bedeutende und folgenreiche Theorien gemeint sind, die als autonom von ihrem Anwendungsbereich gelten (also eine universelle Gültigkeit unterstellen), wie Informations-, Spiel-, Sy-

---

[385] Eine ähnliche Ansicht bezüglich der Wertigkeit erklärender Theorien scheinen auch Bunge & Ardila (1990: 55) zu vertreten, da sie davon ausgehen, daß "echte wissenschaftliche Erklärungen" notwendig seien hinsichtlich des Verständnisses und der Motivation im Forschungsbereich, "Verstehen zu verstehen".

stemtheorie, Kybernetik, Automaten- und Feldtheorie[386]. Sonntag[387] bezeichnet derlei stoff-freie (bzw. gegenstandslose) Theorien insofern als "metaphysisch", "als sie von sich aus keinerlei Verbindung zur physischen Welt aufnehmen oder benötigen." Derlei Theorien könnten, so Sonntag weiter, auf die physische Welt nur mittels weiterer und speziellerer Theorien angewendet werden, wobei das Ergebnis der Anwendung nicht über die Gültigkeit der Theorie entscheide, sondern nur über die Passung auf den jeweiligen Anwendungsbereich – bei einer ausbleibenden Bestätigung der lokalen Geltung hinsichtlich einer konkreten Anwendung würde die Theorie selbst davon unberührt bleiben[388]. Genau genommen führt dies aber zur Nicht-Falsifizierbarkeit, d.h. zur Immunisierung, da eine solche Theorie nicht widerlegbar ist (dies muß nicht auf die gesamte Theorie zutreffen, es reichen auch Teilbereiche des Aussagensatzsystems aus). Es stellt sich dann aber die Frage, ob der Begriff der Theorie in dieser Hinsicht überhaupt noch anwendbar ist, da es sich vielmehr um Konzepte zu handeln scheint. Denn ein Konzept muß das Kriterium der Falsifizierbarkeit nicht erfüllen, es muß 'lediglich' für die Praxis relevantes Handlungswissen zur Verfügung stellen.

Gleichwohl stehen auch Theorie und Praxis in einem besonderen Verhältnis. Mühlum[389] sieht Theorie und Praxis als "untrennbare dialektische Einheit", da Praxis die Grundlage aller Theorie darstelle, überhaupt erst den "Sinn" von Theorie bilde und zugleich das Wahrheitskriterium zur Überprüfung von Theorie sei – *vice versa* würde Praxis als reflektiertes Handeln aber durch Theorie geprägt und als professionelles Handeln sogar konstituiert.

Daß es nun auch eine Praxis der Terlusollogie gibt, kann nicht bestritten werden. Doch wie steht es nun um die theoretischen Grundlagen dieser Praxis? Handelt es sich dabei tatsächlich um ein in sich widerspruchsfreies, bisherigem Wissen nicht widersprechendes, falsifizierbares Satzsystem, das etwas im Sinne einer Realwissenschaft erklärt, voraussagt oder beschreibt?

Eine (recht grobe) Aufteilung der Terlusollogie nach Sätzen könnte dabei wie folgt vorgenommen werden:

---

[386] Sonntag in: Hörmann (Hrsg.) 1999: 42 f.
[387] Ebd.
[388] Ebd.: 43.
[389] In: Ders. (Hrsg.) 2004: 128 f.

(G1) Gesichert: Sonne und Mond üben einen gravitativen Einfluß auf die Erde aus ➔ (A1; F1) Annahme: Sonne und Mond könnten auch einen Einfluß anderer Art ausüben (Konklusion) ➔ (B1) Unbelegte Behauptung: Dieser Einfluß ist vorhanden, entspricht jedoch keiner bekannten physikalischen Kraft ➔ (B2; F2; P1; M1) Unbelegte Behauptung: Es handelt sich um eine bis jetzt unbekannte Kraft; über diese wird keine Aussage getroffen, ob damit eine physikalische Kraft oder etwas anderes gemeint ist (Konklusion; Wandlung zur Prämisse) ➔ **(G2; P2) Gesichert: Der Mensch besitzt ein Atemzentrum im Gehirn** (Prämisse) ➔ (A2; X1) Annahme: Das Atemzentrum im Gehirn eines Neugeborenen ist "prägbar" ➔ (A3; F3; X2) Annahme: Die vorgenannte unbekannte Kraft ist in der Lage eine solche Prägung zu bewirken (Konklusion) ➔ (B3; P3) Unbelegte Behauptung: Die vorgenannte unbekannte Kraft bewirkt tatsächlich eine Prägung (Wandlung zur Prämisse) ➔ (B4) Unbelegte Behauptung: Durch die Prägung des Atemzentrums entstehen zwei verschiedene Atemtypen ➔ (B5; P4) Unbelegte Behauptung: Diese Atemtypen können je nach Einfluß von Sonne und Mond in "lunar" und "solar" eingeteilt werden (Wandlung zur Prämisse) ➔ (B6; P5) Unbelegte Behauptung: Diese Prägung hält ein ganzes Leben an (Wandlung zur Prämisse) ➔ (B7; P6) Unbelegte Behauptung: Außer auf die Atmung hat diese "Prägung" noch weitere Auswirkungen ähnlich einer Polarität (Wandlung zur Prämisse) ➔ (B8; P7) Unbelegte Behauptung: Diese Auswirkungen beziehen sich auch auf Vorlieben, Verträglichkeiten, körperliche Beschaffenheiten usw. (Wandlung zur Prämisse) ➔ (B9; P8) Unbelegte Behauptung: Verhält sich ein Mensch nicht "typgerecht" ist Krankheit die Folge (Wandlung zur Prämisse) ➔ (B10; F4) Unbelegte Behauptung: Bestehende Krankheiten, Unzulänglichkeiten, Problematiken der Lebensführung, des Lernens usw. lassen sich durch "typgerechtes" Handeln und Verhalten beheben (Konklusion)

Wie zu sehen, hängen diese Sätze auf bestimmte Weise zusammen, sie bilden, wie für eine Theorie gefordert, tatsächlich ein *aufeinander aufbauendes Satzsystem*. Doch bedeutet dies keineswegs, daß es sich bereits deshalb um eine *wissenschaftliche Theorie* handelt. Die Problematik diesbezüglich läßt sich durch die Einteilung der Sätze in Annahmen, (unbelegte) Behauptungen (also Äußerungen, in der etwas als Tatsache hingestellt wird, was möglicherweise jedoch keine ist[390]), Prämissen, Folgerungen und metaphysische Aussagen verdeutlichen:

---

[390] Bibliographisches Institut GmbH / Dudenverlag (o. J.): *Behauptung* [Lemma]. Unter: http://www.duden.de/rechtschreibung/Behauptung, 06.08.2014.

Annahmen:

- Sonne und Mond könnten auch einen Einfluß anderer Art ausüben
- Das Atemzentrum im Gehirn eines Neugeborenen ist "prägbar"
- Die vorgenannte unbekannte Kraft ist in der Lage eine solche Prägung zu bewirken

Unbelegte Behauptungen:

- Dieser Einfluß ist vorhanden, entspricht jedoch keiner bekannten physikalischen Kraft
- Es handelt sich um eine bis jetzt unbekannte Kraft; über diese wird keine Aussage getroffen, ob damit eine physikalische Kraft oder etwas anderes gemeint ist (Wandlung zur Prämisse)
- Die vorgenannte unbekannte Kraft bewirkt tatsächlich eine Prägung (Wandlung zur Prämisse)
- Durch die Prägung des Atemzentrums entstehen zwei verschiedene Atemtypen
- Diese Atemtypen können je nach Einfluß von Sonne und Mond in 'lunar' und 'solar' eingeteilt werden (Wandlung zur Prämisse)
- Diese Prägung hält ein ganzes Leben an (Wandlung zur Prämisse)
- Außer auf die Atmung hat diese 'Prägung' noch weitere Auswirkungen (Wandlung zur Prämisse)
- Diese Auswirkungen beziehen sich auch auf Vorlieben, Verträglichkeiten, körperliche Beschaffenheiten usw. (Wandlung zur Prämisse)
- Verhält sich ein Mensch nicht 'typgerecht' ist Krankheit die Folge (Wandlung zur Prämisse)
- Bestehende Krankheiten, Unzulänglichkeiten, Problematiken der Lebensführung, des Lernens usw. lassen sich durch 'typgerechtes' Handeln und Verhalten beheben

Prämissen:

- Es handelt sich um eine bis jetzt unbekannte Kraft; über diese wird keine Aussage getroffen, ob damit eine physikalische Kraft oder etwas anderes gemeint ist
- Die vorgenannte unbekannte Kraft bewirkt tatsächlich eine Prägung

- Diese Atemtypen können je nach Einfluß von Sonne und Mond in 'lunar' und 'solar' eingeteilt werden
- Diese Prägung hält ein ganzes Leben an
- Außer auf die Atmung hat diese 'Prägung' noch weitere Auswirkungen
- Diese Auswirkungen beziehen sich auch auf Vorlieben, Verträglichkeiten, körperliche Beschaffenheiten usw.

Folgerungen:
- Sonne und Mond könnten auch einen Einfluß anderer Art ausüben
- Es handelt sich um eine bis jetzt unbekannte Kraft; über diese wird keine Aussage getroffen, ob damit eine physikalische Kraft oder etwas anderes gemeint ist
- Die vorgenannte unbekannte Kraft ist in der Lage eine solche Prägung zu bewirken
- Bestehende Krankheiten, Unzulänglichkeiten, Problematiken der Lebensführung, des Lernens usw. lassen sich durch 'typgerechtes' Handeln und Verhalten beheben

Metaphysische Aussagen:
- Es handelt sich um eine bis jetzt unbekannte Kraft; über diese wird keine Aussage getroffen, ob damit eine physikalische Kraft oder etwas anderes gemeint ist

Axiome:
- Das Atemzentrum im Gehirn eines Neugeborenen ist 'prägbar'
- Die vorgenannte unbekannte Kraft ist in der Lage eine solche Prägung zu bewirken

Es ist offensichtlich, daß zwar ein Satzsystem vorliegt, jedoch in einer mehr als fragwürdigen Weise. Denn von diesen 15 Sätzen besitzen nur zwei Evidenz, die jedoch keine der zentralen Annahmen und Behauptungen der Terlusollogie unmittelbar berühren – sie dienen lediglich als *Analogien*. Dies trifft nicht nur auf die Gravitationswirkung zu (deren Existenz keinerlei Nachweis für eine weitere, unbekannte physikalische Kraft darstellt), sondern auch für das Atemzentrum, denn dieses könnte, wollte man nur auf die Existenz zweier verschiedener 'Atemtypen' abstellen, problemlos gegen ein anderes Organ oder eine genetische Beeinflussung ausgetauscht werden. (Die Fixierung auf eine Beeinflussung des Atemzentrums ist nur deshalb erforderlich, weil dieses mit dem Zeitpunkt der Geburt in Verbindung gebracht werden kann, also mit einem auch noch später rekonstruierbaren Datum, das für die Berechnung des 'Atemtyps' erforderlich ist [obgleich auch hierzu ein alternatives Rechensystem entwickelt werden könnte] – obgleich, werden die weiter oben vorgebrachten Einwände gegen die Terlusollogie konsequent weiter gedacht, auch die Einteilung in Erdumdrehungen keinen Sinn macht. Die Berechnung ist jedoch für den Kern des terlusollogischen Gedankengebäudes nicht wirklich wichtig – sie ist es nur, um der Terlusollogie Anwendungsfelder und somit ökonomischen Nutzen zu eröffnen und dient zugleich der Statuserhöhung sowie der Immunisierung.)

Tatsächlich handelt es sich bei dem terlusollogischen Satzsystem zum allergrößten Teil (elf Sätze von 15) um unbelegte Behauptungen, im weitesten Sinne also um Thesen, deren Richtigkeit noch nachzuweisen wäre. Diese wiederum basieren auf Annahmen (also im weitesten Sinne Hypothesen), die ebenfalls noch nicht nach wissenschaftlicher Methodik geprüft wurden und die zum Teil gleichzeitig einen axiomatischen Charakter aufweisen. Zugleich stellen die Thesen aber auch Folgerungen und für darauffolgende Sätze Prämissen dar, ohne die diese Sätze nicht haltbar wären (wobei jede Prämisse als Teil des Satzsystems zugleich eine Prüfinstanz für den Sinngehalt einer Theorie darstellen kann, denn ohne Evidenz oder empirischen Bezug oder zumindest intersubjektiv nachvollziehbarer Argumentation sind die aus der Prämissen abgeleiteten oder sich auf diese beziehenden Sätze erkenntnistheoretisch wertlos; gerade Prämissen innerhalb eines Satzsystems sind deshalb einer besonders strengen Prüfung zu unterziehen). Hinzu tritt eine metaphysische Behauptung, die völlig berechtigt als solche bezeichnet werden darf. Dabei handelt es sich um die Behauptung, daß es eine bis dato unbekannte Kraft sei, die prägend auf das Atemzentrum wirkt, wobei auch offen bleibt, ob es sich um eine, oder gar um zwei Kräfte handelt. Da es sich um eine 'unbekannte Kraft' handelt, ist diese also weder meß- noch nachweisbar, ihre Existenz kann *geglaubt* werden oder auch nicht, so wie auch an ein göttliches Wesen, an Dämonen oder an eine Prana-Energie geglaubt werden kann (gleichwohl bereits dargelegt wurde, daß es sich bei der 'unbekannten Kraft' der Terlusollogie um Vitalismus handelt, was jedoch von den Terlusollogen nicht dargestellt wird). Damit handelt es sich um Metaphysik (das auch in anderen Bereichen, in

denen unbekannte Kräfte oder Wirkmechanismen postuliert werden häufig vorgebrachte Argument, daß die z.B. unbekannte Kraft *noch nicht* entdeckt sei, dies aber
in Zukunft vielleicht erfolgen würde, kann hier nicht sinnvoll angewendet werden;
denn erstens gibt es keinerlei Hinweis auf die von den Terlusollogen behauptete
Kraft und ihre Wirkungsweise, und zweitens müßte, selbst wenn diese Kraft entdeckt
werden würde – was hochgradig unwahrscheinlich ist – dann eben die terlusollogische Theorie erneut auf ihren wissenschaftlichen Gehalt überprüft werden; ein 'vor-
gezogener' wissenschaftlicher Status aufgrund eines lediglich erhofften Ereignisses
kann logisch nicht nachvollzogen werden. Zudem müßten dann auch alle anderen
Theorien, die mit möglichen zukünftigen Ergebnissen operieren, ebenfalls als wissenschaftlich gelten, was weder aus wissenschaftlicher noch gesellschaftlicher Sicht
wünschenswert erscheint, da dies die geforderte Rationalität wissenschaftlicher Methodik letztendlich ad absurdum führt und ihre Erkenntnisse in Form gesicherten
Wissens für die Zukunft aus anderen als erkenntnistheoretischen Gründen fragwürdig erscheinen läßt). Allein die metaphysische Komponente würde bereits ausreichen, um der terlusollogischen Theorie den Status einer wissenschaftlichen Theorie
zu verweigern, da sich diese behauptete Kraft prinzipiell nicht falsifizieren läßt,
gleichwohl auch eine Verifikation nicht möglich erscheint. Die Feststellung dieser
Kraft liegt also außerhalb einer möglichen wissenschaftlichen Untersuchung und
kann damit als Glaubenssatz klassifiziert werden.

Eine als wissenschaftlich bezeichnete Theorie bedarf zudem der inneren Widerspruchsfreiheit. Doch bedeutet diese Widerspruchsfreiheit keineswegs auch automa-
tisch Richtigkeit der einzelnen Sätze. Dies zeigt Galens Theorie der Harnsekretion,
die bis ins 17. und zum Teil bis ins 19. Jahrhundert als gültig anerkannt wurde, da sie
in sich geschlossen und einleuchtend war – zugleich aber sehr viele Irrtümer ent-
hielt, die hauptsächlich auf Spekulation zurückgeführt werden können[391] (wobei Ga-
len selbstverständlich viele Dinge ohne entsprechende Untersuchungsmethoden und
–instrumente auch nicht wissen konnte).

Dennoch ist Widerspruchsfreiheit berechtigt ein Kriterium, da eine Theorie diese erst
einmal erreichen muß, um überhaupt als möglicherweise 'wissenschaftlich' identifiziert werden zu können. Erst danach gilt es, jeden einzelnen Satz auf seine inhaltliche Richtigkeit zu prüfen, wobei insbesondere spekulative Elemente gesucht, hinter-

---

[391] Ullrich in: Czeschlik (Hrsg.) 1987: 118.

fragt, auf ihre wahrscheinliche Richtigkeit geprüft oder besser gegen gesicherte Erkenntnisse ausgetauscht werden sollten.

Doch die terlusollogische Theorie beinhaltet noch weitere, inakzeptable Schwächen. Zwar ist es auch bei einer wissenschaftlichen Theorie prinzipiell möglich, daß Theorieanteile als hypothetisch gelten können, oder daß theoretische Aussagen, die sich z.B. auf mathematische Aspekte beziehen, auch ohne diese Aspekte Gültigkeit beanspruchen (hier zu erinnern an die fehlende Gravitationskonstante bei Newton, die erst später 'nachgeliefert' wurde) – kurz gesagt, kann auch eine wissenschaftliche Theorie spekulative Anteile enthalten. Der Unterschied zwischen solchen Theorien und der Terlusollogie liegt aber darin, daß auch die spekulativen Anteile einen empirischen (oder mathematisch nachvollziehbaren) Bezug sowie eine logische Folgerung aufweisen, sie nicht ganz oder in Teilen als prinzipiell metaphysisch klassifiziert werden können und eine ausschweifende 'spekulative Argumentationskette' fehlt, wobei letzteres geradezu als symptomatisch für die Terlusollogie und ähnliche Konstrukte (z.B. Astrologie) gelten kann.

Eine wissenschaftliche Theorie sollte entsprechend nur einen kleinen (im Idealfall: gar keinen) spekulativen Anteil aufweisen, ebenfalls (ausnahmslos) keinen metaphysischen Anteil. Falls spekulative Anteile enthalten sind, bedürfen diese eines empirischen Bezugs und intersubjektiver Nachvollziehbarkeit, und dies umso mehr, je bedeutender die Stellung des spekulativen Satzes im Satzsystem ist, wobei anzunehmen ist, daß, je ausgereifter die Theorie ist, der spekulative Anteil umso kleiner wird, es sich also hinsichtlich der Ausgereiftheit und der Spekulation um ein antiproportionales Verhältnis handelt. Als ein weiterer Aspekt kann gelten, daß eine wissenschaftliche Theorie nicht anderen gesicherten Erkenntnissen widersprechen sollte, ohne selbst für den Widerspruch Belege oder zumindest intersubjektiv nachvollziehbare Argumente vorzulegen.

Nun ist es zweifellos so, daß (unter Berücksichtigung, daß die beiden evidenten Sätze der Terlusollogie lediglich als Analogie zu verstehen sind) die Terlusollogie *ausschließlich* aus Spekulationen besteht. Um überhaupt auch nur in die Nähe einer wissenschaftlichen Theorie zu rücken, müßten die Terlusollogen zunächst alle unbelegten Behauptungen belegen – denn unbelegte Behauptungen und unüberprüfte Annahmen können keine Grundlage für weitere unbelegte Behauptungen und unüberprüfte (oder unüberprüfbare) Annahmen sein[392]. Auch widerspricht die Terlusollogie gesicherten physikalischen, astronomischen und medizinischen Erkenntnissen, ohne dafür Evidenz oder auch nur eine nachvollziehbare Argumentation zu liefern – ihre Aussagen sind apodiktisch. Dies können sie insbesondere nur deshalb sein, weil die Terlusollogie eine metaphysische Komponente enthält, die, soll die Terlusollogie überhaupt irgendeinen Sinn ergeben, bejaht werden *muß*. Um eine wissenschaftliche Theorie zu sein, müßte gerade diese Komponente jedoch ersetzt werden. Da letzteres aber nicht möglich ist, da es gerade diese Komponente und die ihr zugeschriebene Wirkung ist, auf der die gesamte Terlusollogie fußt, ist der Schluß, den Beyer (2011) zieht (wenn auch auf anderer Grundlage), nämlich daß es sich bei der Terlusollogie um nichts anderes als eine Pseudowissenschaft handelt, vollauf berechtigt.

Dies erweist sich auch durch eine weitere Behauptung der Terlusollogen, die nicht Teil des Satzsystems ist, sondern als *Statusbehauptung* bezeichnet werden kann. Gemeint ist damit die bereits erwähnte Aussage Hagenas, daß es sich bei der Terlusollogie um eine *exakte Erfahrungswissenschaft*, ja in der Steigerung sogar um eine *exakte objektive Erfahrungswissenschaft*[393] handelt. Unter 'exakten Wissenschaften' werden für gewöhnlich jene Wissenschaften verstanden, die auch als 'hart' gelten, also insbesondere die meisten Naturwissenschaften (Physik, Chemie, Astronomie usw., also Wissenschaften, die ihre Erkenntnisse durch nachprüfbare logisch-mathematische Beweisführung erlangen und deshalb objektive Geltung beanspruchen), die Mathematik[394] und die Logik, wobei Mathematik und Logik (anders als die Naturwissenschaften) allerdings nicht zu den Erfahrungswissenschaften zählen[395] – die Terlusollogie nimmt also in Anspruch, sowohl einerseits so exakt wie Mathematik und Logik zu sein, und zum anderen ebenso objektive, nachprüfbare Ergebnisse zu liefern wie z.B. die Physik. Dementsprechend müßte aber die Terlusollogie auch den Anforderungen, die diese Wissenschaften erfüllen, entsprechen. Dies jedoch tut sie offensichtlich nicht. Es gibt weder eine logische Beweisführung (dafür aber viele interne logische und auch äußere Widersprüche) noch exakte (sondern vielmehr ungenaue, um nicht zu sagen fehlerhafte) mathematische Grundlagen, gleichfalls feh-

---

[392] Dies stellt selbstverständlich kein Plädoyer für den Positivismus dar, sondern richtet sich zum einen gegen allzu beliebig erscheinenden Relativismus (vgl. Sokal & Bricmont 2001) und verweist zum anderen auf das Kriterium der Falsifizierung.
[393] Vgl. Hagena, Chr. (o. J.): *Einführung*. Unter: http://s224198223.online.de/wsb4710187901/2.html, 02.08.2014.
[394] Vgl. Schmidt 1978: 173 s.v. *exakt*, Sp. 1.
[395] Ebd.: 158 s.v. *Erfahrungswissenschaften*, Sp. 1.

len meßbare Phänomene und methodisch korrekt gewonnene Daten (statt dessen wird auf Anekdoten zurückgegriffen, deren Form der Gewinnung auch nicht als qualitative Forschungsmethode gelten kann), und der Begriff u.a. des Experiments wird frei umdefiniert. All dies verunmöglicht es, die Terlusollogie als irgendeine Form ernsthafter Wissenschaft anzusehen.

13. – Weitere fragwürdige terlusollogische Aussagen und Aspekte:

Wie bereits erwähnt, spielt in der Terlusollogie der Begriff der Bipolarität eine gewisse Rolle. Problematisch daran ist, daß eigentlich vielmehr eine Art Tripolarität gemeint ist, da in der Terlusollogie auch drei Elemente vorkommen, nämlich Sonne, Mond und Erde bzw. die auf ihr lebenden Organismen. Als 'bipolar' im weitesten Sinne kann lediglich der praktisch immer als gegensätzlich verstandene Unterschied zwischen den angeblich existenten 'Atemtypen' angesehen werden. Warum aber dann der Begriff der Bipolarität, der (zumindest nach außen) zweifellos physikalisch-wissenschaftlich konnotiert ist, Anwendung findet, erschließt sich nicht, da andere Begriff wie antithetisch, diametral, entgegengesetzt, gegensätzlich, gegenteilig, konträr, unstimmig, widersprüchlich, nicht vereinbar, unvereinbar, dualistisch oder gegenüberliegend die postulierten Unterschiede nicht unbedingt schlechter, sondern vielmehr genauer beschreiben. Ja es ließe sich sogar eine (recht freie) Analogie zur Dialektik konstruieren, wobei Mond und Sonne These und Antithese und der Grad ihrer angeblichen Wirkung zur Festlegung des 'Atemtyps' als Synthese verstanden werden könnte. Wird der Begriff der Bipolarität hingegen in einem eher physikalischen Sinne verstanden, so geht es einerseits um Abstoßung und andererseits um Anziehung. Die 'terlusollogische Logik' 'funktioniert' diesbezüglich jedoch nur zur Hälfte. Denn es gibt lediglich (im übertragenen Sinne) eine Abstoßung gegensätzlicher Typen, obgleich es doch z.B. im Magnetismus genau anders herum ist, wo sich gleichnamige Pole abstoßen. Dies zeigt (auch ohne weitere Vertiefung in diese Thematik), daß selbst einer der Grundlagenbegriffe der Terlusollogie so undifferenziert verwendet wird, daß sich darauf wohl kein Lehrgebäude im wissenschaftlichen Sinne aufbauen läßt.

Hinzu kommen apodiktische Aussagen der Terlusollogen, so eine Aussage von Hagena bezüglich des Anteils von 'solaren' und 'lunaren Typen' in der Bevölkerung, auf die auch Beyer (2011: 12 f) in seiner empirischen Studie zur Terlusollogie eingeht:

"Wenn – etwas vereinfachend – davon ausgegangen wird, dass die Anzahl der Geburten gleichmäßig über das Jahr verteilt ist, also zu jedem Zeitpunkt immer gleich viele Menschen geboren werden, dann sollte es nach dem terlusollogischen Berechnungsmodell etwa gleich viele 'solare' wie 'lunare' Menschen geben. Diese Erwartung wird durch die empirischen Ergebnisse bestätigt. In der Umfrage haben 230 Personen einen Geburtstag und eine Geburtszeit angegeben, die nach dem terlusollogischen Berechnungsmodell auf einen 'lunaren Typ' schließen lässt; 235 Personen haben einen Geburtstag und eine Geburtszeit angegeben, die auf einen 'solaren Typ' schließen lässt; 66 Personen sind laut terlusollogischem Berechnungsmodell 'Fragezeichentypen'. Wenn die Fragezeichentypen ausgeklammert werden, ergibt sich eine prozentuale Verteilung von 49,5% lunare Typen zu 50,5% solare Typen."

Leider begeht Beyer den gleichen Fehler wie die Terlusollogen selbst, nämlich ohne weitere Prüfung anzunehmen, daß sich Geburten gleichmäßig über das Jahr verteilen. Tatsächlich ist dies aber nicht der Fall, wie die Daten des Statistischen Bundesamts ausweisen.

Momentan stellt der Juli den geburtsstärksten Monat dar, 2010 konnten hier 9,3 % aller Neugeborenen registriert werden, und die meisten Kinder werden zwischen Juli und September geboren, was deutschlandweit gilt. Allerdings ist dieses Jahresviertel erst seit ca. den 1980er Jahren das geburtsstärkste, da sich seit Mitte der 1970er Jahre das Jahresmaximum der monatlichen Geburten auf den September verlagerte – davor (zurückgehend bis vor den 2. Weltkrieg) waren es die Monate Februar und März, danach flachten die Geburtenzahlen schnell ab, um im September wieder kurz in die Höhe zu gehen und dann wieder abzufallen.[396] Von einer gleichmäßigen Verteilung der Geburtszahlen kann also selbst viele Jahrzehnte zurückblickend nicht die Rede sein (vgl. nachfolgende Abbildung).

---

[396] Pötzsch, in: Statistisches Bundesamt (Hrsg.) 2012: 16 f.

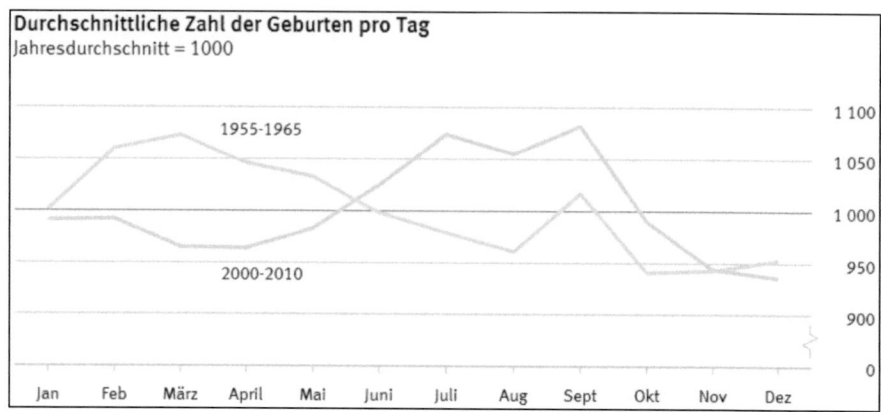

Durchschnittliche Zahl der Geburten pro Tag
Jahresdurchschnitt = 1000

1955-1965

2000-2010

1 100
1 050
1 000
950
900
0

Jan Feb März April Mai Juni Juli Aug Sept Okt Nov Dez

Abb. 5 – Geburten pro Tag von 1955 – 1965 und 2000 – 2010 im monatlichen Verlauf[397].

Damit aber ist die Annahme Beyers genauso falsch wie die Aussage der Terlusollo-gen[398], wobei letztere jedoch nicht durch Beyers Studie als fehlerhaft nachgewiesen wurde – wobei allerdings angemerkt werden muß, daß die gleichmäßige Verteilung bei Beyer nur aus dieser Sicht heraus eher ungewöhnlich erscheint, sich allerdings durch verschiedene Faktoren erklären läßt und deshalb keineswegs etwa die Rich-tigkeit des terlusollogischen Berechnungsmodells nachweist. So könnte hier z.B. eine weite Streuung des Alters der Probanden vorliegen, was hier aber aufgrund fehlen-den Datenzugriffs nicht weiter verfolgt werden kann.

Einfacher erklärt werden kann dieses beinahe ausgewogene Verhältnis zudem durch die statistische Wahrscheinlichkeit. Dabei spielt es auch keine Rolle, ob die Anzahl der Geburten gleichmäßig über das Jahr verteilt ist oder nicht. Denn mathematisch gesehen, entspricht die Aufnahme einer Geburtszeit als Datum in einen Datenpool einem einfachen Münzwurf, wenn das aufgenommene Datum lediglich mit zwei mög-lichen Werten versehen werden kann. Einfacher: Ein Geburtsdatum kann entweder einem 'solaren Typ' zugeordnet werden, oder einem 'lunaren Typ' – *tertium non da-tur*! Ebenso wie bei einem Münzwurf die Chance für "Kopf" oder "Zahl" bei 50 : 50 steht, liegt auch die Chance, daß das Geburtsdatum des Probanden auf "lunar" oder "solar" hinweist, bei 50 : 50 (bei einem Münzwurf beträgt die Wahrscheinlichkeit für

---

[397] Grafik entnommen ebd.: 17.
[398] Selbstverständlich könnten diese einwenden, daß die o.g. Zahlen sich auf deutsche Verhältnisse beziehen, die Schwankungen aber durch eine entsprechende Verschiebung der geburtsstarken Mona-te in anderen Ländern ausgeglichen werden könnten. Dazu jedoch müßten die Vertreter der Terlusol-logie entsprechende Zahlen vorlegen.

beide Seiten genauer ausgedrückt ½ bzw. 0,5). Da jede Aufnahme eines Datums in den Datenpool als unabhängiges Ereignis gesehen werden muß, spielt es auch keine Rolle, wie häufig bereits Daten für "solar" oder "lunar" aufgenommen wurden. Die Wahrscheinlichkeit für "solar" oder "lunar" beträgt bei jeder Neuaufnahme *immer* 0,5. Eine annähernd gleichmäßige (jedoch nicht exakte!) Verteilung in "solar" oder "lunar" der Probanden war also – unabhängig von der Verteilung der Geburtsdaten über das Jahr – zu erwarten. (Prinzipiell wäre zwar auch möglich, daß alle 465 Personen, die an der Online-Befragung von Beyer teilgenommen haben, nur entweder dem einen oder dem anderen Typ zugeordnet werden könnten, doch würde die Wahrscheinlichkeit dafür bei $0,5^{465}$ liegen – ein extrem kleiner Wert). Betrachtet man also die Gesamtanzahl der Probanden bzw. ihre Angaben zum Geburtszeitpunkt, dann entspräche dies 465 Münzwürfen (bzw. einer Bernoulli-Kette von der Länge 465 bei einer gleichbleibenden Wahrscheinlichkeit von ½ oder, einfacher, einer Binominalverteilung mit p = 0,5). Der Erwartungswert (E) würde also bei 232,5 liegen (465 · 0,5 = 232,5). Eine genaue Verteilung von 50 : 50 liegt jedoch nicht vor und wäre auch eher unwahrscheinlich, anders als eine Verteilung innerhalb der Standardabweichung. Diese beträgt bei 465 Probanden (gerundet) +/- 15,25 bzw. (ebenfalls gerundet) +/- 3,28 %. Es wäre also zu erwarten, daß sich ein Verhältnis von lunaren zu solaren Typen innerhalb der Grenzen von 46,72 % und 53,28 % bewegt.[399]

Wie sich zeigt, liegen die von Beyer in seiner empirischen Studie ermittelten Zahlen von 49,5 % (lunar) zu 50,5 % (solar) völlig innerhalb dieser Standardabweichung.

Es zeigt sich also, daß dieses Verhältnis von "solaren" zu "lunaren" Typen nichts mit der Verteilung der Geburten über das Jahr zu tun hat, und schon gar keinen Zusammenhang mit dem terlusollogischen Berechnungsmodell aufweist, das hier in irgendeiner Weise bestätigt würde. *Die Typverteilung ergibt sich rein aufgrund der statistischen Wahrscheinlichkeit und war rechnerisch auch zu erwarten.* Weiterhin muß deutlich festgehalten werden, daß dieses Ergebnis in Wirklichkeit *nichts* über die tatsächliche prozentuale Verteilung von (den nur fiktiven) "lunaren" oder "solaren" Typen in der Bevölkerung aussagt. Um Aussagen darüber zu treffen, müßte die Altersverteilung der Bevölkerung mit den Schwankungen der Geburtszahlen über das Jahr in Verbindung gebracht werden, was einen erheblichen Aufwand bedeuten würde.

---

[399] Vgl. dazu Charpak & Broch 2005: 237 ff sowie Krämer 2001: 51 ff.

Doch ist dies auch gar nicht notwendig, da Hagena (2009[3]: 53) eine absolute Aussage trifft:

"Unsere Bevölkerung besteht zu 50% aus Lunaren und zu 50% aus Solaren, wie wir aus Erfahrung wissen."

Hier jedoch wird Hagena hinsichtlich seiner "Erfahrung" getäuscht (wobei sich die Frage stellt, wie er diese hinsichtlich der Gesamtbevölkerung gewonnen haben will bzw. würde sich diese Frage stellen, wenn nicht bereits festgestellt worden wäre, daß Hagena den Erfahrungsbegriff nicht im Sinne wissenschaftlicher Empirie versteht). Denn auch hier wäre erstens eine völlige Gleichverteilung hochgradig unwahrscheinlich, und zweitens steht dem auch die o.g. Ungleichverteilung der Geburten über das Jahr entgegen. Dies kann anhand der Daten für das Jahr 1990 gezeigt werden. In diesem Jahr konnten insgesamt 905675 Geburten registriert werden, davon nach Monat: Januar = 75800, Februar = 70491, März = 76630, April = 72614, Mai = 76566, Juni = 73072, Juli = 81098, August = 81563, September = 80349, Oktober = 76756, November = 70483, Dezember = 70253[400] (die Anzahl der Geburten in der ersten Jahreshälfte umfaßte also 445173, in der zweiten Jahreshälfte 460502; Differenz: 15329 = 1,69 %).

Wie bereits erwähnt, stellt Hagena auf seiner Website eine Berechnungssoftware zur Feststellung des "Atemtyps" nach Geburtszeitpunkt zur Verfügung. Mit dieser läßt sich überprüfen, für welchen Tag jeweils ein "lunarer" Einfluß oder ein "solarer" Einfluß überwiegen soll (hinsichtlich der Tageszeiten lassen sich drei Einstellungen wählen – früh bis 8 Uhr, tagsüber 8–16 Uhr, spät ab 16 Uhr – wobei hier der Einfachheit halber stets der erste Eintrag gewählt wurde – ein weiterer seltsamer Widerspruch der Terlusollogie sowohl mit sich selbst, denn zur Berechnung soll ja nur die lineare Subtraktion *tageweise* herangezogen werden und andererseits mit bereits erörterten astronomischen Tatsachen wie z.B. des häufigen Standes des Mondes über dem Taghorizont). Mit diesem Rechner nun wurde überprüft, für welche Tage welcher Einfluß angeblich vorgeherrscht haben soll. Daraus ergaben sich folgende Werte bezüglich der entsprechenden Verteilung von "solaren" und "lunaren" Geburten[401]:

---

[400] Angaben nach Pötzsch, in: Statistisches Bundesamt (Hrsg.) 2012: 16f.
[401] Da aus der verwendeten Quelle die Anzahl der Geburten pro Tag nicht hervorging, wurden hier die Geburtszahlen entsprechend dem Verhältnis von "solaren" zu "lunaren" Tagen angenommen.

Monat	Lunar- / Solar-Tage	Lunar-Tage (L)	L-Tage in %	Solar-Tage (S)	S-Tage in %	Geburten insg.	L-Geburten	S-Geburten
Januar	1. bis 23. lunar – 24. bis 29. solar – 30. bis 31. lunar	25	80,65%	6	19,35%	75800	61133	14667
Februar	1. bis 20. lunar – 21. bis 28. solar	20	71,43%	8	28,57%	70491	50352	20139
März	1. bis 2. solar – vom 3. bis 19. lunar – 20. bis 31. solar	17	54,84%	14	45,16%	76630	42024	34606
April	1. bis 3. solar – 4. bis 15. lunar – 16. Gleichstand[402] – 17. bis 30. solar	12	40,00%	17	56,67%	72614	29046	41150
Mai	1. bis 5. solar – 6. bis 13. lunar – 14. bis 31. solar	8	25,81%	23	74,19%	76566	19762	56804
Juni	1. bis 7. solar – 8. bis 9. lunar – 10. bis 30. solar	2	6,67%	28	93,33%	73072	4874	68198
Juli	1. bis 6. solar – 7. bis 9. lunar – 10. bis 31. solar	3	9,68%	28	90,32%	81098	7850	73248
August	1. bis 2. solar – 3. Gleichstand – 4. bis 10. lunar – 11. bis 30. solar – 31. lunar	8	25,81%	22	70,97%	81563	21051	57885
September	1. bis 10. lunar – 11. bis 26. solar – 27. bis 30. lunar	14	46,67%	16	53,33%	80349	37499	42850
Oktober	1. bis 12. lunar – 13. bis 23. solar – 24. Gleichstand – 25. bis 31. lunar	19	61,29%	11	35,48%	76756	47044	27233
November	1. bis 13. lunar – 14. bis 20. solar – 21. bis 30. lunar	23	76,67%	7	23,33%	70483	54039	16444
Dezember	1. bis 16. lunar – 17. solar – 18. bis 31. lunar	30	96,77%	1	3,23%	70253	67984	2269

Tab. 6 – Zeitliche Verteilung von 'solaren' und 'lunaren' Geburten.

Anhand dieser Daten ergeben sich 442658 "lunare" Geburten und 455493 "solare" Geburten (zusammen 898151), also eine Differenz von 12835 = (gerundet) 1,43 %. Die Unterschiede zu der weiter oben für 1990 genannten Gesamtgeburtenanzahl ergibt sich durch die Auslassung der Geburten für jene Tage, die in der Tabelle mit "Gleichstand" bezeichnet sind, da hier eine Zuordnung in "solar" oder "lunar" nicht möglich war.

Auch wenn die Unterschiede zwischen "lunaren" und "solaren" Geburten hier als nicht sehr groß erscheinen, ist die Aussage Hagenas, daß die Bevölkerung aus jeweils 50 % der "Atemtypen" bestehen würde, dennoch widerlegt. Es mag kleinlich erscheinen, hier eine Aussage wortwörtlich zu verstehen und nicht etwa dahinge-

---

[402] "Gleichstand" meint hier die von dem verwendeten Online-Rechner bei diesen Tagen angezeigte gleichgroße "Einflußkraft" von Sonne und Mond.

hend zu relativieren, daß auch eine annähernde 50 : 50 Verteilung angenommen werden könnte. Wenn jedoch Hagena (2003: 16 f) recht kämpferisch schreibt, "[d]ie Terlusollogie [...] hält sich strikt an die Vorgaben, die Naturwissenschaftler sich selbst auferlegen" und daß "[a]uch wir Terlusollogen [...] unsere Behauptungen als widerlegbar [formulieren] und [...] sie damit einer wissenschaftlichen Untersuchung zugänglich [machen]", dann spricht offensichtlich nichts dagegen, Hagena hier beim Wort zu nehmen und strenge Überprüfungskriterien auf terlusollogische Aussagen anzuwenden, denen diese jedoch nicht standhält – denn 50 % sind nun einmal nicht 49,3 % oder 50,7 %.

Diesen Punkt abschließend bleibt noch anzumerken, daß das offensichtlich nicht genau gegebene 1 : 1 Verhältnis zwischen "solar" und "lunar" Geborenen sich weiter verschieben könnte, erstens dadurch, daß frühere Generationen, deren Geburtszeitpunkt vor den 1980er Jahren anzusiedeln ist, irgendwann aussterben werden und dann die Trendverschiebung der Geburten hin zum September stärker durchschlagen wird, und zweitens (argumentativ damit verbunden) durch die demographische Entwicklung und hier insbesondere durch den Geburtenrückgang, der recht eindeutig festgestellt werden kann[403]. Der Anteil "solarer Typen" könnte also voraussichtlich noch stärker anwachsen.

Ein weiterer Kritikpunkt kann die von den Terlusollogen behauptete "vertikal ziehende" Wirkung der Sonne bzw. die "horizontal dehnende" Wirkung des Mondes sein. Dies erscheint unlogisch, da hier dem Mond *per se* eine bestimmte Wirkrichtung unterstellt wird. Tatsächlich dürfte sich diese Annahme ohne umfangreiche Zusatzannahmen jedoch kaum halten lassen. So wegen des schon erwähnten häufigen Mondstandes über dem Horizont auch am Tag, denn nach den terlusollogischen Annahmen müßten dann beide Kräfte gleichzeitig wirksam sein – wird dabei jedoch auf den Höhenwinkel abgestellt, so gibt es Zeiten, in denen der Mond auch tagsüber durchaus höher stehen kann als die Sonne, z.B. bei Tagesanbruch, wobei Sommer oder Winter nur eine untergeordnete Rolle spielen. Dies widerspricht aber dem von Wilk als Berechnungsgrundlage genannten Sonnenhochstand. Zweitens kann logisch nicht erklärt werden, warum der Mond nicht ebenfalls eine "vertikal ziehende" Wirkung ausüben soll. Dieser Einwand ergibt sich aus der Tatsache, daß zwar am

---

[403] Vgl. dazu die mittels Balkendiagramm dargestellte Übersicht über die Anzahl von Geburten zwischen 1991 und 2013 bei Statista GmbH (2014): *Anzahl der Geburten in Deutschland von 1991 bis 2015.* Unter: http://de.statista.com/statistik/daten/studie/235/umfrage/anzahl-der-geburten-seit-1993, 06.08.2014.

21. Juni die Sonne tatsächlich ihren Höchststand erreicht, der Vollmond aber zugleich seinen Tiefststand – ein Verhältnis, das sich aber zum Winter hin umkehrt, was Glaeser (2014: 389) wie folgt beschreibt:

"Es herrscht Nordwinter – die Südhalbkugel ist deutlich beschienen – und Neumond. Von der Erde aus ist nur die dunkle Seite des Mondes zu sehen. In den kommenden 24 Stunden rotiert die Erde um ihre Achse, während der Mond nahezu auf derselben Stelle bleibt – er braucht ja 4 Wochen, um die Erde zu unrunden. Relativ von der Erde aus gesehen überstreichen die Sonnenstrahlen und deren Reflexe vom Mond ein- und denselben halben Drehkegel. Der Neumond heftet sich also tatsächlich an die Bahn der Sonne [...].

Ganz anders die Situation bei Vollmond [...]: Der Mond steht jetzt der Sonne gegenüber, und der von den reflektierten Strahlen überstrichene Halbkegel ist sozusagen die Verlängerung des Sonnenkegels. Im Laufe der Eigenrotation der Erde kommt der Vollmond nun im Wesentlichen so hoch, wie es die Sonne zu Sommerbeginn schafft. [...]

Gemäß dem Satz über den Sonnenhöchststand [...] ist die Sonne am 50. Breitenkreis unter dem maximalen Höhenwinkel 90° - 50° + 23,45° ≈ 63,5° zu sehen. Kommt jetzt auch noch – wie im Winter 2005/6 – die maximale Abweichung der Mondbahn dazu, sind wir fast bei 69° gelandet. Ein solcher Höhenwinkel wird subjektiv fast als 'senkrecht' empfunden. Tagsüber hingegen wandert die Sonne auf maximal 90° - 50° ≈ 16.5°."

Bei der Berechnung des Atemtyps spielt dies jedoch keine Rolle, abgestellt wird lediglich auf die Mondalbedo, also den Beleuchtungsgrad des Mondes durch die Sonne.

Ein weiterer Einwand kann sich darauf beziehen, daß Terlusollogen die behaupteten Wirkungen von Mond und Sonne auf die Atmung nicht etwa nur für den Menschen reservieren, sondern sich diese unbekannten Kräfte auf "alle" Organismen auswirken sollen, hier also eine (durchaus als prätentiös zu bezeichnende) Allaussage gemacht wird, die sich sehr leicht entkräften läßt. Denn um die behauptete Wirkung von Sonne und Mond auf die Atmung hervorzurufen, müssen mindestens zwei Bedingungen gegeben sein. Erstens, daß es einen Geburtsvorgang ähnlich dem bei Säugetieren gibt. Und zweitens, daß es beim entsprechenden Organismus überhaupt eine Atmung gibt, die sich mit der menschlichen vergleichen läßt, wozu selbstverständlich auch ein Atemzentrum erforderlich ist. Da unter den Begriff "Organismus" im biologischen Sinne aber nicht nur Lebewesen wie Säugetiere, Echsen, Amphibien, Vögel oder Fische fallen, sondern auch Einzeller, Pilze und Pflanzen (all diese erfüllen die Definition eines lebendigen Organismus[404]), ist damit die Allaussage schon widerlegt. Denn Pflanzen haben bekanntlich weder ein Atemzentrum in einem Gehirn, das während eines Geburtsvorgangs "geprägt" werden könnte, noch überhaupt eine Atmung, die muskulärer Unterstützung bedarf, sie besitzen weder Bauchmuskeln, noch ein Zwerchfell oder eine Lunge. Gleiches gilt für Pilze und Bakterien. Dies ist dermaßen evident, daß weitere Ausführungen zur Widerlegung der durch die Terlusollogen vorgebrachten Allaussage hier nicht vorgenommen werden müssen.

Es gibt noch weitere derartige Unsinnigkeiten im terlusollogischen 'Theoriegebäude', doch diese drei Beispiele sollten ausreichen, um aufzuzeigen, daß so gut wie nichts von den terlusollogischen Grundlagen – wie man es auch dreht und wendet – einen empirischen oder auch nur logischen Gehalt aufweist.

Die einzigen unzweifelhaften (und aus tatsächlichen Wissenschaften übernommenen) Aussagen der Terlusollogie sind folgende:

- Der Mensch besitzt ein Atemzentrum im Gehirn.
- Sonne und Mond üben einen gravitativen Einfluß auf die Erde aus.

Dies, und nicht mehr, bleibt übrig.

14. – Abschließende Beurteilung des wissenschaftlichen Status der Terlusollogie:

Was läßt sich nun aus den obigen Ausführungen für die Beurteilung der Terlusollogie und ihren wissenschaftlichen Status ableiten?

- Bei der von den Terlusollogen behaupteten Wirkkraft handelt es sich offensichtlich nicht um eine unbekannte Kraft im physikalischen Sinne. Vielmehr kann diese Kraft als Weiterführung des animalischen Magnetismus als Form des Vitalismus in der 'Tradition' der sich im 19. Jahrhundert ausbildenden Alternativmedizin und Esoterik gesehen werden, mit dem Unterschied, daß hier

---

[404] Vgl. zu den Eigenschaften lebender Organismen Mayr 2000: 47.

auch Bezüge zur Astrologie bestehen (denn auch die Geburt unter einem bestimmten Sonnen- oder Mondeinfluß wäre als 'schicksalshaft' zu bezeichnen). Darüber hinaus bestehen Beziehungen zur Signaturenlehre bzw. entsprechender Analogien oder Abstraktionen ('ziehende Kräfte' einer hoch stehenden Sonne usw.).

- Bei der Terlusollogie handelt es sich, trotz gegenteiliger Behauptungen, keineswegs um eine Erfahrungswissenschaft, schon gar nicht um eine "exakte". Diese Selbstattribuierungen sind den Terlusollogen nur möglich durch eine eigene (jedoch in den entsprechenden Schriften so nicht nachvollziehbare) Definition wissenschaftlicher Begriffe wie Empirie oder Experiment. Weiterhin propagieren die Vertreter der Terlusollogie Handlungsanweisungen und Verhaltensvorschriften, die *en detail* bis hin zur Zeugung von Kindern reichen, was weniger an Wissenschaft, als vielmehr an fundamentalistische Religion auf rassentheoretischer Grundlage erinnert.

Die Terlusollogie erweist sich (insbesondere in ihren Grundlagen und hinsichtlich ihres Entstehungshintergrundes) nicht nur als Pseudowissenschaft im wahrsten Sinne (etwas, das als Wissenschaft ausgegeben wird bzw. diese imitiert, ohne eine solche zu sein), sondern weist auch Bezüge nicht nur allgemein zur Esoterik, sondern auch zur Paramedizin ("typgerechtes" Leben und Ernährung zur Prävention und Heilung), zur Parapsychologie (Telepathie bei Wilk usw.), zur Paraphysik (Behauptung einer bisher unbekannten Wirkkraft, "Bipolarität" von Himmelskörpern) und auch zur Paraanthropologie ('typische' Konstitution und rassentheoretische Aspekte) auf. Zu dem Schluß, daß es sich bei der Terlusollogie um eine Pseudowissenschaft handelt, kommt auch Beyer in seiner 2011 vorgelegten empirischen Studie, und wie zu sehen, ist dem durchaus zuzustimmen.

Weiterhin scheint das weiter oben besprochene expansive Vorgehen der Terlusollogen – Anwerbung von Anhängern, Aufbau einer außerwissenschaftlichen *community*, deren Mitglieder sich u.a. daran erkennen können, daß ihnen gestattet ist, den Begriff 'Terlusollogie' gewerblich zu nutzen – ein wesentliches Unterscheidungsmerkmal zu tatsächlichen Wissenschaften zu sein scheint.

Die Terlusollogie geht genau den entgegengesetzten Weg einer 'Normalwissenschaft', indem sie nicht aus anderen Wissenschaften oder wissenschaftsnahen Bereichen ausdifferenziert wird, sondern zuerst auf der Anwendungsebene greift, um dann nach wissenschaftlicher Anerkennung und Integration zu verlangen, gekoppelt mit dem als irrelevant zu bezeichnenden Nutzenargument[405] – gleichwohl ohne selbst die dafür notwendigen Grundlagen zu liefern.

Erstaunlicherweise trifft auf die Terlusollogie auch ein Kriterium zu, das als Indiz für Quacksalberei gilt, nämlich die Anwendungsmöglichkeit in vielen verschiedenen Feldern (bei der Quacksalberei wäre dies entsprechend ein Mittel gegen viele völlig verschiedene oder gar alle Krankheiten) – mit den 'Erkenntnissen' der Terlusollogie soll nicht nur eine bessere Singstimme hervorgebracht werden können, sondern auch die Beherrschung von Musikinstrumenten verbessert werden, Kinder sollen durch die dichotome Einteilung in Lerntypen ("Denktyp" und "Empfindungstyp") größere schulische Lernerfolge erzielen, "typgerechtes" Verhalten soll nicht nur präventiv hinsichtlich Partnerschaftsproblemen und Erkrankungen wirken, sondern die Terlusollogie nimmt auch in Anspruch, Krankheiten zu heilen bis hin zu ADS, Neurodermitis, ja sogar akuten Blinddarmentzündungen (eine Behauptung, die sich möglicherweise lebensbedrohend auswirken kann) und psychischen Erkrankungen, und auch Legasthenie soll bei Anwendung terlusollogischer 'Erkenntnisse' kein Problem mehr darstellen[406] – dabei gehen die 'Ratschläge' der Terlusollogen auch bis zur wissentlichen Gefährdung des Kindeswohls, sofern nur der terlusollogischen Lehre gefolgt werden kann, wie die nachfolgenden Äußerungen Hagenas (2003: 101) zeigen:

"Im Zusammenhang mit dem schrecklichen Ereignis eines plötzlichen Kindstodes ist uns sehr wohl die Empfehlung bekannt, Säuglinge und Kleinkinder nicht mehr auf den Bauch zu legen. Nach wie vor gibt es jedoch keine wissenschaftlich stichhaltigen Beweise für einen ursächlichen Zusammenhang von plötzlichem Kindstod und Bauchlage.

Der lunare Säugling liegt ohnehin typgerecht auf dem Rücken und ist davon nicht betroffen. Der solare Säugling sollte dagegen bis zum dritten Lebensmonat in Seitenlage und von da an auf dem Bauch liegen. Wenn wir aus Angst vor dem plötzlichen Kindstod unsere solaren Kinder auf den Rücken legen, so wird sich dies nachteilig auf sie auswirken und langfristig werden sie sogar einen gesundheitlichen Schaden davontragen.

Wir bleiben deshalb bei unserer Empfehlung und sagen: Unser eigenes solares Baby legen wir auf den Bauch. [...]"

---

[405] Vgl. zum letzteren Punkt Janatzek 2017: 506 - 510.
[406] Vgl. Hagena 2014[4].

Wir sind fest davon überzeugt, dass solare Kinder vom plötzlichen Kindstod in Bauchlage weniger betroffen sind als in Rückenlage."

Diese Überzeugung Hagenas enthält zunächst eine unzulässige und auch inhaltlich falsche Allaussage, nämlich daß "lunare Säuglinge" nicht auf dem Rücken liegen würden und deshalb vom Plötzlichen Kindstod (SIDS bzw. *Sudden Infant Death Syndrome*, eine Diagnose, "die in Deutschland in 30% der Todesfälle bei Säuglingen gestellt wird"[407]) nicht betroffen seien, was der Terlusollogie unkritisch gegenüberstehende Personen veranlassen könnte, Warnhinweise wie starkes Schwitzen des Kindes usw. zu ignorieren. Zweitens eine (vorsätzliche?) Fehlinterpretation vorhandenen Forschungsmaterials bezüglich des Zusammenhangs von Plötzlichem Kindstods und Bauchlage. Und drittens eine Abwehrstrategie, die deutlich zeigt, daß hier die terlusollogische Lehre wissentlich über das Kindeswohl gestellt wird – denn die Formulierung "[u]nser eigenes solares Baby" dürfte kaum grundlos vorgenommen worden sein, vielmehr kann sie auch als Abwehrstrategie verstanden werden, denn es kann durchaus strittig sein, wessen Kind mit "unser" gemeint sein soll; eine solche Abwehrstrategie würde aber auch deutlich zeigen, daß sich Hagena hier über die Unrichtigkeit, ja Gefährlichkeit seiner Aussagen durchaus bewußt ist. Zu erstens hingegen zeigen die bei Zinka (2004) genannten Ergebnisse und die a.a.O. betrachteten bisherigen Studien andere Daten:

"Während noch 1984 die Frage, ob die Bauch- oder die Rückenlage den Eintritt eines Plötzlichen Säuglingstodes begünstigen könnten, als irrelevant eingeschätzt wurde [Wilske 1984], so steht inzwischen fest, daß der Zusammenhang zwischen Bauchlage und gehäuftem Auftreten des SIDS kein Artefakt ist, sondern die Bauchlage in der Ätiologie des Plötzlichen Säuglingstodes eine bedeutende Rolle spielt [Schlaud 1998]. Kleemann kommt nach Auswertung einer Literaturübersicht zu dem Schluß, daß es sich bei dem beobachteten Zusammenhang zwischen Bauchlage und Plötzlichem Kindstod nicht um einen Zufall handeln kann, sondern daß vielmehr von einem relativen Risiko von 2,8 bis 6,3 auszugehen ist. Das heißt, daß Kinder, die in Bauchlage schlafen, das etwa drei- bis sechsfache Risiko tragen, an einem Plötzlichen Säuglingstod zu versterben [Kleemann et al. 1995a]."[408]

---

[407] Zinka 2004: 23.
[408] Ebd.: 18 f.

Bei den von Zinka selbst durch Obduktion im Rahmen der BMBF-Studie 'Plötzlicher Säuglingstod' untersuchten Fällen zeigte sich, daß die Auffindesituation in 66 % der Fälle mit der Bauchlage korrelierte, in 27 % der Fälle mit der Rückenlage und in nur 7 % der Fälle mit der Seitenlage[409]. Insofern erscheint Hagenas Hinweis, den "solaren Säugling" bis zum dritten Lebensmonat auf den Rücken zu legen, auf den ersten Blick sinnvoll zu sein. Jedoch gilt dies nicht für den "lunaren Säugling", für den also jegliches Risiko bestritten wird, sofern sich die Eltern nur an die 'Empfehlungen' der Terlusollogie halten. Dabei zeigen die Zahlen bei Zinka eindeutig, daß auch Kinder, die sich in der Rückenlage befinden, vom SIDS betroffen sein können, wenn auch seltener. Statistisch wäre dabei zu erwarten, daß es sich bei der Hälfte dieser 27 % der Fälle (also um gerundet 14 %) um 'lunare Säuglinge' handelt. Doch selbst, wenn der Anteil geringer als ca. 50 % wäre, so würde doch auch ein einziger Fall die Behauptungen Hagenas widerlegen – auch 'lunare Säuglinge' können, entgegen jeglicher terlusollogischer 'Lehrmeinung' vom Plötzlichen Kindstod betroffen sein. Hinzu kommt, daß die Empfehlung Hagenas, "solare Säuglinge" ab dem dritten Lebensmonat auf den Bauch zu legen, auch nicht mit den bisherigen Erkenntnissen zum SIDS übereinstimmen. So umfaßte die BMBF-Studie Kinder, die zwischen acht und 365 Tagen alt waren, also auch älter als drei Monate[410] – so lag der Altersgipfel der untersuchten Fälle zwischen dem dritten und fünften Lebensmonat sowie im neunten Lebensmonat[411]. Insofern sind die Äußerungen Hagenas (die seine "feste Überzeugung" darstellen) nicht nur fragwürdig, sondern regelrecht gefährlich, könnte doch die durchaus reale Gefahr bestehen, daß unkritische Anhänger der Terlusollogie ihre Kinder einem völlig unnötigen, möglicherweise tödlichen Risiko aussetzen.

Weiterhin als zumindest problematisch erscheint die Ursachendarstellungen des Phänomens SIDS bei Hagena (2003: 101), wenn er davon schreibt, daß es "[...] keine wissenschaftlich stichhaltigen Beweise für einen ursächlichen Zusammenhang von plötzlichem Kindstod und Bauchlage" geben würde. Denn selbst wenn der Standpunkt vertreten wird, daß es sich dabei zwar um eine auffällige Korrelation, jedoch nicht zwangsweise um einen Kausalzusammenhang handeln muß, so ist die Bauchlage doch (so wie in den bei Zinka zitierten Studien) als ein bedeutsamer *Risikofaktor* anzusehen, neben weiteren, so u.a. der sozioökonomische Status der Fami-

---

[409] Vgl. ebd.: 46 Tab. 11.
[410] Vgl. ebd.: 32.
[411] Vgl. ebd.: 113.

lien, möglicherweise auch kulturelle Faktoren, ein geringes Alter der Mutter bei der Geburt, ein niedriges Bildungsniveau der Mutter bzw. der Eltern oder Rauchen während der Schwangerschaft[412] – all diese möglichen Risikofaktoren verschweigt Hagena jedoch, so daß auch hier bei unkritischen Lesern der Eindruck entstehen könnte, allein die Liegeposition des Kindes wäre ein mögliches Risiko (strenggenommen handelt es sich also hier um eine Form der Desinformation). Auch scheint der zeitliche Verlauf eine Rolle zu spielen (häufigeres Auftreten von SIDS nachts, am Wochenende sowie im Herbst und Winter), ebenso gibt es Hinweise darauf, daß Jungen häufiger betroffen sein könnten als Mädchen, zumindest in den ersten sechs Lebensmonaten[413]. Der Risikofaktor 'Bauchlage' ist dabei weit einfacher zu beherrschen als die anderen genannten Faktoren, also leicht vermeidbar. Die Tatsache, daß Hagena gerade diesen Risikofaktor als praktisch nicht existent darstellt, ergibt sich einwandfrei nicht aus den tatsächlich vorhandenen Daten, sondern allein aus der terlusollogischen Vorstellung der Gegensätzlichkeit (Bauch- vs. Rückenlage). Die Terlusollogie, die nach Hagena angeblich eine 'harte Wissenschaft' sei, widerspricht hier also weitgehend gesicherten Erkenntnissen aus weltanschaulichen bzw. ideologischen Gründen, was insofern als antiwissenschaftlich bezeichnet werden darf, da hier die Realität bzw. ihre Wahrnehmung durch Leugnung der Theorie angepaßt werden soll und nicht umgekehrt[414]. Gestützt wird diese Ansicht noch dadurch, daß Hagena explizit mit gesundheitlichen Schäden für das jeweilige Kind droht (also noch nicht einmal den Konjunktiv verwendet, sondern dies als Tatsache darstellt), wird den terlusollogischen 'Empfehlungen' zur Liegeposition nicht gefolgt.

Aber nicht nur die 'richtige' Liegeposition soll sich gesundheitlich positiv auswirken, auch "typgerechte" Architektur (rund oder eckig) soll selbiges bewirken. Werden noch die Ursprungs- und Kernbehauptungen von Wilk hinzugenommen, dann würde die Terlusollogie auch dafür sorgen, daß in der Justiz nur noch "gerechte" Urteile gefällt werden würden, daß es keinerlei Korruption mehr geben würde und schlußendlich gar der Weltfriede gesichert wäre. Die Terlusollogie ist also im wahrsten Sinne eine Heilslehre, durch die Wilk zwangsläufig als Messias und jene, die ihm folgen, als seine Jünger erscheinen müssen. Die Terlusollogie ist also, wie Beyer (2011) schreibt, in gewissem Sinne "religoid", weist also eher Züge einer Glaubenslehre auf als sol-

---

[412] Vgl. ebd.: 20 ff.
[413] Vgl. ebd.: 15 f, 112.
[414] Vgl. zum Begriff der Antiwissenschaft Holton 2000: 171.

che einer Wissenschaft, wobei auch Moos[415] darauf hinweist, die Terlusollogie weise durch den ständigen Bezug auf den Kosmos bzw. 'kosmische Kräfte' sowie dem Verweis auf geradezu wundergleiche Heilungen bei Einhaltung terlusollogischer 'Therapie' religiöse Anklänge auf; zugleich folgt die Terlusollogie damit aber auch dem Weltperfektionierungspostulat und erweist sich somit auf erstaunliche Weise auch als wissenschaftsabergläubisch[416]. Wer die Terlusollogie tatsächlich ernsthaft in sein Leben integrieren will, muß auch bereit sei, sich in ein geschlossenes Glaubenssystem ein- und entsprechende Zweifel diesem unterzuordnen, bis hin zum vorsätzlichen Eingehen völlig vermeidbarer Risiken für die eigenen Kinder. Hier gleicht die Terlusollogie hinsichtlich ihrer Totalität der Scientology-Lehre.

Was also sinnvolle Kriterien zur Feststellung von Wissenschaftlichkeit einer Disziplin betrifft, wie sie u.a. von Stichweh (1994: 17) vorgeschlagen wurden, so läßt sich für die Terlusollogie abschließend feststellen:

Eine *scientific community* existiert nicht, lediglich eine Reihe von Anwendern und eine gewisse Anzahl von Propagandisten, die als Multiplikatoren dienen und dafür an der Vermarktung der terlusollogischen Lehre teilhaben. Ein wissenschaftlicher Diskurs in entsprechenden Fachorganen läßt sich ebensowenig feststellen; auch die weiter oben genannten wenigen hochschulischen Abschlußarbeiten, die sich der Terlusollogie widmen, bleiben im wissenschaftlichen Diskurs unbeachtet. Weiterhin fehlt jede Form einer tatsächlichen institutionalisierten Ausbildung, noch nicht einmal ein grundständiger Studiengang ist vorhanden, geschweige denn eine dreistufige Ausbildung bis hin zum Doktorat. Die von Hagena / Hagena veröffentlichten Bücher können darüber hinaus auch bei wohlwollender Betrachtung kaum als Lehrbücher bezeichnet werden. Auch unter Anwendung dieser Kriterien kann die Terlusollogie also nicht als Wissenschaft bezeichnet werden, zumal ihr auch durch ihren umfassenden (heils-)Anspruch ein tatsächlicher Gegenstandsbereich fehlt. Im Gegenteil muß sie als Pseudowissenschaft erkannt werden, eventuell sogar als Antiwissenschaft. Einen Anhaltspunkt dafür können die nachfolgenden Äußerungen Hagenas (2009[3]: 149) liefern:

"Viel Arbeit liegt vor uns, gilt es doch, das in diesem Buch beschriebene in der Gesellschaft zu etablieren und die Wissenschaft dafür zu interessieren. [...] Unserem Ge-

---

[415] In: Kirchhoff (Hrsg.) 2015: 364.
[416] Vgl. Tetens 2013:104; dort allerdings ohne jeden Bezug zur Terlusollogie.

sundheitssystem mit seinen leeren Kassen kann die Terlusollogie viel Geld ersparen. Lebt ein Mensch von Beginn an seinen Atemtyp, so wird er bis ins hohe Alter weit gehend von Krankheiten verschont bleiben. [...] Diese [die Terlusollogie] gilt es, in der Lebensführung zu berücksichtigen."

Dies könnte durchaus als politischer Anspruch zur Durchsetzung eines terlusollogischen Weltbildes verstanden werden. Und da die Terlusollogie trotz ihres (alibihaften) Betonens der Individualität des Einzelnen durch Androhung schädlicher gesundheitlicher oder sozialer Folgen im Grunde keine Wahl läßt hinsichtlich der Lebensführung, der Ernährung, ja sogar der Partnerwahl, wäre sie zudem auch als antidemokratisch und totalitär einzustufen und somit als gefährlich für gerade jene Form politischen Zusammenlebens, welches den Wissenschaften die größten Entfaltungsmöglichkeiten bietet, da sie dort im Grunde – trotz aller ökonomischen Zwänge, politischen Gängelungsversuchen, Gesetzeshürden, individuellen Streitigkeiten, Paktierens und Taktierens – immer noch frei ist und somit wissenschaftlichen Fortschritt im tatsächlichen Sinne gewährleisten kann.

Zusammenfassend lautet also die wissenschaftstheoretische Verortung der Terlusollogie:

- Terlusollogie ist eine in Teilen gefährliche Irrlehre und Pseudowissenschaft.
- Terlusollogie ist, erhebt sie einen politischen Anspruch zur Durchsetzung bzw. Protektion eines terlusollogischen Weltbildes innerhalb der Gesellschaft und hält sie weiterhin an ihren rassistischen Grundsätzen fest, auch totalitäre Antiwissenschaft.

Doch ist es auch Aufgabe tatsächlicher Wissenschaft, Lehren wie jene der Terlusollogie als Pseudowissenschaft zu entlarven? Ist es nicht Sache der Terlusollogen und den daran Interessierten selbst, sich dieser Lehre hinzugeben oder nicht? Muß letztendlich nicht jeder selbst entscheiden, ob er pseudowissenschaftlichen, antiwissenschaftlichen, esoterischen, ja sogar rassenideologischen Ideen folgen will?

Von einem demokratischen, libertären Gesellschaftsbild ausgehend ist es sicherlich nicht Aufgabe der Wissenschaft, zu 'bekehren' oder Irrlehren als solche zu verteufeln. Doch darum geht es hier auch gar nicht. Denn es ist andererseits durchaus eine Aufgabe der Wissenschaft, sich selbst vor einer Verwässerung durch Esoterik und Unwissenschaftlichkeit zu schützen, um die bisher erreichten Standards zur Wissens-vermehrung aufrecht erhalten zu können, da sich nur so weiteres gesichertes Wissen produzieren läßt. Es ist auch das Recht von Wissenschaftlern, sich gegen derlei Leh-ren, die dem wissenschaftlichen Denken und der wissenschaftlichen Erkenntnisweise diametral entgegenstehen, abzugrenzen und auf die Unsinnigkeit ihrer Inhalte aus einer *wissenschaftlichen* Sicht heraus hinzuweisen. Und insbesondere im Rahmen eines wissenschaftlichen Studiums gehört es zu den Aufgaben der Studierenden, nicht einfach nur Gehörtes und Gelesenes (häufig möglichst notenorientiert) in Prü-fungen wiederzugeben, sondern vor allem, die Hintergründe der Lehrinhalte zu ver-stehen und zu verknüpfen, aber auch – und dies besonders – sie kritisch zu hinter-fragen, auf Richtigkeit zu prüfen und damit das eigene wissenschaftliche Denkver-mögen zu schulen. Ob der vorliegende Text dazu ein wenig anregen konnte oder (z.B. in Form der Prüfkriterien) Werkzeuge liefern konnte, mag fraglich sein, doch war es zumindest einen Versuch wert.

Was die Terlusollogie selbst betrifft so wird diese – trotz aller Kritik – wahrscheinlich nicht wieder so einfach verschwinden, wie sie in die Welt gesetzt wurde – zu viele Jünger dieser rassistischen Heilslehre gibt es bereits. Umso wichtiger ist es, im wis-senschaftlichen Diskurs der Sozialen Arbeit bzw. der Sozialarbeitswissenschaft sol-chen Entwicklungen kritisch entgegenzutreten.

Fragen, (konstruktive) Kritik oder Anregungen zum vorliegenden Text bitte an

kritikont@fledisoft.de

Quellen:

Printquellen:

Asimov, Isaac (1988): *Die Exakten Geheimnisse unserer Welt*. München: Knaur.

Bach, George R. & Molter, Haja (1979): *Psychoboom. Wege und Abwege moderner Therapie*. Reinbek: Rowohlt Taschenbuch Verlag.

Bammé, Arno (2004): *Individuum und Gesellschaft heute. Zur Relevanz von Akteur-Netzwerk-Theorie, postakademischer Wissenschaft und selbstgesteuertem Lernen*. In: Zeitschrift für Weiterbildungsforschung # 27, 1 / 2004, S. 132 – 137.

Bartoschek, Sebastian / Waschkau, Alexa / Waschkau, Alexander (2014[5]): *Muss man wissen! Ein Interview mit Dr. Axel Stoll*. Hannover: jmb-Verlag.

Becker, Anne (2010): *Schreiben und Lesen lernen kann jedes Kind – wenn man seinen Lerntyp berücksichtigt*. Norderstedt: Books on Demand.

Beckmann, Jan P. (2010): *Wilhelm von Ockham*. München: Verlag C.H. Beck.

Beyer, Frederik (2011): *Lunar? Solar? Kritisch-rationale Untersuchung der Terlusollogie und deren Konsequenzen für die gesangspädagogische Praxis*. O. O.: GRIN Verlag.

Bialas, Volker (2004): *Johannes Keppler*. München: Verlag C.H. Beck.

Birgmeier, Bernd & Mührel, Eric (2011): *Wissenschaftliche Grundlagen der Sozialen Arbeit*. Schwalbach/Ts.: WOCHENSCHAU Verlag.

Bonin, Werner F. (Hrsg.) (1984): *Lexikon der Parapsychologie. Das gesamte Wissen der Parapsychologie und ihrer Grenzgebiete*. Herrsching: Manfred Pawlak.

Briese, V. (2003): *Entwicklung der Plazenta und des Feten*, in: Dudenhausen, J. W. / Schneider, H. P. G. / Bastert, G. (Hrsg.): *Frauenheilkunde und Geburtshilfe*, S. 94 – 101.

Büchler, Ursula & Becker, Klaus Jürgen (2011): *Freude am Durchblick. Besser sehen lernen. Eine systemische Sehtherapie*. München: Kösel-Verlag.

Bünte, Hermann & Bünte, Klaus (2004): *Das Spektrum der Medizin. Illustriertes Handbuch von den Grundlagen bis zur Klinik*. Stuttgart: Schattauer.

Butcher, James N. / Mineka, Susan / Hooley, Jill M. (2009[13]): *Klinische Psychologie*. München: Pearson Studium.

Charpak, Georges & Broch, Henri (2003): *Was macht der Fakir auf dem Nagelbrett? Erklärungen für unerklärliche Phänomene*. München: Piper Verlag.

Christensen, Ulrich & Tilgner, Andreas (2002): *Der Geodynamo. Komplexe Strömungen im flüssigen Erdinnern erzeugen das Magnetfeld der Erde*. In: Physik Journal, 1 /2002, Nr. 10, S. 41 – 47.

Clark, Terry N. (1974): *Die Stadien wissenschaftlicher Institutionalisierung*. In: Weingart, Peter (Hrsg.): *Wissenschaftssoziologie 2. Wissenschaftliche Entwicklung als sozialer Prozeß*, S. 105 – 121.

Clausen, Almut (2006): *Aaaatem-Technik nach der GetAlive-Methode*. Langenpreising: Neue Welt Verlag.

Cogoli, Augusto (2003): *Menschliche Zellen im All*. In: Unimagazin 1 / 03 – Bulletin ETHZ 288, S. 33 – 35.

Czekelius, P. (1977): *Ein Beitrag zur Auswirkungen fetaler Atembewegung*. In: Archiv für Gynäkologie, # 222, S. 239 – 247.

Czeschlik, Dieter (Hrsg.) (1987): *Irrtümer in der Wissenschaft*. Berlin: Springer-Verlag.

Dierbach, Heike (2009): *Die Seelenpfuscher. Pseudo-Therapien, die krank machen*. Reinbek: Rowohlt Taschenbuch Verlag.

Dudenhausen, J. W. / Schneider, H. P. G. / Bastert, G. (Hrsg.) (2003): *Frauenheilkunde und Geburtshilfe*. Berlin: Walter de Gruyter.

Eberlein, Gerald L. (1991): *Schulwissenschaft – Parawissenschaft – Pseudowissenschaft*. In: Eberlein, Gerald L. (Hrsg.): *Schulwissenschaft Parawissenschaft Pseudowissenschaft*, S. 109 – 117.

Eberlein, Gerald L. (Hrsg.) (1991): *Schulwissenschaft Parawissenschaft Pseudowissenschaft*. Darmstadt: S. Hirzel Wissenschaftliche Verlagsgesellschaft.

Eberlein, Gerald L. (Hrsg.) (1995): *Kleines Lexikon der Parawissenschaften*. München: C. H. Beck.

Engelke, Ernst (2003): *Die Wissenschaft Soziale Arbeit. Werdegang und Grundlagen*. Freiburg: Lambertus-Verlag.

Erdbeer, Robert Matthias (2008): *Epistemisches Prekariat. Die qualitas occulta Reichenbachs und Fechners Traum vom Od*. In: Rupnow, Dirk / Lipphardt, Veronika / Thiel, Jens / Wessely, Christina (Hrsg.): *Pseudowissenschaft. Konzeptionen von Nichtwissenschaftlichkeit in der Wissenschaftsgeschichte*, S. 127 – 162.

Feynman, Richard (2012): *Vom Wesen physikalischer Gesetze*. München: Piper Verlag. [Erstveröffentlichung 1967.]

Fleck, Ludwik (1999): *Entstehung und Entwicklung einer wissenschaftlichen Tatsache. Einführung in die Lehre vom Denkstil und Denkkollektiv*. Frankfurt/M.: Suhrkamp Verlag. [Erstveröffentlichung Basel 1935.]

Frietsch, Ute (2008): *Häresie und »pseudo-scientia«. Zur Problematisierung von Alchemie, Chymiatrie und Physik in der Frühen Neuzeit*. In: Rupnow, Dirk / Lipphardt, Veronika / Thiel, Jens / Wessely, Christina (Hrsg.): *Pseudowissenschaft. Konzeptionen von Nichtwissenschaftlichkeit in der Wissenschaftsgeschichte*, S. 51 – 76.

Galuske, Michael (2008[7]): *Methoden der Sozialen Arbeit. Eine Einführung*. Weinheim: Juventa Verlag.

Gardner, Martin (1957[2]): *Fads & Fallacies. In the Name of Science*. New York: Dover Publication. [Erstveröffentlichung 1952.]

Giancoli, Douglas C. (2010): *Physik. Lehr- und Übungsbuch*. München: Pearson Studium.

Glaeser, Georg (2014): *Geometrie und ihre Anwendung in Kunst, Natur und Technik.* Berlin: Springer-Verlag.

Glaser, Roland (2008): *Heilende Magnete – strahlende Handys. Bioelektromagnetismus: Fakten und Legenden.* Weinheim: WILEY-VCH Verlag.

Glaser, Roland (2012): *Heliomagnetismus. Hypothesen über geo- und solarmagnetische Einflüsse auf den Menschen.* In: Skeptiker # 4 / 2012, S. 148 – 151.

Gloy, Karen (2005): *Die Geschichte des wissenschaftlichen Denkens. Das Verständnis der Natur.* Köln: KOMET Verlag.

Goeken, Matthias (2003): *Die Wirtschaftsinformatik als anwendungsorientierte Wissenschaft. Symptome, Diagnose und Therapievorschläge.* Fachbericht Nr. 01/03. Marburg: Philipps-Universität Marburg – Institut für Wirtschaftsinformatik.

Goldner, Colin (Hrsg.) (2003): *Der Wille zum Schicksal. Die Heilslehre des Bert Hellinger.* Wien: Ueberreuter Verlag.

Grey, Kurt (2005): *Klinische und apparative Überwachung der Atmung.* In: Ullrich, Lothar / Stolecki, Dietmar / Grünewald / Matthias (Hrsg.): *Intensivpflege und Anästhesie*, S. 87 – 95.

Grund, Marianne & Grund, Wenzel (2004): *Die solare und lunare Atemenergetik in der künstlerischen Entfaltung.* In: Schweizer Musikzeitung Nr. 6 / Juni 2004, S. 13 – 18.

Haas, Werner (2009[2]): *Das Hellinger-Virus. Zu Risiken und Nebenwirkungen von Aufstellungen.* Kröning: Asanger.

Häder, Michael (2015[3]): *Empirische Sozialforschung. Eine Einführung.* Wiesbaden: Springer VS.

Hagena, Charlotte & Hagena, Christian (2006): *Konstitution und Bipolarität. Erfahrungen mit einer neuen Typenlehre.* Stuttgart: Karl F. Haug Verlag.

Hagena, Christian (2003): *Terlusollogie. Durch typgerechtes Atmen zu mehr Körpergefühl und Gesundheit.* Stuttgart: Karl F. Haug Verlag.

Hagena, Christian (2005[2]): *Grundlagen der Terlusollogie. Praktische Anwendung eines bipolaren Konstitutionsmodells.* Stuttgart: Karl F. Haug Verlag.

Hagena, Christian (2009[3]): *Grundlagen der Terlusollogie. Praktische Anwendung eines bipolaren Konstitutionsmodells.* Stuttgart: Karl F. Haug Verlag.

Hagena, Christian (2014[4]): *Grundlagen der Terlusollogie. Praktische Anwendung eines bipolaren Konstitutionsmodells.* Stuttgart: Karl F. Haug Verlag.

Hagner, Michael (2008): *Bye-bye science, welcome pseudoscience? Reflexionen über einen beschädigten Status.* In: Rupnow, Dirk / Lipphardt, Veronika / Thiel, Jens / Wessely, Christina (Hrsg.): *Pseudowissenschaft. Konzeptionen von Nichtwissenschaftlichkeit in der Wissenschaftsgeschichte*, S. 21 – 50.

Haupt, Barbara (2008): *Ein Herzog in Fernost. Zu Herzog Ernst A/B.* In: Valentin, Jean-Marie (Hrsg.): *Akten des XI. Internationalen Germanistenkongresses Paris 2005. Band 7: Bild, Rede, Schrift – Kleriker, Adel, Stadt und ausserchristliche Kulturen in der Vormoderne – Wissenschaften und Literatur seit der Renaissance*, S. 157 – 168.

Helmer, H. & Leon, J. (2006): *Definitionen in der Geburtshilfe: Geburtsbeginn*. In: Speculum – Zeitschrift für Gynäkologie und Geburtshilfe, # 4 / 2006 (24. Jg.), S. 6.

Henry-Hutmacher, Christine & Hoffmann, Elisabeth (Hrsg.) (2016): *Ausbildungsreife und Studierfähigkeit*. Sankt Augustin: Konrad-Adenauer-Stiftung e. V.

Historische Kommission bei der Bayerischen Akademie der Wissenschaften (Hrsg.) (1999): *Neue deutsche Biographie*. Bd. 19. Berlin: Duncker & Humblot.

Holton, Gerald (2000): *Wissenschaft und Anti-Wissenschaft*. Wien: Springer-Verlag.

Huch, R. (2003): *Adaption des mütterlichen Organismus*. In: Dudenhausen, J. W. / Schneider, H. P. G. / Bastert, G. (Hrsg.): *Frauenheilkunde und Geburtshilfe*, S. 101 – 112.

Huch, R. (2003): *Fetale Physiologie*. In: Dudenhausen, J. W. / Schneider, H. P. G. / Bastert, G. (Hrsg.): *Frauenheilkunde und Geburtshilfe*, S. 112 – 116.

Janatzek, Uwe (2017): *Sozialinformatik – empirisch begründete Zuordnungen und Verständnisweisen. Unter besonderer Berücksichtigung einer Wissenschaftstheoretischen Verortung der managerialen Sozialinformatik als Protowissenschaft*. Dissertation zur Erlangung des akademischen Grades Doktor der Philosophie (Dr. phil.) der Fakultät für Erziehungswissenschaft der Universität Bielefeld.

Kanning, Uwe Peter (2010): *Von Schädeldeutern und anderen Scharlatanen. Unseriöse Methoden der Psychodiagnostik*. Berlin: Pabst Science Publishers.

Kirchhoff, Thomas (Hrsg.) (2015): *Konkurrenz. Historische, strukturelle und normative Perspektiven*. Bielefeld: transcript Verlag.

Klein, Holger (2014[5]): *Vorwort*. In: Bartoschek, Sebastian / Waschkau, Alexa / Waschkau, Alexander: *Muss man wissen! Ein Interview mit Dr. Axel Stoll*, S. 7 – 9.

Klemperer, David (2014): *Sozialmedizin – Public Health – Gesundheitswissenschaften. Lehrbuch für Gesundheits- und Sozialberufe*. Bern: Verlag Hans Huber.

Koertge, Noretta (2013): *Belief Buddies versus Critical Communities*. In: Pigliucci, Massimo & Boudry, Maarten (Hrsg.): *Philosophy of Pseudoscience. Reconsidering the Demarcation Problem*, S. 165 – 180.

Kornmeier, Martin (2007): *Wissenschaftstheorie und wissenschaftliches Arbeiten. Eine Einführung für Wirtschaftswissenschaftler*. Heidelberg: Physica-Verlag.

Krämer, Walter (2001): *Statistik verstehen. Eine Gebrauchsanweisung*. München: Piper Verlag.

Lambeck, Martin (2003): *Irrt die Physik? Über alternative Medizin und Esoterik*. München: C.H. Beck.

Lange, Rainer (1999): *Experimentalwissenschaft Biologie. Methodische Grundlagen und Probleme einer technischen Wissenschaft vom Lebendigen*. Würzburg: Verlag Königshausen & Neumann.

Lau, Viktor (2013): *Schwarzbuch Personalentwicklung. Spinner in Nadelstreifen*. Stuttgart: Steinbeis-Edition.

Lesch, Harald (Hrsg.) / Bennett, Jeffrey / Donahue, Megan / Schneider, Nicholas / Voit, Mark (2010): *Astronomie. Die kosmische Perspektive*. München: Pearson Studium.

Lippert, Herbert (2006): *Handbuch Anatomie*. Hamburg: Nikol.

Lohr, Matthias & Bös, Hans-Bernd (1998): *Pathophysiologie Pathobiochemie*. Stuttgart: Georg Thieme Verlag.

Maier, Pat / Barney, Anna / Price, Geraldine (2011): *Survival-Guide für Erstis*. München: Pearson Studium.

Maier, Rolf F. / Obladen, Michael / Stiller, Brigitte / Bahr, Micha (2011): *Neugeborenenintensivmedizin. Evidenz und Erfahrung*. Köln: Springer-Verlag.

May-Ropers, Christiane (2013[13]): *Nie wieder sauer: Gesundheit atmen, trinken, essen!* München: F. A. Herbig.

Merz-Atalik, Kerstin (2001): *Interkulturelle Pädagogik in Integrationsklassen: Subjektive Theorien von Lehrern im gemeinsamen Unterricht von Kindern mit und ohne Behinderung*. Opladen: Leske + Budrich.

Moos, Thorsten (2015): *Die Inszenierung von Alternativen. Zur Konkurrenz bio- und alternativmedizinischer Heilverfahren im Gesundheitswesen*. In: Kirchhoff, Thomas (Hrsg.): *Konkurrenz. Historische, strukturelle und normative Perspektiven*, S. 341 – 372.

Much, Theodor (2003): *Der veräppelte Patient? Alternativmedizin zwischen (Aber-) Glauben und Wissenschaft*. Wien: EDITION VA BENE.

Mühlum, Albert (Hrsg.) (2004): *Sozialarbeitswissenschaft. Wissenschaft der Sozialen Arbeit*. Freiburg: Lambertus-Verlag.

Müller, C. Wolfgang (1988): *Wie Helfen zum Beruf wurde. Eine Methodengeschichte der Sozialarbeit. Band 2: 1945 – 1985*. Weinheim: Beltz Verlag.

O. A. / Autorenkollektiv (2005): *Handbuch Naturwissenschaften. Physik – Chemie – Biologie*. Köln: Naumann & Göbel.

Oepen, Irmgard / Federspiel, Krista / Sarma, Amardeo / Windeler, Jürgen (Hrsg.) (1999): *Lexikon der Parawissenschaften. Astrologie, Esoterik, Okkultismus, Paramedizin, Parapsychologie kritisch betrachtet*. Münster: LIT Verlag.

Park, Robert (2002): Fauler Zauber. *Betrug und Irrtum in den Wissenschaften. Wie wir reingelegt werden und uns schützen können*. Hamburg: Europa Verlag.

Pauli, Wolfgang (1984): *Physik und Erkenntnistheorie*. Wiesbaden: Springer Fachmedien. [Erstveröffentlichung 1961.]

Pichot, André (2000): *Die Geburt der Wissenschaft. Von den Babyloniern zu den frühen Griechen*. Köln: Parkland Verlag.

Pigliucci, Massimo & Boudry, Maarten (Hrsg.) (2013): *Philosophy of Pseudoscience. Reconsidering the Demarcation Problem*. Chicago: The University of Chicago Press.

Porter, Roy (2007): *Die Kunst des Heilens. Eine medizinische Geschichte der Menschheit von der Antike bis heute*. Erftstadt: Verlag Hohe.

Pössel, Markus (2000): *Phantastische Wissenschaft. Über Erich von Däniken und Johannes von Buttlar*. Reinbek: Rowohlt Taschenbuch Verlag.

Pössiger, Günter (1987): *Astrologie. Zur Theorie und Praxis astrologischer Voraussagen und Berechnungen*. München: Humboldt-Taschenbuchverlag.

Prokop, Otto & Wimmer, Wolf (2006): *Der moderne Okkultismus. Parapsychologie und Paramedizin*. Paderborn: Voltmedia.

Raith, Wilhelm (Hrsg.) (2002): *Sterne und Weltraum. Lehrbuch der Experimentalphysik Band 8*. Berlin: Walter de Gruyter.

Rapp, Christof (2007): *Vorsokratiker*. München: C.H. Beck.

Redaktion Naturwissenschaft und Medizin (Hrsg.) (1992): *Das Wörterbuch medizinischer Fachausdrücke*. Mannheim: Duden-Verlag.

Richet, Charles (2011): *Grundriss der Parapsychologie und der Parapsychophysik*. Paderborn: Sarastro. [Erstveröffentlichung 1923.]

Rossi, Paolo (1997): *Die Geburt der modernen Wissenschaft in Europa*. München: C.H. Beck.

Rupnow, Dirk / Lipphardt, Veronika / Thiel, Jens / Wessely, Christina (Hrsg.) (2008): *Pseudowissenschaft. Konzeptionen von Nichtwissenschaftlichkeit in der Wissenschaftsgeschichte*. Frankfurt/M.: Suhrkamp Verlag.

Scheffler, Helmut & Feitzinger, Johannes V. (2002): *Sterne und interstellare Materie*. In: Raith, Wilhelm (Hrsg.): *Sterne und Weltraum. Lehrbuch der Experimentalphysik Band 8*, S. 183 – 298.

Schmidt, Heinrich (1978[20]): *Philosophisches Wörterbuch*. Stuttgart: Alfred Kröner Verlag.

Schrenck-Notzing, Albert Freiherr von (2013): *Grundfragen der Parapsychologie*. Hamburg: SERVUS Verlag. [Erstveröffentlichung 1929.]

Schwegler, Johann & Lucius, Runhild (2011): *Der Mensch – Anatomie und Physiologie*. Stuttgart: Georg Thieme Verlag.

Seiffert, Helmut (1973): *Einführung in die Wissenschaftstheorie. Band 2. Geisteswissenschaftliche Methoden. Phänomenologie – Hermeneutik und historische Methode – Dialektik*. München: C. H. Beck.

Sokal, Alan & Bricmont, Jean (2001): *Eleganter Unsinn. Wie die Denker der Postmoderne die Wissenschaften mißbrauchen*. München: Deutscher Taschenbuch Verlag.

Sommerfeld, Peter (2004): *Soziale Arbeit – Grundlagen und Perspektiven einer eigenständigen wissenschaftlichen Disziplin*. In: Mühlum, Albert (Hrsg.): *Sozialarbeitswissenschaft. Wissenschaft der Sozialen Arbeit*, S. 175 – 203.

Sprenger, Jakob & Institoris, Heinrich (1993): *Der Hexenhammer (Malleus maleficarum)*. München: Deutscher Taschenbuch Verlag. [Erstveröffentlichung Speyer 1486.]

Staudinger, Claudia (2013): *Anatomie und Physiologie*. München: Elsevier.

Stichweh, Rudolf (1994): *Wissenschaft, Universität, Professionen. Soziologische Analysen.* Frankfurt/M.: Suhrkamp Taschenbuch Verlag.

Struve, Otto / Lynds, Beverly T. / Pillans, Helen (1967[3]): *Astronomie. Einführung in ihre Grundlagen.* Berlin: Walter de Gruyter.

Teichler, Jens-Uwe (2002): *"Der Charlatan strebt nicht nach Wahrheit, er verlangt nur nach Geld." Zur Auseinandersetzung zwischen naturwissenschaftlicher Medizin und Laienmedizin im deutschen Kaiserreich am Beispiel von Hypnotismus und Heilmagnetismus.* Stuttgart: Franz Steiner Verlag.

Tetens, Holm (2013): *Wissenschaftstheorie. Eine Einführung.* München: C.H. Beck.

Ullrich, Lothar / Stolecki, Dietmar / Grünewald / Matthias (Hrsg.) (2005): *Intensivpflege und Anästhesie.* Stuttgart: Georg Thieme Verlag.

Ullrich, Karl Julius (1987): *Ursachen großer und kleiner Irrtümer über die Funktion der Niere.* In: Czeschlik, Dieter (Hrsg.): *Irrtümer in der Wissenschaft,* S. 116 – 129.

Untersteiner, Hubert (2006): *Exobiologie. Wissenschaft vom Leben im All.* Wien: novum Verlag.

Valentin, Jean-Marie (Hrsg.) (2008): *Akten des XI. Internationalen Germanistenkongresses Paris 2005. Band 7: Bild, Rede, Schrift – Kleriker, Adel, Stadt und ausserchristliche Kulturen in der Vormoderne – Wissenschaften und Literatur seit der Renaissance.* Bern: Internationaler Verlag der Wissenschaften.

Vollmer, Gerhard (1993): *Wissenschaftstheorie im Einsatz. Beiträge zu einer selbstkritischen Wissenschaftsphilosophie.* Stuttgart: S. Hirzel Verlag.

Vollmer, Gerhard (2013): *Gretchenfragen an den Naturalisten.* Aschaffenburg: Alibri-Verlag.

Weber, Robert L. & Mendoza, Eric (Hrsg.) (1980): *Kabinett physikalischer Raritäten. Eine Anthologie zum Mit-, Nach- und Weiterdenken.* Braunschweig: Vieweg.

Weingart, Peter (Hrsg.) (1974): *Wissenschaftssoziologie 2. Determinanten wissenschaftlicher Entwicklung.* Frankfurt/M.: Athenäum Fischer Taschenbuch Verlag.

Wessely, Christina (2008): *Welteis. Die »Astronomie des Unsichtbaren« um 1900.* In: Rupnow, Dirk / Lipphardt, Veronika / Thiel, Jens / Wessely, Christina (Hrsg.): *Pseudowissenschaft. Konzeptionen von Nichtwissenschaftlichkeit in der Wissenschaftsgeschichte,* S. 163 – 193.

Westermann, Rainer (2000): *Wissenschaftstheorie und Experimentalmethodik. Ein Lehrbuch zur Psychologischen Methodenlehre.* Göttingen: Hogrefe-Verlag.

Wilpsbäumer, Stefan & Ullrich, Lothar (2005): *Förderung der Atmung und Atemtherapie.* In: Ullrich, Lothar / Stolecki, Dietmar / Grünewald / Matthias (Hrsg.): *Intensivpflege und Anästhesie,* S. 96 – 121.

Wood, Robert W. (1980): *N-Strahlen.* In: Weber, Robert L. & Mendoza, Eric (Hrsg.): *Kabinett physikalischer Raritäten. Eine Anthologie zum Mit-, Nach- und Weiterdenken,* S. 84 – 86.

Woolley, Benjamin (2005): *Byrons Tochter. Ada Lovelace – Die Poetin der Mathematik.* Berlin: Aufbau Taschenbuch Verlag.

Zander, Helmut (2007a): *Anthroposophie in Deutschland. Theosophische Weltanschauung und gesellschaftliche Praxis 1884–1945. Band 1.* Göttingen: Vandenhoeck und Ruprecht.

Zander, Helmut (2007b): *Anthroposophie in Deutschland. Theosophische Weltanschauung und gesellschaftliche Praxis 1884–1945. Band 2.* Göttingen: Vandenhoeck und Ruprecht.

Zander, Helmut (2008): *Esoterische Wissenschaft um 1900. »Pseudowissenschaft« als Produkt ehemals »hochkultureller« Praxis.* In: Rupnow, Dirk / Lipphardt, Veronika / Thiel, Jens / Wessely, Christina (Hrsg.): *Pseudowissenschaft. Konzeptionen von Nichtwissenschaftlichkeit in der Wissenschaftsgeschichte*, S. 77 – 99.

Internetquellen:

Amazon Europe Core S.à r.l. / Amazon.de (2013): *Lunar? Solar? Kritisch-rationale Untersuchung der Terlusollogie und deren Konsequenzen für die gesangspädagogische Praxis.* Unter: https://www.amazon.de/Kritisch-rationale-Untersuchung-Terlusollogie-Konsequenzen-ge-sangsp%C3%A4dagogische/dp/3656130205/ref=sr_1_1?ie=UTF8&qid=1473376234&sr=8-1, 08.08.2015.

Amazon Europe Core S.à r.l. / Amazon.de (2014): *Kundenrezension.* Unter: http://www.amazon.de/review/RAWGV2PAJFQFJ, 08.08.2015.

Angelov, Ivan Blazhkov (2008): *Synthese und Charakterisierung von ferromagnetischen Nanopartikeln.* Dissertation zur Erlangung des akademischen Grades des Doktors der Naturwissenschaften (Dr. rer. nat.) eingereicht im Fachbereich Biologie, Chemie, Pharmazie der Freien Universität Berlin. Unter: http://www.diss.fu-ber-lin.de/diss/servlets/MCRFileNodeServlet/FUDISS_derivate_000000004791/angelov.pdf?host s=, 03.08.2014.

Bibliographisches Institut GmbH / Dudenverlag (o. J.): *Behauptung* [Lemma]. Unter: http://www.duden.de/rechtschreibung/Behauptung, 06.08.2014.

Bibliographisches Institut GmbH / Dudenverlag (o. J.): *Fluidum* [Lemma]. Unter: http://www.duden.de/rechtschreibung/Fluidum, 01.08.2014.

Bibliographisches Institut GmbH / Dudenverlag (o. J.): *para-, Para-* [Lemma]. Unter: http://www.duden.de/rechtschreibung/para_, 05.04.2014.

Bibliographisches Institut GmbH / Dudenverlag (o. J.): *pseudo-, Pseudo-, vor Vokalen* [Lemma]. Unter: http://www.duden.de/rechtschreibung/pseudo_, 05.04.2014.

Bibliographisches Institut GmbH / Dudenverlag (o. J.): *Test* [Lemma]. Unter: http://www.duden.de/rechtschreibung/Test, 03.03.2013.

Bundesinstitut für Risikobewertung (2012): *BfR rät von der Einnahme des Produkts „Miracle Mineral Supplement" („MMS") ab.* Stellungnahme Nr. 025/2012 des BfR vom 2. Juli 2012. Unter: http://www.bfr.bund.de/cm/343/bfr-raet-von-der-einnahme-des-produkts-miracle-mineral-supplement-mms-ab.pdf, 02.03.2014.

de Boer, K. S. (2005): *Bewegungen von Erde und Mond: Zeit, Kalender, Mondphasen, Finsternisse, Gezeiten*. Unter: http://www.astro.uni-bonn.de/~deboer/eida/erdemond.html, 01.08.2014.

DeeperBlue.com Forums (2010): *Inhaler or exhaler. Discussion in 'General Freediving' started by Alixir, Jan 6, 2010*. Unter: https://forums.deeperblue.com/threads/inhaler-or-exhaler.85293, 24.11.2016.

European Space Agency (ESA) (o. J.): *WAICO: Wie orientieren sich Pflanzen ohne Schwerkraft?* Unter: http://www.esa.int/ger/ESA_in_your_country/Germany/WAICO_Wie_orientieren_sich_Pflanzen_ohne_Schwerkraft, 05.08.2014.

Frautschi, Fritz (o. J.): *Curriculum*. Unter: http://www.terlusollogie.ch/curriculum, 07.08.2014.

Frautschi, Fritz (o.J.): Einführung.
Unter: http://www.terlusollogie.ch/terlusollogie/terlusollogie-und-musik, 24.11.2016.

Freie Hochschule für Geisteswissenschaft (2012): *Mitwirkende Workshop-Leiter, Vortragende und Chöre*.
Unter: http://www.goetheanum.org/hochschule/srmk/musik/gesangstagung-2012/mitwirkende, 24.11.2016.

Google.de (o. J.): *Lunare und solare Einflüsse auf Persönlichkeitsdimensionen: Überprüfung ausgewählter Thesen der Terlusollogie*. Unter: http://books.google.de/books/about/Lunare_und_solare_Einfl%C3%BCsse_auf_Pers%C3%B6n.html?id=hWnaPgAACAAJ, 02.08.2014.

Hagena, Christian (o. J.): *Aufzeichnungen von Erich Wilk*. Unter: http://s224198223.online.de/wsb4710187902/5.html, 05.08.2014. [Der Titel wurde dem Seitenquelltext entnommen.]

Hagena, Christian (o. J.): *Christian Hagena / Zur Person*. Unter: http://s224198223.online.de/wsb4710187901/29.html, 02.08.2014. [Der zweite Titel nach dem Schrägstrich wurde dem Seitenquelltext entnommen.]

Hagena, Christian (o. J.): *Die Ausbildung zum Terlusollogen/in umfasst folgende Kurse*. Unter: http://s224198223.online.de/wsb4710187901/25.html, 02.08.2014.

Hagena, Christian (o. J.): *Dr. med. Charlotte Hagena*. Unter: http://s224198223.online.de/wsb4710187902/10.html, 07.08.2014. [Der Titel wurde dem Seitenquelltext entnommen.]

Hagena, Christian (o. J.): *Einführung*. Unter: http://s224198223.online.de/wsb4710187901/2.html, 02.08.2014.

Hagena, Christian (o. J.): *Einzelstunden*. Unter: http://s224198223.online.de/wsb4710187901/27.html, 02.08.2014. [Der Titel wurde dem Seitenquelltext entnommen.]

Hagena, Christian (o. J.): *Erich Wilk*. Unter: http://s224198223.online.de/wsb4710187902/3.html, 05.08.2014. [Der Titel wurde dem Seitenquelltext entnommen.]

Hagena, Christian (o. J.): *Für Musiker.* Unter:
http://s224198223.online.de/wsb4710187901/18.html, 07.08.2014. [Der Titel wurde dem Seitenquelltext entnommen.]

Hagena, Christian (o. J.): *Home - Terlusollogie.* Unter: http://www.hagena.info/1.html,
02.08.2014. [Der Titel wurde dem Seitenquelltext entnommen.]

Hagena, Christian (o. J.): *Kurse an Ihrem Wohnort.* Unter:
http://s224198223.online.de/wsb4710187901/26.html, 02.08.2014. [Der Titel wurde dem Seitenquelltext entnommen.]

Hagena, Christian (o. J.): *nach Postleitzahlen.* Unter:
http://s224198223.online.de/wsb4710187902/8.html, 07.08.2014. [Der Titel wurde dem Seitenquelltext entnommen.]

Hagena, Christian (o. J.): *Patienten.* Unter:
http://s224198223.online.de/wsb4710187901/28.html, 02.08.2014. [Der Titel wurde dem Seitenquelltext entnommen.]

Hagena, Christian (o. J.): *Über den Inhalt der Kurse werden Sie auf den nebenstehenden
Seiten informiert.* Unter:
http://s224198223.online.de/wsb4710187901/24.html, 02.08.2014.

Hennemann, Laura (2011): *Wie der Mond magnetisiert wurde.* In: Spektrum.de, unter:
http://www.spektrum.de/news/wie-der-mond-magnetisiert-wurde/1128496, 13.08.2014.

Hochschule für Musik Nürnberg (o. J.): [Ohne Titel]. Unter: http://www.hfm-
nuernberg.de/fileadmin/user_upload/Text-Pool/PDF-
Bibliothek/Diplomarbeiten_Jahrgang_2010.pdf, 02.08.2014.

Hochschule für Musik Würzburg (Hrsg.) (o. J.): *Prof. Barbara Metzger.* Unter:
http://www.hfm-wuerzburg.de/hfm_person/metzger-barbara, 08.09.2016.

Hochschule Hannover, Fakultät V – Diakonie, Gesundheit und Soziales (2013): *Wintersemester 2013/14 Projekt- und Exkursionswoche 18. bis 22. November 2013 Programm.* Unter:
http://f5.hs-hanno-
ver.de/fileadmin/media/doc/f5/aktivitaeten/veranstaltungen/2013/Programmheft_PuEWoche_
WS_1314_Endversion.pdf, 06.08.2014.

Institut für Waldorf-Pädagogik (2010): *Kurse - Seminare - Veranstaltungen - (Kurs- und Vor-
lesungsverzeichnis) Studienjahr 2010/2011.* Unter:
http://wittenannen.net/eforia/files/waksv1011.pdf, 02.08.2014.

Institut für Waldorf-Pädagogik (2012): *Kurse - Seminare - Veranstaltungen - (Kurs- und Vor-
lesungsverzeichnis) Studienjahr 2012/2013.* Unter:
http://www.wittenannen.net/uploads/media/WA_KurseSeminareVeranst_12-13_02.pdf,
02.08.2014.

Kunstuniversität Graz (o. J.): *Aktuelle Diplom-/ Magister-/ und Masterarbeiten.* Unter:
http://www.kug.ac.at/nc/kunst-wissenschaft/kunst-
wissenschaft/publikationen/abschlussarbeiten/aktuelle-diplom-magister-und-
masterarbeiten.html?tx_kugpublications_pi1[werknummer]=15311, 02.08.2014.

Lanka, Stefan (2013): *Das Herz verstehen. Dritter Teil: Herzleiden vermeiden.* In: Wissen-schafftPlus (Newsletter), # 3 / 2013, S. 4 – 16. Unter: https://www.blauer-planet.de/inf_files/wissenschaftplus_ausgabe_3_05_06_2013.pdf, 03.08.2014.

MEDii GmbH (2013): *Seminare für: Physiotherapeuten, Ergotherapeuten, Masseure, Sport-therapeuten, Heilpraktiker, Logopäden sowie Gesundheits- und Krankenpfleger 2013/2014.* Unter: http://medii.de/fileadmin/user_upload/broschueren/Brosch%C3%BCre_2014_-_komplett.pdf, 03.08.2014.

Mielich, Susanne (2009): *Karl Alexander Ferdinand Kluge (1782-1844), der "animalische Magnetismus" und heutige Hypnosekonzepte.* Inaugural Dissertation zur Erlangung des Dok-torgrades der Medizin der Medizinischen Fakultät der Universität Regensburg. Unter: http://epub.uni-regensburg.de/12343/1/doktorarbeit_FERTIG.pdf, 25.08.2014.

Naica-Loebell, Andrea (2003): *Magnetfeld des Mondes.* In: Telepolis, unter: http://www.heise.de/tp/artikel/13/13946/1.html, 13.08.2014.

National Library of Australia (2016): *[Ohne Titel].* Unter: http://catalogue.nla.gov.au/Record/540158, 24.11.2016.

Österreichischer Bibliotheksverbund (OBVSG) (o. J.): *Terusollogischer Musikunterricht : Er-gebnisse einer versuchsweisen Anwendung der Methodik der Terusollogie im Rahmen des Musikunterrichts der 5./6. Schulstufe - Gesamtverbund.* Unter: http://permalink.obvsg.at/AC08029538, 02.08.2014. [Der Titel wurde dem Seitenquelltext entnommen.]

Pavlidis, Theo & Steiglitz, Ken (2002): *Langmuir's talk on Pathological Science (December 18, 1953).* Unter: https://www.cs.princeton.edu/~ken/Langmuir/langmuir.htm, 02.06.2014.

Pezenburg, Michael (2011): *Terlusollogie - Naturgesetz oder Humbug?* In: vox humana, # 3 / 2011, S. 50 – 55. Unter: https://michaelpezenburg.files.wordpress.com/2012/09/terlusollogie-naturgesetz-oder-humbug-fassung-ii-2012.pdf, 20.07.2014.

Pezenburg, Michael (2012): *Die Terlusollogie und ihre Grundlagen - Erich Wilks Typenlehre.* Unter: http://michaelpezenburg.files.wordpress.com/2012/10/die-terlusollogie-und-ihre-grundlage-erich-wilks-typenlehre1.pdf, 20.07.2014.

Pollmann, Maike (2012): *Biosignaturen im Erdschein nachgewiesen.* Unter: http://www.spektrum.de/news/biosignaturen-im-erdschein-nachgewiesen/1143673, 05.07.2014.

Pötzsch, Olga (2012): *Geburten in Deutschland. Ausgabe 2012.* In: Statistisches Bundesamt (Hrsg.): *Geburten in Deutschland. Ausgabe 2012.* Unter: https://www.destatis.de/DE/Publikationen/Thematisch/Bevoelkerung/Bevoelkerungsbewegun g/BroschuereGeburtenDeutschland0120007129004.pdf?__blob=publicationFile#page=1&zo om=auto,-82,420, 03.08.2014.

Scheike, Michael (o.J.): *Texte.* Unter: http://www.michaelscheike.de/texte.html, 24.11.2016.

Scherb, Günther (o. J.): *Vergangene Veranstaltungen - Netzwerk Musiker-Coaching - Coaching für Musiker deutschlandweit.* Unter: http://www.musiker-coaching.com/terminkalender/vergangene-veranstaltungen, 03.08.2014. [Der Titel wurde dem Seitenquelltext entnommen.]

Sedláčková, Ianna Y. (2012): *Vorstudien zu einer Dissertation über menschliche Atemmuster.* Unter: http://www.mdw.ac.at/mbm/a3/mugewiki/lib/exe/fetch.php?media=atemmuster-sedlackova-praesentation-15-05-2012.pdf, 02.08.2014.

Seibel, Michael (2013): *Terlusollogy.* Πληροφορίες. Unter: http://functionalvoicetraining.blogspot.de/2013/01/terlusollogy.html, 24.11.2016.

Statista GmbH (2014): *Anzahl der Geburten in Deutschland von 1991 bis 2015.* Unter: http://de.statista.com/statistik/daten/studie/235/umfrage/anzahl-der-geburten-seit-1993, 06.08.2014.

Statistisches Bundesamt (Hrsg.) (2012): *Geburten in Deutschland. Ausgabe 2012.* Unter: https://www.destatis.de/DE/Publikationen/Thematisch/Bevoelkerung/Bevoelkerungsbewegun g/BroschuereGeburtenDeutschland0120007129004.pdf?__blob=publicationFile#page=1&zo om=auto,-82,420, 03.08.2014.

Staub-Bernasconi, Silvia (2012): *Zur Struktur der Wissenschaft der Sozialen Arbeit – Wieder rückwärts zum Anfang oder ein paar Schritte nach vorn?* Referat am Fachbereichstag Soziale Arbeit (FBTS) zum Thema "Einmischen und Verändern? - Wissenschaft der Sozialen Arbeit in der Verantwortung", Evangelische Hochschule Dresden – 22.-24. Mai 2012. Unter: http://www.fbts.de/fileadmin/fbts/FBTS_Dresden/Vortrag_Staub_Bernasconi.pdf, 06.09.2013.

Universität Hohenheim, Fachgruppe Membranphysiologie (o. J.): *Aktuelles Projekt. Gravitationsabhängige Strukturen in neuronalen Zellen.* Unter: https://membranphysiologie.uni-hohenheim.de/97553, 05.08.2014.

Universität Wien, Universitätsbibliothek (o. J.): *„Atem, Komponist und Komposition aus Sicht der Terlusollogie®".* Unter: http://othes.univie.ac.at/6484, 02.08.2014.

Wagner, Iris-Julia (o.J.): *Herkunft der Terlusollogie.* Unter: http://www.ift-heidelberg.de/index.php/info-terl, 24.11.2016.

Wilhelms-Universität Münster (Hrsg.) (2005): *Zertifikat Mündlichkeit – Veranstaltungen im Sommersemester 2005.* Unter: https://www.uni-muenster.de/ZertifikatSuM/veranstaltungen/2005ss_muendlichkeit.html, 07.08.2014.

WINDPFERD Verlagsgesellschaft mbH (2014): *Angelika Hoefler - H – K - Autoren.* Unter: http://www.windpferd.de/angelika-hoefler.html, 04.08.2014. [Der Titel wurde dem Seitenquelltext entnommen.]

Zinka, Bettina Michaela (2004): *Der Plötzliche Säuglingstod. Untersuchungen eigener Fälle am Institut für Rechtsmedizin der Ludwig-Maximilians-Universität zu München aus den Jahren 1999 bis 2001.* Dissertation zum Erwerb des Doktorgrades der Medizin an der Medizinischen Fakultät der Ludwig-Maximilians-Universität zu München, München. Unter: https://edoc.ub.uni-muenchen.de/1872/1/Zinka_Bettina.pdf, 01.09.2015.

Abbildungsnachweise:

Abb. 1: Übersicht zur Vierkräftelehre.
Eigene Darstellung nach Lambeck 2003: 16.

Abb. 2: Stand des (tatsächlich nicht sichtbaren) Mondes über dem Horizont am 23.08.2014, 13:59:43 Uhr (Standort: Düsseldorf).
Eigene Darstellung. Screenshot einer Simulation des Programms Stellarium (V. 0.13.0) (der Mond wurde zur besseren Erkennbarkeit mithilfe eines Grafikprogramms schwarz eingefärbt).

Abb. 3: Zunehmender Mond Anfang September 2014, ca. 22:00 Uhr.
Eigenes Foto, aufgenommen durch ein 25 mm Okular mittels eines 150/1400 mm Spiegelteleskop ohne Filter mit einer einfachen Digitalkamera; das Bild wurde hinsichtlich Kontrast und Schärfe nachbearbeitet und für die Randbereiche (Krater) ein leichter Relief-Effekt angewendet.

Abb. 4: Die Erde (rechts) wird durch ihre Magnetosphäre weitgehend von Einflüssen durch den Sonnenwind abgeschirmt.
Bildquelle: NASA; nicht maßstabsgetreu. Entnommen bei Glaser, Roland (2012): Heliomagnetismus. Hypothesen über geo- und solarmagnetische Einflüsse auf den Menschen. In: Skeptiker # 4 / 2012, S. 148 – 151.

Abb. 5: Geburten pro Tag von 1955 – 1965 und 2000 - 2010 im monatlichen Verlauf.
Grafik entnommen bei Pötzsch, in: Statistisches Bundesamt (Hrsg.) 2012: 17.

Stichwort- und Personenverzeichnis:
(Personennamen werden kursiv hervorgehoben.)